★普通高等教育“十三五”应用型规划教材

U0956650

大学军事理论教程

DAXUE JUNSHI LILUN JIAOCHENG

主　编　曲超法　吕　妍　马小晶

参编人员　蔺秀丽　王吉影　李亚静　王　姝　张金福
赵延山　敖政华　于进勇　王永海　李世友
刘丽娜　庞胜明　杨秀华　李红波　孙启刚
马玉婷　石立军　田丽红　祁凤国　刘永锋
张翠侠　冷金霞　裴庆波　刘　岩　李永峰
王珊珊　宋丽红

UESTCP 电子科技大学出版社

图书在版编目（CIP）数据

大学军事理论教程 / 曲超法，吕妍，马小晶主编.
—成都：电子科技大学出版社，2015. 8（2017. 8 重印）

ISBN 978-7-5647-3147-2

Ⅰ. ①大… Ⅱ. ①曲… ②吕… ③马… Ⅲ. ①军事理论－高等学校－教材 Ⅳ. ①E0

中国版本图书馆 CIP 数据核字（2015）第 188497 号

内 容 简 介

本书以教育部、总参谋部、总政治部制定颁发的《高等学校学生军事训练教学大纲》为依据，参照中国人民解放军的相关条令条例和教程，着眼世界新军事革命的现状和发展趋势，结合大专院校学生军事理论教学和军事技能训练实际进行编写。全书共有九章，主要内容包括：中国国防、军事思想、国际战略环境、军事高技术、信息化战争、中国人民解放军条令教育与训练、轻武器射击、军事地形学、综合训练等内容。

本书可作为高等院校、高职高专院校、成人院校等高校的大学生开展军训课的教材，也可作为军事爱好者的参考用书。

大学军事理论教程

主编　曲超法　吕　妍　马小晶

出　　版： 电子科技大学出版社（成都市一环路东一段 159 号电子信息产业大厦　邮编：610051）
策划编辑： 杜　倩
责任编辑： 李述娜
主　　页： www.uestcp.com.cn
电子邮箱： uestcp@uestcp.com.cn
发　　行： 新华书店经销
印　　刷： 成都市火炬印务有限公司
成品尺寸： 185mm×260mm　**印张** 13.5　**字数** 336 千字
版　　次： 2015 年 8 月第一版
印　　次： 2017 年 8 月第三次印刷
书　　号： ISBN 978-7-5647-3147-2
定　　价： 39.50 元

■ **版权所有　侵权必究** ■

◆ 本社发行部电话：028-83202463；本社邮购电话：028-83201495。

◆ 本书如有缺页、破损、装订错误，请寄回印刷厂调换。

前　言

国防教育是国家为巩固和加强国防而对公民进行的普及性教育，是全民教育系统中的一个重要组成部分。接受国防教育，是每个公民的权利和义务。在高校中开展国防教育，是培养青年学生的国防意识、国防观念，进一步树立居安思危思想的重要途径。

《大学军事理论教程》在编写过程中，以大学生国防教育为主线，注意吸纳世界军事科学技术发展和中外军事理论研究的最新成果，结合大学生的知识结构，精选出中国国防、军事思想、战略环境、军事科技、信息化战争、中国人民解放军条令教育与训练、轻武器射击、军事地形学、综合训练等方面的内容，力争做到教材结构体系合理，内容贴近实际。本教材主要有以下几个特点：

一是规范性。该教材以 2007 年教育部、总参谋部、总政治部重新修订、颁发的《普通高等学校军事课教学大纲》（以下简称《大纲》）为依据，严格把握课程目标和课程体系，框架结构和内容设置都具有较强的规范性。

二是时代性。该教材充分地反映了当前国内外军事发展的最新动态。世界范围内兴起的新军事革命发展迅速，军事思想、武器装备、作战方式和指挥手段等都在不断创新。大学生渴望了解这些变化，学到新的军事理论知识。为了满足大学生的需求，我们依据《大纲》把这些变化充分地吸收到本教材中。

三是实用性。该教材在内容编排上力求适应大学生求新求变的心理模式，在教材的表现形式上，穿插了许多当代大学生需要了解而又比较陌生的相关军事理论知识。

本教材编写分工如下：第一章、第四章由中国人民解放军二一一医院曲超法执笔，第二章、第五章、第九章由哈尔滨师范大学吕研执笔，第三章、第六章、第七章、第八章由哈尔滨师范大学马小晶执笔，王吉影、李亚静、王姝、张金福、赵延山、敖政华、于进勇、王永海、李世友、刘丽娜、庞胜明、杨秀华、李红波、孙启刚、马玉婷、石立军、田丽红、祁凤国、刘永锋、张翠侠、冷金霞、裴庆波、刘岩、李永峰、王珊珊、宋丽红在本书编写过程中做了大量协助工作，蔺秀丽组织了编者之间的协调和校对工作。

由于国际政治、军事形势变幻莫测，军事技术日新月异，加之编者的水平有限，书中难免有错漏之处，敬请读者和专家批评指正。

编者

2015 年 8 月

目　录

第一章 中国国防

【学习目标】

1. 了解我国的国防历史和国防建设的现状和发展趋势。
2. 熟悉国防法规和国防政策的基本内容。
3. 掌握中国武装力量的现状和具体组织形式。
4. 了解国防动员的相关内容。

第一节 国防概述

“仗可以百年不打，国不可一日无防。”一个国家、一个民族，最重要的无非两件大事：一件是生存与安全，另一件是发展与富强。国防是人类社会发展与安全需要的产物，是国家生存和发展的安全保障，关系到国家和民族的生死存亡、兴衰荣辱。建立巩固的国防是我国现代化建设的战略任务，是维护国家安全统一和构建社会主义和谐社会的重要保障。关注国防、了解国防、建设国防，是我们义不容辞的责任。

一、国防的内涵和基本类型

（一）国防的定义

国防，是国家为防备和抵抗侵略，制止武装颠覆，保卫国家的主权统一、领土完整和安全所进行的军事活动，以及与军事有关的政治、经济、外交、科技和教育等方面的活动。

（二）国防的职能

国防作为国家的防务，其根本职能就是保卫国家的安全。

第一，国防随着国家的产生而出现，同时又服务于国家，以维护国家的安全利益为根本职能。

第二，国防通过为国家和民族提供安全保障，达到服务国家利益的目的。国防除担负防御外敌入侵与颠覆，保卫国家主权和领土完整等职能外，还担负维护国家安定团结、保障经济建设顺利进行等职能。

第三，国防是国家建设的重要组成部分，受国家性质、制度和政策的制约。国家的社会制度和政策决定国防的性质和利益需求。

（三）国防的基本类型

国防作为国家的防务，其根本职能就是保卫国家的安全，国家的安全利益是国防行为至高无上的准则。也正因为如此，不同性质、不同制度、不同政策和不同利益标准的国家，有着不同的国防形式，归纳起来，主要有以下四种类型。

第一类是扩张型。奉行霸权主义侵略扩张政策的国家，为了维护本国在世界其他地区的利益，打着防卫的幌子，对别国实施侵略、颠覆和渗透，把国防作为侵犯别国主权和领土、干涉他国内政的代名词。

第二类是联盟型。联盟型，也就是以结盟形式，即联合一部分国家，来弥补自身力量的不足。从联盟国之间的关系来看，可将联盟分为一元体联盟和多元体联盟，所谓一元体联盟，就是有一个大国处于盟主地位，其他国家则从属于它，目前日本、韩国的国防属于此种类型，都是以美国为盟主建立的国防。所谓多元体联盟，则是各国基本处于伙伴关系，共同协商防卫大计，如北约组织和独联体组织。

第三类是中立型。即采取和平中立的国防和外交政策，制定总体防御战略，建立相应的国防体系，以保障本国的安全。如瑞士、瑞典的国防，就属于典型的中立型国防。

第四类是自卫型。自卫型国防，主要是依靠自己的力量，维护国家的安全与发展。我国是社会主义国家，奉行独立自主的外交政策，实行积极防御的国防战略，属于全民自卫型国防。我们的国防目标是保卫国家主权和领土完整，维护世界和平与发展。我国的战略边疆与地理边疆相一致，这是真正意义上的国防。因此，中国的发展和强大不会对任何人构成威胁，而只会促进世界的和平、稳定与发展。

二、国防的基本要素

（一）国防的主体

国防的主体是国防活动的实行者，也就是说，国防是国家的事业，是国家的固有职能。任何国家，从诞生之日起，就要固国强边，防备和抵御各种外来侵略，以保障国家安全、维系国家生存。因此，国防必然随着国家的产生而产生，随着国家的发展而发展，最终，也只能随着国家的消亡而消亡。从国家的本质看，国家是阶级专政的工具，是统治阶级利益与意志的体现，实现这种利益与意志，必须通过国家权力。国防就是要维护国家的这种权力，同时，也只有依靠国家的这种权力才能使国防得以运转，只有国家才能领导和组织国防事业。从国防的本义上看，国防既是国家的防务，也是全民族的防务，与国家的各个部门、各种组织及全体公民都息息相关。加强国防建设，进行国防斗争，必须依靠国家各个方面的综合力量。

（二）国防的目的

1. 捍卫国家的主权

国家和主权不可分割，主权是国家存在的根本标志。如果一个国家的主权被剥夺，其他的一切，包括国家的独立、领土完整、传统生活方式、基本政治制度、社会准则和国家荣誉、国家尊严等，都无从谈起。因此，捍卫国家主权，始终是国防中第一位的、根本的目的和任务。

2. 保卫国家的统一

国家的统一是指国家由一个中央政府对领土内一切居民和事务行使完整的管辖权，不允许另立政府或分割国家的管辖权。从国际法的角度来说，保卫国家统一和反对分裂，历来是一个国家的内部事务，绝不允许外国干涉，这是一个原则性问题，不能有丝毫的含糊。因此，保卫国家的统一历来是国防的重要任务。当外国敌对势力插手我国的民族事务，破坏我国的民族团结，危及国家的统一和完整时，国防力量必须予以坚决打击，发挥其维护国家统一和稳定的职能作用。

3. 保卫国家的领土完整

领土是指位于国家主权支配下的地球表面的特定部分，以及其底土和上空。领土是国家存在和发展的自然物质前提，是构成国家的基本要素之一。国家主权与国家领土具有密切联系，领土既是国家行使其主权的空间，也是国家主权行使的对象，没有领土，主权就失去了存在空间和行使对象。领土完整的含义是：凡属本国的领土，决不能丢失，决不允许被分裂、肢解和侵占。任何国家不得破坏别国的领土完整。任何集团或个人也不得搞旨在分裂本国（或别国）领土完整的活动。国家的领土被侵占，主权必然要遭到侵犯。国防捍卫国家主权的独立，必然要保卫国家领土的完整。

4. 维护国家的安全

国家要正常地生存和发展，必须有一个安全的内外环境。一个国家如果没有和平、稳定的状态，不仅难以建设和发展，而且生存也会受到威胁。因此，维护国家的安全，也是国防的主要目的之一。一旦国家遭到外来侵略和颠覆，安全受到威胁，国防就必须履行自己的职能，抵御和挫败外来的侵略和颠覆，确保国家的和平、稳定状态；当国内敌对分子勾结外国敌对势力进行武装暴乱，危及国家安全时，国防力量就要采取措施，平息这种内外勾结的暴乱，保卫国家安全。

（三）国防的手段

国防的手段是为达到国防目的而采取的方法和措施。根据《中华人民共和国国防法》的规定，我国国防的手段包括军事活动，以及与军事有关的政治、经济、外交、科技、教育等方面的活动。

1. 军事

国防的主要手段是军事手段。现代国防的根本职能是捍卫国家利益，防备和抵御外来的各种形式和不同程度的侵犯，防备和平息内部和外部的敌对势力相互勾结所发动的武装暴乱。在对国家利益的各种形式的侵犯中，其威胁和危害最大的是武装侵犯，包括军事威胁、恫吓、军事干预、占领部分领土、武装掠夺经济资源、发动侵略战争，等等。上述活动和内外敌对势力相互勾结发展的武装暴乱，不仅使国家主权和人民生命财产遭受损失，而且直接危及国家民族的发展前途和生死存亡。对付武装入侵和暴乱最根本的和最有效的方法莫过于采取军事手段。

2. 政治

政治手段作为国防手段之一，指的是“与军事有关的”政治活动，而不是政治本身的全部含义。构成国防手段的政治活动主要是政治制度、政治思想工作、政治宣传等。政治与国防关系密切。一方面，国防直接保卫的国家主权是政治的第一需要，国防直接保卫的国家领土是政治的物质前提，国防直接保卫的国家安全利益与发展利益是政治的根本追求，国家政权、政治制度也要靠国防力量来捍卫；另一方面，政治对国防起着决定性的作用，国家的政治需要决定国防的根本性质和基本类型，国家的政治指导思想和路线决定国防的方向、方针和原则，国家的政治制度决定国防的根本体制，国家的政治素质制约国防的客观效应。

3．经济

经济是国防的基础，社会经济制度决定国防活动的性质，社会经济状况决定国防建设的水平。现代条件下，无论是国防建设还是国防斗争，都要广泛采用经济手段，这些手段主要有国防经济活动、经济动员、经济战、经济制裁等。

4．外交

国防外交活动主要是指国家与国家之间为了国防目的而开展的外交活动。由于这种外交主要涉及军事领域，所以又称为军事外交。它既有通常意义上的外交工作的一般特征，又具有区别于其他外交工作的特殊规律，是集外交与军事于一体的活动。它的范围很广，领域很多，活动的内容也十分丰富。从总体上讲，国防外交主要涉及国家与国家之间、军事集团与军事集团之间的军事政治关系、军队关系、军事战略关系、军事科技关系和军事经济关系。

三、国防的地位和作用

任何一个国家，从诞生之日起，首要的任务就是对内巩固政权，对外抵御侵略，保证国家的生存、安全与发展。在国家的职能中，国防的地位和作用十分重要，其强弱与国家安危、荣辱和兴衰休戚相关。

（一）国防是国家安全的重要保障

为了保障国家安全、促进国家发展，各国都从本国实际出发，努力加强国防建设，同时在国民中普遍进行有关维护国家安全的国防教育，使国民树立爱国主义和维护国家根本利益的观念，为国家的发展营造有利的条件和环境，保障国家安全。

（二）国防是国家独立自主的前提

强大的国防，是确保国家安全、人民安居乐业的前提。有国无防，或国防不强，国家就要遭殃。旧中国沦为半殖民地半封建社会和新中国自立于世界民族之林的历史，从反正两个方面证明：国家和民族的独立，必须有巩固的国防和强大的军队。国家独立、民族兴旺，离不开整个民族的尚武精神，离不开具有强大战斗力的军队和后备力量建设。在新的历史条件下，巩固的国防不仅是我们在异常错综复杂的国际环境中赢得 21 世纪战略主动权的重要条件，也是完成祖国统一大业、全面构建社会主义和谐社会的重要保障。

（三）国防是国家繁荣发展的重要条件

一个国家只有有了巩固的国防，其他建设事业才能顺利进行。如果没有巩固的国防，这个国家的政权是无法稳定的，经济发展的目标也难以实现。因此，国家的生存、政权的稳固和经济发展利益的维护，以及国际地位、形象的巩固，都必须有一个能够捍卫国家根本利益的国防。

四、现代国防的基本特征

现代国防是对传统国防的继承和发展，是一种全新的国防理念和实践活动。其基本特征主要表现在以下几个方面。

（一）国家利益及安全防务的整体性

伴随着经济的发展，特别是科技的进步，国家安全利益的内涵不断扩展。现代国防的职能正在由维护地缘明确的“硬疆界”，扩展到争取有利于己的“软环境”；由保卫本土不受侵犯，扩展为在全球或地区范围内争取政治、经济和安全秩序的影响力与主导权；由打赢战争扩展到在战争和非战争状态下都能保证国家利益的实现。此外，现代国防强调，国家安全必须依靠整体性防务。一个国家只有经济不断强大、科技不断发展、国防实力不断增强、国防安全意识不断巩固，以及与周边国家发展睦邻友好合作关系，才能真正实现长治久安。

（二）国防力量的综合性

现代国防是综合国力的体现，现代国防力量是以综合国力为基础的综合国防力。有了雄厚的综合国力才有可能建设强大的国防力量。国家的整体实力，是指国家的政治、经济、科技、军事、文化、外交和自然等综合力量的集合。同样，强大的国防实力，也是多种因素相互交织力量的综合。尽管军事力量依然是国防力量的主体，但现代国防力量的构成不再局限于单一的军事力量，而更加突出复合力量建设。

（三）国防手段的多元性

由于对国家利益的威胁来自诸多方面，除了兵戎相见的“硬对抗”外，还有各种“软伤害”式的威胁，如意识形态、文明冲突和信息攻击等。因此，单纯的军事行为，已不能满足安全防卫的需要。现代国防斗争，不仅可以使用军事手段在战场上进行武力对抗，而且也可以通过政治对话、外交谈判、经济封锁、心理施压和军备控制等非战争手段在更广阔的空间进行激烈的较量；既依靠国家的国防实力，也依靠国家的国防潜力。在某一时期、某一方面，可以根据情况的不同选择使用某一种手段，并以其他手段相配合，但决不能固守一种方式。

（四）国防建设的系统协调性

现代国防建设是一个以科技为龙头，以经济为骨干，通过总体性的战略运筹，谋求综合国防效益的有机系统。现代国防斗争更重视质量优势，而不仅是数量优势；更重视整个系统的威力，而不只是某些单元的作用。因此，世界各国普遍着眼于从宏观规划上合理调整军队、准军事组织和后备役部队的比重，军队内部各军种、兵种的比重，以及如何在发展武器装备、改进编制体制、强化军事训练、完善战场建设等方面更有利于协调行动，发挥系统的整体效能。与此同时，整个国家要做到平战结合，寓军于民，在确保国家经济实力不断增长的基础上，加强军事力量，做到综合国力协调发展，结构合理。

（五）国防事业的社会性

随着国防内涵的扩展，全面增强防卫能力必然涉及各个领域和各条战线，因而与整个社会构成了密不可分的联系。依靠国家和社会的综合力量来建设国防，越来越受到各国重视。国防不只是“军防”，而是关系各个领域、各条战线和每个公民的事情，与整个社会密不可分。中国有句古训：“天下兴亡，匹夫有责。”古代尚有布衣曹刿论战败齐师，商人弦高假命退秦师，今天我们更应牢记：“保卫祖国、抵抗侵略是中华人民共和国每一个公民的神圣职责。”我们一定要为国家的兴盛和国防的强大尽一己之力。

第二节　国防法规与国防政策

一、国防法规

国防法规是国防法律法规的简称，是调整国防和武装力量建设领域各种社会关系的法律规范的总和。由于国防活动的主要形式是军事斗争，国防法规也可以称作军事法规。新中国成立以后，国家非常重视国防法规建设，特别是改革开放以来，进一步加大了国防立法力度，使国防和武装力量建设逐步走上了法制化轨道。21 世纪，国家继续实行依法治国的基本国策，社会主义市场经济体制不断完善，国防法规对于加强国防建设，做好军事斗争准备，发挥着越来越重要的作用。

（一）国防法规的特性

国防法规是国家法律的组成部分，是由国家制定或认可的并由国家强制力保证其实施的行为规范，具有法律的一般属性，如人民性、权威性、强制性和普遍适用性等。同时，国防法规还具有区别于其他法规的特性，主要表现在以下四个方面。

1．调整对象的军事性

法律是调整社会关系的行为规范，不同的法律用来调整不同领域的社会关系，国防法规所调整的是国防和武装力量建设领域的各种社会关系，包括军队内部的社会关系、武装力量内部的社会关系、武装力量外部的社会关系。这些带有军事性的社会关系是国防法规特有的调整对象，是其他任何法律规范所不能代替的，这是国防法规特性的基本表现。

调整对象的军事性并不意味着国防法规只管军队，不管地方。国防是国家行为，国防行为的组织主体主要是国家和武装力量，但国防义务的承担主体主要是各社会团体、企事业单位和公民个人。因此，这些团体、企事业单位和公民承担国防义务时的行为都要受国防法规的调整。

2．内容公开的相对性

公开性是一般法律固有的特性，因为法律只有公开才能使人们普遍了解和遵守，一般的法律不存在保密问题，但国防法规有些不同。从整体上讲，法制的公开性原则对国防法规也是适用的，一些基本的、主要的国防法规是公开的，如《国防法》《兵役法》《军事设施保护法》《国防动员法》等。但有一部分国防法规，特别是关于军队的作战、训练、编制、装备和战备工作等方面的法规只限一定范围的人员了解，如各种《战斗条令》《军事训练条例》《战备工作条例》等，都规定了保密等级。所以说，国防法规的公开性是相对的。为了加强法制，对能公开的国防法规，要尽量公开，做到人人知晓，以便大家了解和遵守。但是为了国家安全，该保密的国防法规也要严格保密，以免国家利益受到损害。

3．法律适用的优先性

国防法规优先适用，是指在解决与国防利益、军事利益有关的法律问题时，如果国防法规和其他法规都有相关的规定，要以国防法规的规定作为评判是非的标准和采取行动的准则。优先适用不是指先后顺序，而是一种排他性的单项选择。在涉及国防利益、军事利益的案件中，只适用国防法规，不适用普通法规。“特别法优先于普通法”是国际公认的法律适用原则。特别法是对特定的人、特定的领域、特定的事项或在特定的时间内有效的法律。国防法规属于特别法，因而在执法实践中实行“军法优先”。

4．处罚措施的严厉性

国防法规所保护的国防利益，是关系国家兴衰存亡的、最根本的国家利益，因而对危害国防利益的犯罪实行比较严厉的处罚。

（1）同一类型的犯罪，危害国防利益的从重处罚。如《刑法》规定，抢劫罪通常判 3 年以上、10 年以下有期徒刑；而冒充军警人员抢劫的、抢劫军用物资的，处 10 年以上有期徒刑、无期徒刑或者死刑。

（2）战时从重处罚。所谓战时，是指国家宣布进入战争状态、部队受领作战任务或者遭敌突然袭击时，部队执行戒严任务或者处置突发性暴力事件时也以战时论。《兵役法》《刑法》的许多条款都申明战时从重处罚。如《兵役法》规定，平时应征公民拒绝、逃避征集且拒不改正的，在两年内不得被录取为国家公务员、国有企业职工，不得出国或者升学，还可同时处以罚款；而战时则要依法追究刑事责任。

（3）对军人违反职责的犯罪从重处罚。《刑法》规定的军人违反职责罪有 30 项罪名，其中，12 项罪名最高刑罚为死刑。对军人犯罪给予较重的处罚，是军事斗争的特殊性决定的，是保障完成军事任务的需要。

（二）国防法规体系

国防法规体系是指由不同层次、不同门类的国防法律、法规构成的相互联系、相互制约、协调一致的整体。

1．国防法规的层次

我国的国防法规按立法权限区分为以下四个层次。

第一个层次是法律，是由全国人民代表大会及其常务委员会制定的。目前已有 18 部，主要为《国防法》《兵役法》《现役军官法》《军官军衔条例》《军事设施保护法》《预备役军官法》《人民防空法》《国防教育法》《香港驻军法》《澳门驻军法》《刑法》（第七章“危害国防利益罪”和第十章“军人违反职责罪”）《人民武装警察法》，以及 2010 年 2 月 26 日通过并颁布的《国防动员法》和 2012 年 4 月 27 日通过并颁布的《军人保险法》等。

第二个层次是法规，是由国务院和中央军委制定的。由中央军委制定的为军事法规，由国务院制定或国务院与中央军委联合制定的为军事行政法规。

第三个层次是规章，由中央军委各总部、各军兵种、各军区制定的为军事规章，由国务院有关部委与中央军委有关总部联合制定的为军事行政规章。

第四个层次是地方性法规，是由省、自治区、直辖市人民代表大会及其常务委员会制定的贯彻执行国家国防法规的实施办法、实施细则和补充规定等。

在国家法律体系中，《中华人民共和国宪法》（简称《宪法》）是国家的根本大法，具有最高的法律效力，一切法律规范都不得与《宪法》相抵触，国防法规也必须服从《宪法》并体现《宪法》的基本精神。在国防法规体系中，法律的效力高于法规、规章和地方性法规，法规的效力高于规章和地方性法规。部门规章和地方性法规实际上属于同一层次，之所以作上述区分，主要是为了学习的方便。按现行法律规定，如果两者对同一事项的规定不一致、不能确定如何适用时，由国务院提出意见：国务院认为应当执行地方性法规，则在当地适用地方性法规；国务院认为应当执行部门规章，还要提请全国人大常委会裁决。

2. 国防法规的门类

根据调整对象的领域，我国的国防法规划分为以下十六个门类。

（1）国防基本法类。国防基本法类是调整国防和武装力量建设领域基本社会关系的行为准则，对国防活动和武装力量建设具有全面的规范作用，包括《宪法》中有关国防和军事制度的规定和《中华人民共和国国防法》)。《宪法》是国家的根本大法，具有最高的法律效力和权威。

《宪法》中关于国防和军事制度的规定构成国防基本法中具有主导作用的部分。主要包括以下内容：一是规定了武装力量的领导体制，武装力量的性质、任务和建设方针，武装力量活动的根本准则等，明确规定中国武装力量受中国共产党领导；二是规定了公民在国防方面的权利和义务，明确中华人民共和国公民有维护祖国安全、荣誉和利益的义务；三是规定了国防建设的领导和管理体制，明确国务院“领导和管理国防建设事业”；四是规定了决定全国总动员或者局部动员以及全国或者个别省、自治区、直辖市进入紧急状态的权限；五是规定了国家和社会对伤残军人及军人家属的优抚政策，明确由国家和社会保障伤残军人的生活，抚恤烈士家属，优待军人家属等。

《国防法》于 1997 年 3 月 14 日由八届全国人大五次会议审议通过，是我国国防和武装力量建设领域的主要法典，共有十二章、七十条，主要规定了国防活动的基本原则，国家机构的国防职权，武装力量，边防、海防和空防，国防科研生产，国防经费，国防动员和战争状态，公民、组织的国防义务和权利，军人的义务和权益，对外军事关系等。

（2）国防组织法类。国防组织法类是关于国防和武装力量的组织形式、体制、编制、人员装备编配的法律规范，是确定国家武装力量组织编制的法律依据，包括《中国人民解放军组织编制管理条例》《军事法院组织法》《军事检察院组织法》和《人民武装警察法》等。

（3）兵役法类。兵役法类是关于国家的兵役制度和公民的兵役义务的法律规范，是进行常备军和后备力量建设的法律依据，包括《中华人民共和国兵役法》《中华人民共和国现役军官法》《中华人民共和国预备役军官法》《民兵工作条例》《征兵工作条例》等。

（4）军事管理法类。军事管理法类是调整军事行政管理活动中所发生的各种社会关系的法律规范，是军队和武警部队实施各种管理的法律依据，包括《内务条令》《纪律条令》《队列条令》《警备条令》《政治工作条例》等。

（5）军事刑法类。军事刑法类是关于危害国防利益的犯罪和刑事处罚的法律规范，是确定犯罪及实施处罚的法律依据，包括《中华人民共和国刑法》关于“危害国防利益罪”和“违反军人职责罪”的规定、《军事监狱、看守所条例》等。

（6）军事诉讼法类。军事诉讼法类是关于军队和军人参与刑事、民事、行政、经济诉讼活动的法律规范，是军队和军人进行各种诉讼的法律依据，包括《刑事诉讼法》《民事诉讼法》《行政诉讼法》以及《纪律条令》的有关内容。

（7）国防经济法类。调整国防经济活动中所发生的各种社会关系的法律规范，是国防和军队经济工作的法律依据，包括《国防法》关于国防经费拨款和国防资产管理的规定和《审计条例》《财务条例》等。

（8）国防科技工业法类。国防科技工业法类是调整国防科学技术研究和国防工业生产过程中所发生的社会关系的法律规范，是进行国防科研生产的法律依据，包括《国防专利条例》《军工产品质量管理条例》《武器装备研制设计师系统和行政指挥系统工作条例》等。

（9）国防动员法类。国防动员法类是调整国防动员领域各种社会关系的法律规范，是国防动员准备和实施的法律依据，包括《国防法》《兵役法》中有关动员的规定，《中华人民共和国国防动员法》《中华人民共和国人民防空法》《国防交通条例》和《中国人民解放军动员条例》《民用运力国防动员条例》等。

（10）国防教育法类。国防教育法类是关于全民国防教育的法律规范，是组织进行国防教育的法律依据，包括《中华人民共和国国防教育法》《全国人民代表大会常务委员会关于设立全民国防教育日的决定》和国家国防动员委员会公布施行的《全民国防教育大纲》等。

（11）军人权益保护法类。军人权益保护法类是关于国家对现役军人、离休退伍军人、残疾军人、军人家属实行优待、安置、抚恤和保险的法律规范，是维护军人权益的法律依据，包括《军人抚恤优待条例》《退伍义务兵安置条例》《军人保险制度实施方案》《军人保险法》等。

（12）军事设施保护法类。军事设施保护法类是调整并保护军事设施活动中产生的社会关系的法律规范，是国家保护军事设施的法律依据，包括《中华人民共和国军事设施保护法》《军事设施保护法实施办法》等。

（13）特别行政区驻军法类。特别行政区驻军法类是赋予人民解放军负责国家特别行政区防务使命的法律规范，是人民解放军在特别行政区驻军的法律依据，包括《中华人民共和国香港特别行政区驻军法》《中华人民共和国澳门特别行政区驻军法》以及特别行政区制定的有关保证驻军履行防务职责的法规等。

（14）紧急状态法类。紧急状态法类是国家认定战争状态和其他紧急状态并实施特别管制的法律依据，包括《宪法》和《国防法》中关于战争状态、紧急状态的规定，《国防动员法》中的一些规定，以及《中华人民共和国戒严法》《防暴条令》等。

（15）对外军事关系法类。对外军事关系法类是调整我军与外军关系的法律规范，是国家开展对外军事交往的法律依据，包括《国防法》的有关规定、《军品出口管理条例》《武官条例》等，以及 2007 年 6 月全国人民代表大会常务委员会批准的《中华人民共和国和俄罗斯联邦关于举行联合军事演习期间其部队临时处于对方领土的地位的协定》，2008 年 12 月全国人大常委会批准的《上海合作组织成员国关于举行联合军事演习的协定》等。中国高度重视国际反恐合作，现已参加 11 个国际反恐怖组织。

（16）战争法类。战争法类是调整交战国之间、交战国与中立国之间的关系和规范交战行为、限制作战手段的法律准则。战争法是国际法的组成部分，通过国家批准或加入而纳入本国的国防法规体系。我国已批准或加入了大多数国际战争法公约，如《日内瓦四公约》《禁止或限制使用特定常规武器公约》《不扩散核武器条约》《禁止生物武器公约》《禁止化学武器公约》等。

（三）公民国防义务和权利

公民的国防义务是指由宪法和法律规定的公民在国防活动中必须履行的责任，由国家强制力保证其落实。公民的国防权利是指宪法、法律赋予公民在国防活动中享有的权利或利益，国家从法律和物质上保障公民享有这种权利的可能性。国防是国家生存和发展的安全保障，每一个公民都必须承担相应的国防义务；公民在履行国防义务的同时，也享有相应的国防权利。

1．公民的国防义务

《国防法》规定："依照法律服兵役和参加民兵组织是中华人民共和国公民的光荣义务。公民应当接受国防教育。公民和组织应当保护国防设施，不得破坏、危害国防设施。公民和组织应当遵守保密规定，不得泄露国防方面的国家秘密，不得非法持有国防方面的秘密文件、资料和其他秘密物品。公民和组织应当支持国防建设，为武装力量的军事训练、战备勤务、防卫作战等活动提供便利条件或者其他协助。"根据上述规定，公民应当承担五个方面的国防义务。

（1）兵役义务。兵役义务是公民在参加国家武装力量和以其他形式接受军事训练方面应当履行的责任。《兵役法》第三条规定："中华人民共和国公民，不分民族、种族、职业、家庭出身、宗教信仰和教育程度，都有义务依照本法的规定服兵役。"公民履行兵役义务的主要形式有三种。

第一，服现役。现役是公民在军队中所服的兵役。参加中国人民解放军和武装警察部队都是服现役。按照《兵役法》的规定，每年 12 月 31 日以前，年满 18 岁的男性公民，应当被征集服现役。当年未被征集的，在 22 岁以前仍可以被征集服现役，普通高等学校毕业生的征集年龄可以放宽至 24 周岁。根据军队需要，也可以征集 18～22 岁的女性公民服现役。根据军队需要和本人自愿，可以征集当年 12 月 31 日以前年满 17 周岁未满 18 周岁的公民服现役。在征集期间，应征公民被征集服现役，同时被机关、团体、企业事业单位招收录用或者聘用的，应当优先履行服兵役义务。（参见 2011 年 10 月 29 日第十一届全国人民代表大会常务委员会第二十三次会议第三次修正的《中华人民共和国兵役法》，国务院、中央军委 2009 年 7 月修改的《征兵工作条例》和国防部征兵办公室 2013 年征兵工作的通知。）

《兵役法》还规定，应征公民是维持家庭生活的唯一劳动力的，可以缓征。但 2011 年 10 月 29 日第十一届全国人民代表大会常务委员会第二十三次会议第三次修正的《兵役法》取消了在校大学生可以缓征的规定，原因是我国青年的大多数已都有机会进入大学学习，从在校大学生中征集新兵有利于提高军队兵员的质量，有利于军队的现代化建设，同时也可以圆许多学生从军报国的梦想，因此有必要取消原先在校大学生可以缓征的规定。但同时，国家为了保障他们的切身利益，还出台了许多有关规定和奖励政策。例如，在校大学生入伍后原就读学校保留其学籍，退伍后准其复学；参军大学生退伍后，在专升本、本考研、调整专业、减免学费、增加奖学金等方面都给予优惠，以调动在校大学生参军的积极性。军队有关部门也制定了参军大学生在军队内部考取军校、被选拔为军官和士官方面的优惠政策。在校大学生应自觉以国防和军队建设为己任，根据军队需要和自己的具体情况，积极接受祖国的挑选，携笔从戎，报效国家。

除了在校大学生，毕业大学生也可以入伍。根据有关规定，毕业大学生可在毕业当年在就读学校办理预先征集服义务兵役手续，当年征兵时在原籍县（市）入伍，其征集年龄男生放宽至 24 周岁。

除了征集新兵，军队平时还采取其他一些方式从适龄公民中选拔人员，如军事院校从青年学生中招收学员，部分普通高等学校招收国防生，军队从具有专业技能的公民和毕业大学生中招收志愿兵等。符合服兵役条件的公民，可以通过其中一种途径参加人民解放军或武警部队服现役。

战时，预备役人员应随时准备应召服现役，在接到通知后，必须准时到指定的地点报到。遇有特殊情况，国务院和中央军事委员会可以决定征召 36～45 岁的男性公民服现役。应征公民拒绝、逃避征集构成犯罪的，依法追究刑事责任。

第二，服预备役。预备役是公民在军队以外所服的兵役，是国家储备后备兵员的形式。预备役分为军官预备役和士兵预备役，并分别区分为第一类预备役和第二类预备役。士兵预备役的服役年龄为 18～35 岁。公民服预备役主要通过三个途径。

一是登记服预备役。每年 6 月 30 日之前，兵役机关要对年底前满 18 岁的男性公民进行兵役登记，女性公民不进行兵役登记。登记后经审查合格的称为应征公民。应征公民当年未被征集服现役的，服第二类士兵预备役。同时，兵役机关还专门对转业、复员军官和退伍士兵以及地方与军事专业对口的技术人员进行调查登记，经审查合格的服军官预备役或第一类士兵预备役。

二是参加民兵组织。民兵是不脱离生产的群众武装组织，是国家武装力量的组成部分，是中国人民解放军的助手和后备力量。我国农村乡镇和城市企事业单位均建立民兵组织，凡符合服兵役条件的男性公民，除应征服现役的以外，都应编入民兵组织。民兵分为基干民兵和普通民兵。28 岁以下的退出现役的士兵和经过军事训练的人员以及选定参加军事训练的人员，编为基干民兵；其余 18～35 岁的男性公民，编为普通民兵。根据需要，吸收部分女性公民编为基干民兵。我国实行民兵与预备役相结合的制度，所有民兵同时又都是预备役人员，参加民兵组织也是服预备役。

三是编入预备役部队。预备役部队是以现役军人为骨干，以预备役军人为基础，按照军队的编制体制建立起来的军事组织，是战时实施成建制快速动员的重要形式。公民编入预备役部队担任预备役军官或士兵，都是服第一类预备役。

第三，参加学生军事训练。《兵役法》规定：高等院校的学生在就学期间，必须接受基本军事训练。高级中学和相当于高级中学的学校，配备军事教员，对学生实施军事训练。这些规定表明，接受军事训练是学生必须履行的兵役义务和必须完成的学业。学生军事训练依据国家教育部和解放军总参谋部、总政治部联合制定的《普通高等学校军事课教学大纲》《高级中学学生军事训练教学大纲》组织实施。高等学校要将军事训练作为必修课纳入教学计划，将学生军事训练考核成绩载入本人档案，考核不合格的，按高等学校学籍管理办法和有关规定处理。

（2）接受国防教育的义务。国防教育是国家为防备和抵抗侵略，制止武装颠覆，保卫国家的主权统一、领土完整和安全，对全体公民所进行的具有特定目的和内容的教育活动，是建设和巩固国防的基础，是增强民族凝聚力、提高全民素质的重要途径。国家高度重视国防教育，并通过立法把接受国防教育确定为公民的义务，以保证国防教育的落实。我国《宪法》《国防法》《教育法》和其他一些法律中都有关于国防教育的内容。2001 年 4 月 28 日，第九届全国人民代表大会常务委员会第二十一次会议通过的《中华人民共和国国防教育法》，对国防教育的地位、目的、方针、原则做出了明确规定，对学校和社会的国防教育提出了具体要求。2001 年 8 月 31 日，第九届全国人民代表大会常务委员会第二十三次会议通过《关于设立全民国防教育日的决定》，确定每年 9 月第三个星期六为全民国防教育日，为开展全民国防教育活动提供了一个大众化、社会化的载体。

依照法律规定，全体公民都是国防教育的对象，都有接受国防教育的权利和义务。国防建设是全体公民的事业，国防巩固与否，与每个公民息息相关。因此，公民应自觉接受国防教育，增强国防观念，形成全社会人人关心、支持国防事业的良好氛围。国家公务人员、民兵预备役人员和青少年学生是全民国防教育的重点对象。国家公务人员，特别是各级领导干部，既是受教育者，又是国防教育的组织者，应带头接受教育，提高国防理论水平。民兵、预备役人员是国防活动的骨干力量，应接受系统的国防教育，保持常备不懈。

青少年学生是祖国的希望，是国防事业未来的建设者，应明确自己肩负的历史责任，积极参加各种形式的国防教育活动。一是认真学习国防理论，通过听课、读书等方式，掌握国防思想、国防历史、国防法规等方面的基本知识，树立科学的国防观，强化国防意识；二是积极参加军事训练、国防体育活动、国防夏令营等军事实践活动，运用和巩固所学的国防理论知识，掌握一定的军事技能，提高履行国防义务的能力；三是经常收听、收看广播电视和网络等媒体中有关国防和军事的节目，参观国防教育基地和其他具有国防教育功能的博物馆、纪念馆、科技馆，把国防意识的培养融于文化娱乐和有关实践活动之中，接受潜移默化的国防教育。

（3）保护国防设施的义务。国防设施是指国家直接用于国防目的的建筑、场地和设备，包括军事设施、人民防空设施、国防交通设施和其他用于国防目的的设施。国防设施是国防建设的成果，是国防活动的依托，是抵抗侵略、保卫祖国的物质条件，在巩固国防、维护国家安全利益方面具有重要作用，国家采取一切必要措施保护国防设施。

1990 年 2 月 23 日颁布的《中华人民共和国军事设施保护法》规定，国家对军事设施实行“分类保护、确保重点”的方针，根据军事设施的性质、作用、安全保密的需要和使用效能的要求，将军事设施的保护分为三类：一是划定军事禁区予以保护；二是划定军事管理区予以保护；三是没有划入军事禁区、军事管理区的军事设施，如军用通信线路、专用铁路和公路、导航和助航标志等，采取有效措施予以保护。

公民在从事经济、文化和其他社会活动时，应当遵守法律的规定，自觉保护国防设施。任何人不得非法进入军事禁区，不得对军事禁区非法进行摄影、摄像、录音、勘察、测量、描绘和记述，不得在军事禁区外围安全控制范围内或者在没有划入军事禁区、军事管理区的国防设施一定距离内进行危害国防设施安全和使用效能的活动；不得进行影响人民防空工程使用或者降低人民防空工程使用效能的作业，不得向人民防空工程内排入废水、废气和倾倒废弃物，不得在人民防空工程内生产、储存爆炸、剧毒、易燃、放射性和腐蚀性物品，不得擅自拆除人民防空工程；任何人进行生产和其他活动时，不得影响国防交通工程设施的正常使用，不得危及国防交通工程设施的安全。公民对于破坏、危害国防设施的行为，应当检举、控告或制止。破坏、危害国防设施的，要承担相应的法律责任。

（4）保守国防秘密的义务。国防秘密是指关系国家安全利益，在一定时间内只限一定范围人员知悉的军事或与军事有关的政治、经济、外交、科技、教育等方面的事项。国防秘密的表现形式主要是秘密信息和秘密载体。国防秘密载体包括密件和密品，密件是载有国防秘密信息的书面材料、胶片、像带、磁盘、光盘等，密品是属于国防秘密的设备或产品。

保守国防秘密事关国家的安危。公民应当遵守《中华人民共和国保守国家秘密法》以及有关的保密规定，严格保守国防方面的国家秘密。发现国防方面的国家秘密已经泄露或者可能泄露时，应立即采取补救措施并及时报告。

泄露国防秘密、危害国家安全的，要承担相应的法律后果。为境外组织、机构、人员窃取、刺探、非法提供国防秘密的，依法追究刑事责任。违反保密规定、泄露国防秘密的，依情节轻重，给予行政处分或追究刑事责任。对于为了谋取钱财而泄露国防秘密的，除了追究相应的行政或刑事责任外，还要没收其非法所得。

（5）支持国防建设、协助军事活动的义务。我国的国防是全民国防，公民应当积极参与和支持国防建设。支持国防建设的形式是多种多样的，公民所做的一切有利于国防建设的事都是支持国防建设。例如，依法纳税，为国防教育和其他国防活动提供资金捐助，是从财力上支持；当修建国防设施需要征用、征购土地和设施、器材时给予积极配合，是从物力上支持；大力宣传军人的英雄事迹，宣传国防的重大意义，开展拥军优属活动，在全社会造成尊重军人、重视国防建设的思想氛围，是从精神上支持。

军事活动是国防活动的核心内容。当武装力量从事军事训练、战备勤务、防卫作战等军事活动时，公民应当根据自己的能力和条件，自觉地提供便利和协助。例如，对军队的训练活动提供交通、通信、场地等方面的便利，协助军队修建战备工程，协助军队防守边境和守护重要目标，理解、支持军队为维护国家安全和社会稳定而采取的特殊警备措施，为军队的作战活动提供一切必要的人力、物力和财力支援等。当武装力量的军事活动影响到个人利益时，应从国家安全的大局出发，自觉服从国家利益。

2．公民的国防权利

《国防法》规定：“公民和组织有对国防建设提出建议的权利。公民和组织有对危害国防的行为进行制止或者检举的权利。公民和组织因国防建设和军事活动在经济上受到直接损失的，可以依照国家有关规定取得补偿。”根据上述规定，公民享有三个方面的国防权利。

（1）提出建议权。对国防建设提出建议，是指公民依法对国防建设的指导思想、方针、原则、规章制度、措施、方法等提出改进意见，这是公民依照《宪法》享有对国家事务的建议权在国防建设方面的体现。在我国，人民是国家的主人，公民有权关心国防建设，有权对国防建设提出建议。国防建议权的行使可采取多种形式，如通过人民代表向全国人民代表大会提出议案，撰写学术文章、咨询报告，给政府或军队有关部门写信、打电话，通过报纸、电视、广播、网络等媒体发表自己对国防建设的意见和建议等。

（2）制止和检举权。制止危害国防利益的行为，是指公民依法采取一定的方式方法使危害国防的行为停止下来，从而维护国防利益。根据行使制止权的时间不同，可分为事前制止和事中制止；根据行使制止权的方式不同，可分为暴力制止和非暴力制止。为了使国家利益免受正在进行的不法侵害而采取暴力手段加以制止，对不法侵害人造成损害的，属于维护国家利益的见义勇为行为，不负刑事责任。

检举危害国防利益的行为，是指危害国防的行为发生后，公民对违法行为进行揭发。行使检举权可采取司法告发或行政告发的形式。对违法犯罪行为，应该向人民检察院或人民法院进行司法告发；对一般违法失职行为，可向行政机关、军事机关或纪检、监察机关进行行政告发。受理检举的机构应该对公民反映的情况认真调查核实，进行处理。

《国防法》规定公民享有制止和检举权，及时发现和有效地制止、打击侵害国防利益的违法犯罪行为，对维护国防利益，加强国防建设有着重要作用。公民对危害国防利益的行为进行制止或检举，国家将给予保护和奖励。

（3）取得补偿权。国家进行国防建设，武装力量开展军事活动，在某些情况下可能对公民的合法权益产生一定的影响。如修建国防设施需要征地和迁移居民，武装力量在军事演习或作战行动中需要依法征用公民的交通工具和其他物资，由此造成的经济损失，公民可以按国家有关规定取得补偿。

在战时和其他紧急状态下，有些补偿措施是在事后落实的，不应把预先得到补偿作为接受征用的条件。同时要明确，“补偿”不同于“赔偿”。赔偿是由违法侵权行为引起的，对实际造成的直接经济损失和间接经济损失要全部偿付，具有制裁性。补偿是由国家机关及其工作人员的合法行为引起的，是国家对公民因国防活动受到损失所采取的补救措施，仅限于直接经济损失，不包括间接经济损失和精神损失，不具有制裁性。

《国防法》规定公民享有取得补偿权，体现了国家保护公民合法权益的法制原则，适应了依法治国、依法进行国防活动的要求，有利于调动公民支持国防建设、协助军事活动的积极性。

3. 国防义务与国防权利的关系

国防义务与国防权利是对立统一的关系。所谓对立，是指两者各有不同的含义，有质的区别。权利是一种资格，义务是一种责任；权利可以放弃，义务必须履行。所谓统一，是指两者同时产生、密切联系、互为条件、相辅相成，具有一致性。

（1）国防义务与国防权利一致性的主要表现

一是对等性。从权利和义务之间的关系来考察，公民所承担的国防义务和享有的国防权利相对应而存在，两者在总量上是相等的。《国防法》所规定的国防义务和国防权利在数量上不完全对等，但《宪法》规定国家武装力量的任务之一是“保卫人民的和平劳动”，表明公民还享有和平劳动被保护的权利，这是一项很重要的国防权利。公民履行各种国防义务，同时享受和平劳动以及正常的生活、学习被保护的权利，这是权利和义务总量相等最突出的表现。

二是平等性。从人与人之间的关系上来考察，公民在享受权利和承担义务方面是平等的。依照《宪法》和法律，我国公民平等地享有法定的国防权利，也平等地承担国防义务。不存在只享受权利而不履行义务的公民，也不存在只履行义务而不享受权利的公民。

三是同一性。有些国防权利和国防义务是同一的。如《国防教育法》第五条规定：“中华人民共和国公民都有接受国防教育的权利和义务。”表明接受国防教育既是国防权利，又是国防义务。公民依法服兵役的权利和义务也是同一的。《兵役法》规定，依照法律被剥夺政治权利的人，不得服兵役，这是从权利角度规定的。被剥夺政治权利的人，同时也被剥夺了服兵役的权利。《兵役法》还规定，身体残疾不适合服兵役的人，免服兵役，这是从义务角度规定的。免除残疾人服兵役的义务，是国家对残疾人的照顾。

（2）权利和义务一致性的特殊表现。在其他社会活动中，权利和义务的一致性通常是直观的。但在国防活动中，权利和义务的一致性却并不直观，甚至在一定局部、一定层次上表现为不对等、不平等。

一是和平时期公民的劳动、生活没有受到战争的现实威胁，享受不到国防活动所带来的直接利益，但也必须承担国防义务。如果要求权利和义务在任何时候都绝对一致，国防建设就无法进行。

二是不同地区的公民享受的国防权利和承担的国防义务是不平等的。平时，边海防地区的公民参加民兵的人数多，承担较多的国防义务，享受与内地同样的国防权利。在发生局部战争情况下，战区和邻近战区的公民承担较多的国防义务，其他地区的公民承担的国防义务较少。

三是公民在参与国防活动时，所享受的权利和所承担的义务也往往是不对等的。如战争期间，国家可以根据军事需要征用公民的物资、车辆、船只等。服从征用是公民应尽的国防义务，而履行这一义务必然要承受一定的经济损失。《国防法》虽然规定对直接经济损失给予补偿，但不能适用《民法》中的等价补偿原则。在有些情况下，国防义务的付出是难以补偿的。公民为协助军事活动，可能会流血牺牲。抚恤有定额，而生命是无价的。

学习国防法规，应把理解国防义务作为重点。关于权利义务，《宪法》的表述是“公民的基本权利和义务”，而《国防法》的表述是“公民、组织的国防义务和权利”。由此可见，在国防领域更强调义务。同时要明确，国防义务与国防权利在根本上是一致的。公民履行国防义务维护国家的安全，实质上是维护自身的安全。而且，国家的安全利益得到保障，公民的政治权利、经济权利、文化权利等其他权利才能得以实现。因此，应树立正确的权利义务观，着重增强国防义务观念，自觉为国防事业贡献力量。

二、国防政策

国防政策是国家在一定时期所制定的关于国防建设和国防斗争的行动准则。我国坚持中国共产党和国家对国防活动的统一领导。我国的国防政策是党中央、国务院、中央军委从维护国家安全和发展利益的需要出发，依据《宪法》和法律，着眼国际安全形势的特点和变化，立足于我国的政治、经济、军事、科技、文化、地理等方面的客观实际，在科学总结中国革命战争和国防建设历史经验的基础上制定的，对国防建设和国防斗争具有全面的指导作用。我国国防政策的基本内容主要体现在《国防法》中，《国防白皮书》等有关文件适时反映不同时期的任务重点。其主要内容如下。

（一）维护国家安全统一，保障国家发展利益

我国坚持走和平发展的道路，奉行防御性的国防政策，进行国防现代化建设完全是为了自卫。我国始终把维护国家的主权、统一、领土完整和安全放在第一位，致力于为社会主义

现代化建设争取一个良好的国际和平环境和周边环境，促进经济社会全面、协调、可持续发展；坚持科学统筹发展与安全，建立符合中国国情和适应世界军事发展趋势的现代化国防，努力提高国家战略能力；运用多元化手段应对传统和非传统安全威胁，防范和打击一切形式的恐怖主义、分裂主义和极端主义，谋求国家政治、经济、军事和社会的综合安全。

1．巩固国防，防备和抵抗侵略

建立强大、巩固的国防是我国现代化建设的战略任务，是维护国家安全统一和保证实现全面建设小康社会目标的重要前提。我国努力避免和制止战争，主张用和平方式解决国际争端和历史遗留问题。但在霸权主义、强权政治和多种威胁依然存在并有新的发展的情况下，我国必须保持与国家安全需求相适应的国防力量，增强运用军事手段捍卫主权和安全的能力，确保国家的领海、领空和边境不受侵犯，为维护国家发展的重要战略机遇期提供坚强的安全保障，为维护国家利益提供有力的战略支撑。

2．制止分裂，维护国家统一

我国政府始终如一地坚持一个中国原则，积极推进祖国和平统一，坚决反对和遏制“台独”分裂势力及其活动，反对任何形式的外来干涉，绝不允许任何人以任何方式把台湾从中国分割出去。如果“台独”分裂势力铤而走险，胆敢制造重大“台独”事变，我国人民和武装力量将不惜一切代价，坚决彻底地粉碎“台独”分裂图谋。

3．制止武装颠覆，维护社会稳定

我国《宪法》和法律禁止任何组织或个人策划、实施武装叛乱或武装暴乱，颠覆国家政权，推翻社会主义制度。我国武装力量把依法维护社会秩序作为重要职责，严厉打击敌对势力的渗透和破坏活动，打击危害社会稳定的各种犯罪活动，保障人民群众的政治、经济、文化权益，促进社会的安定团结，为中国共产党巩固执政地位提供重要的力量保证。

（二）坚持全民自卫，独立自主地建设和巩固国防

我国在国防活动中实行全民自卫原则，依靠全体人民进行国防现代化建设；一旦发生战争，动员全体人民进行防卫作战。21 世纪，信息技术的发展和广泛运用，为人民群众参与和支持国防活动提供了更多的手段，开辟了更多的途径。我国继续坚持以人民战争思想为指导，动员和依靠人民群众加强以综合国力为基础的国防建设。搞好全民国防教育，增强人民群众的国防观念；重视民兵和预备役建设，实行精干的常备军与强大的后备力量相结合的武装力量体制；发挥民兵和广大群众的作用，在边海防前线建立军警民结合的联防体系；完善国防动员体制和机制，形成集中统一、结构合理、反应迅速、权威高效的现代国防动员体系，提高国防动员能力，保证一旦发生战争，能够充分动员广大人民群众进行自卫，以信息化条件下的新型人民战争战胜强敌。

我国立足于依靠自己的力量保障国家安全，不与任何国家或国家集团结盟，不参加任何国际军事集团。坚持从本国的国家利益出发，根据本国的安全需求，独立自主地进行国防决策和制定国防发展战略，独立自主地处理对外军事关系，开展国际军事交流与合作，保持国防事务自主权。坚持以自力更生为主，建设相对完整的国防工业体系，加强国防科学技术研究，努力提高自主技术创新的能力，改善武器装备，推进国防现代化建设。在国防活动中坚持独立自主并不意味着闭关自守，自力更生也不意味着排斥外援。我国在坚持“以我为主”

的前提下，有选择、有重点地引进武器装备，开展国防科技和军工领域的国际交流与合作，吸收利用国外的先进技术，提高武器装备研制的起点和自力更生的能力，加速国防现代化建设的进程。

（三）坚持积极防御的军事战略方针和自卫防御的核战略

我国在战略上实行防御、自卫和后发制人的原则，贯彻积极防御的军事战略方针。和平时期，采取积极的措施遏制危机、遏制战争，灵活运用政治、经济、军事、外交等手段，改善国家的战略环境，减少不安全、不稳定因素，尽量使国家建设免遭战争的冲击；战争爆发之后，实行战略上的防御、战役战斗上的进攻，以积极的作战行动来达成战略防御的目的。

新的历史时期，海洋安全、太空安全、电磁领域和网络空间等领域的安全问题对国家生存和发展的影响日益突出，国家的利益空间逐步扩展。我国根据新时期军事战略方针，针对国家在各个领域所面临的新威胁，努力建设与我国的国际地位和国家利益相称的军事力量。立足于打赢信息化条件下的局部战争，加紧做好军事斗争准备。创新发展人民战争的战略思想，坚持军事斗争与政治、经济、外交、文化、法律等各领域的斗争密切配合，综合运用各种手段和策略，主动预防和化解危机，遏制冲突和战争的爆发。以诸军兵种联合作战为基本作战形式，建立能够充分发挥武装力量整体效能和国家战争潜力的现代作战体系。陆军逐步由区域防卫型向全域机动型转变，提高空地一体、远程机动、快速突击和特种作战能力；海军逐步增大近海防御的战略纵深，提高海上综合作战能力和核反击能力；空军加快由国土防空型向攻防兼备型转变，提高空中打击、防空反导、预警侦察和战略投送能力；第二炮兵逐步完善核常兼备的力量体系，提高信息化条件下的战略威慑和常规打击能力。

我国的核战略贯彻国家的核政策和军事战略，根本目标是遏制他国对我国使用或威胁使用核武器。我国始终奉行在任何时候、任何情况下都不首先使用核武器的政策，无条件地承诺不对无核武器国家和无核武器区使用或威胁使用核武器，主张全面禁止和彻底销毁核武器。我国的核力量由中央军委直接指挥，坚持自卫反击和有限发展的原则，建设一支精干有效的核力量，增强核武器的安全性、可靠性，保持核力量的战略威慑作用。我国对发展核武器采取极为克制的态度，过去没有、将来也不会与任何国家进行核军备竞赛。

（四）推进国防和军队建设全面协调可持续发展

贯彻落实科学发展观，统筹经济建设和国防建设。坚持经济建设和国防建设协调发展的方针，统筹国家资源，兼顾富国和强军，使国防和军队发展战略与国家发展战略相适应。在相对稳定的和平时期，经济建设是国家的中心任务，国防建设要服从和服务于国家经济建设大局；国家在集中精力进行经济建设的同时，高度重视国防建设，使国防和军队现代化进程与国家现代化进程相一致。将国防建设有机融入经济社会发展之中，形成经济建设和国防建设协调发展的科学机制，坚持平战结合、军民结合、寓军于民的方针，在经济基础设施建设中兼顾平时和战时的需要，积极开发军民两用技术和产品，实行军地设施共用、人才通用，以一项投入同时获得经济效益、社会效益和国防效益，为实现国防和军队现代化提供丰厚的资源和持续发展的动力。国防建设要兼顾经济社会发展需要，坚持军民兼容互利，提高和平时期国防资源的社会利用效益。

坚持以毛泽东军事思想、邓小平新时期军队建设思想、江泽民国防和军队建设思想、胡锦涛同志的有关重要论述为指导，全面加强军队的革命化、现代化、正规化建设。科学统筹中国特色军事变革与军事斗争准备、机械化建设与信息化建设、诸军兵种作战力量建设、当前建设与长远发展、主要战略方向建设与其他战略方向建设。深化体制、编制和政策制度调整改革，注重解决体制、机制上制约军队发展的深层次矛盾和问题，着力推进军事组织体制创新和军事管理创新，提高军队现代化建设的效益。坚持依法从严治军，完善军队的法规制度，保障部队官兵的合法权益，加强部队的严格管理。弘扬革命英雄主义，大力培育战斗精神，继承和发扬优良传统，保持我军的政治本色。

（五）加强以信息化为主要标志的军队现代化建设

我国军队建设坚持以现代化为中心。新中国成立之初，党和国家就提出了建设现代化国防军的历史任务。经过长期艰苦的努力，我军现代化建设取得了巨大成就。但由于各方面的原因，我军的现代化水平与世界发达国家军队相比仍有相当大的差距，军队建设现存的主要矛盾仍然是现代战争的客观需要与我军现代化水平比较低的矛盾，目前比较突出的表现为军事能力与履行新世纪新阶段军队历史使命的要求不相适应。只有继续坚持以现代化为中心加强军队建设，不断提高军队现代化水平，才能适应现代战争的客观需要，才能有效履行新世纪新阶段军队历史使命。

在信息时代，军队现代化的核心内容和衡量标准是信息化。随着以信息技术为代表的高新技术的发展，战争形态加速由机械化向信息化演变。世界军事强国都把建设信息化军队作为紧迫的战略任务，采取一系列措施，加速军队建设整体转型。我军适应世界军事发展的趋势，把信息化作为现代化建设的目标和方向，积极推进中国特色军事变革，着眼打赢信息化战争，大力加强以信息化为主要标志的军队质量建设。

实施科技强军战略，依靠科技进步提高军队的战斗力，加速实现由数量规模型向质量效能型、由人力密集型向科技密集型的转变。实施人才战略工程，培养大批适应军队信息化建设、胜任信息化条件下作战任务的高素质新型军事人才。提高国防科研能力，力争在一些基础性、前沿性、战略性技术领域取得重大突破，加速高新技术武器装备发展，改造现役武器装备，形成系统配套的武器装备体系。适应战斗力生成模式转变，深化军事训练改革，创新训练内容、方式和手段，以复杂电磁环境下训练为重要抓手和切入点，整体推进机械化条件下军事训练向信息化条件下军事训练转变，构建体现时代特征、适应战争发展、符合使命要求、具有我军特色的军事训练体系。根据信息化条件下一体化联合作战的需要，建立健全联合作战指挥体制、联合训练体制和联合保障体制，加强诸军兵种部队的综合集成建设，优化军队结构，发展信息化条件下的作战理论，不断提高应对多种安全威胁、完成多样化军事任务的能力，确保在各种复杂形势下能够有效地应对危机、维护和平，遏制战争、打赢战争。

当前我军机械化建设的任务尚未完成，但在信息化已成为世界军队发展趋势的情况下，不能在完成机械化建设任务之后再开始信息化建设，而只能在继续完成机械化建设任务的同时进行信息化建设，实行机械化、信息化复合式发展。必须立足于国情和军情，坚持以机械化为基础，以信息化为主导，以信息化带动机械化，以机械化促进信息化，实现军队火力、突击力、机动能力、防护能力和信息能力整体提高，完成机械化建设和信息化建设双重历史任务。

（六）维护世界和平，反对侵略扩张

我国奉行独立自主的和平外交政策，反对霸权主义和强权政治，反对一切侵略和扩张行为，反对任何国家以任何形式把自己的政治制度和意识形态强加于别国，反对以任何借口干涉别国内政，支持国际社会为维护世界和地区和平、安全、稳定所做的努力。积极倡导以“互信、互利、平等、合作”为核心内容的新安全观，强调以对话增进相互信任，以合作谋求共同安全，建立适应时代要求的国际政治、经济新秩序，努力构建和谐世界，营造有利于国家和平发展的安全环境。

我国高度重视并积极参与国际安全合作，坚持在和平共处五项原则的基础上发展与世界各国的友好合作关系，开展各种形式的国际安全对话，加强与主要大国和周边国家的战略协作和磋商，推动建立公平、有效的集体安全机制和军事互信机制，共同防止冲突和战争。我国坚持与邻为善、以邻为伴，奉行睦邻、安邻、富邻的周边外交政策，积极推动亚太地区安全对话合作机制的建设，维护周边地区的安全与稳定。我国重视与各国在非传统安全领域的合作，逐步加大参与国际反恐合作的力度，支持联合国特别是安理会发挥主导作用，主张采取综合措施，标本兼治，共同应对非传统安全威胁。

我国反对军备竞赛，积极推进国际军备控制和裁军谈判，主张按照公平、合理、全面、均衡的原则，实行有效的裁军和军备控制。我国坚决反对大规模杀伤性武器的扩散，奉行不支持、不鼓励、不帮助别国发展大规模杀伤性武器的政策，主张在现有国际法基础上，努力通过政治、外交手段应对大规模杀伤性武器扩散带来的挑战，积极参与国际社会解决有关防扩散问题的外交努力，支持国际社会就核裁军问题展开实质性讨论。我国主张和平利用太空，反对太空武器化。

我军贯彻国家对外政策，开展多种形式的军事交往，发展不结盟、不对抗、不针对第三方的军事合作关系。参与联合国维和行动、国际反恐合作和救灾行动，建立军事安全对话机制，营造互信互利的军事安全环境。参加非传统安全领域的双边或多边联合军事演习，提高共同应对非传统安全威胁的能力。学习和借鉴外军有益经验，有选择地引进先进技术装备和管理方法，促进军队现代化建设，努力为维护世界和平与促进共同发展发挥重要作用。

三、国防法规和国防政策的关系

国防法规和国防政策既相互联系又相互区别。

（一）相互联系的主要表现

一是适用范围相同。国防法规和国防政策所规范、指导的都是国防活动。

二是基本精神一致。国防法规体现和反映国防政策的主旨，国防政策必须符合国防法规所确定的原则。

三是表现形式相互转化。经过实践证明是正确的并具有长期指导作用的国防政策经过一定程序固定下来就成为国防法规，对国防法规进行细化和补充可以形成具体的国防政策。

（二）相互区别的主要表现

一是制定程序不同。国防法规是国家权力机关、行政机关、军事机关通过立法程序制定

的，而国防政策是由国家权力机关、行政机关、军事机关通过工作会议研究决定的。

二是表现形式不同。国防法规以法、条令、条例等特定的规范性文书的形式表现出来，而国防政策以工作文件的形式表现出来。

三是稳定程度不同。国防法规和国防政策都具有稳定性，但国防法规的稳定性更强，而国防政策能较快地反映国家安全环境和利益需求的变化，及时根据国防法规的基本精神做出新的补充规定，有针对性地具体指导现时的国防建设和国防斗争。

第三节　新中国国防建设

一、新中国国防建设的领导体制

国防领导体制是指国防领导的组织体系及相应制度。它包括国防领导机构的设置、职权划分及相互关系。我国《宪法》和《国防法》规定，中华人民共和国的国防领导职权由中共中央、全国人民代表大会及其常务委员会、中华人民共和国主席、中华人民共和国国务院、中华人民共和国中央军事委员会行使。

（一）中共中央的国防领导职权

中国共产党是领导中国社会主义事业的核心力量。有关国防、战争和军队建设的重大问题，都是由中共中央、中央军委、中央政治局及其常务委员会做出决策并通过必要的法定程序，作为党和国家的统一决策贯彻执行。《中国人民解放军政、治工作条例》规定：中国人民解放军必须置于中国共产党的绝对领导之下，其最高领导权和指挥权属于中国共产党中央委员会和中央军事委员会。

（二）全国人民代表大会及其常务委员会的国防职权

中华人民共和国全国人民代表大会是最高国家权力机关。它在国防方面的职权主要有：决定战争与和平问题；制定有关国防方面的基本法律；选举中央军事委员会主席，根据中央军事委员会主席的提名，决定中央军事委员会其他组成人员，并有权罢免以上人员；审查和批准包括国防建设计划在内的国民经济、社会发展计划和计划执行情况的报告；审查和批准包括国防经费预算在内的国家预算和预算执行情况的报告；改变或者撤销全国人民代表大会常务委员会在国防方面的不适当的决定；应当由全国人民代表大会行使的国防方面的其他职权。

全国人民代表大会常务委员会在国防方面的职权主要有：在全国人民代表大会闭会期间，如果遇到国家受武装侵略或者必须履行国际共同防止侵略的条约的情况，决定战争状态的宣布；决定全国总动员或者局部动员；制定有关国防方面的法律；在全国人民代表大会闭会期间，审查和批准包括国防建设计划在内的国民经济和社会发展计划，包括国防经费预算在内的国家预算在执行过程中所必须做的部分调整方案；监督中央军事委员会的工作；在全国人民代表大会闭会期间，根据中央军事委员会主席的提名，决定中央军事委员会其他组成人员的人选；根据最高人民法院院长和最高人民检察院检察长的提请，任免军事法院院长和军事检察长；决定同外国缔结的有关国防方面的条约和重要协定的批准和废除；规定军人的衔级制度；规定和决定授予在国防方面国家的勋章和荣誉称号；全国人民代表大会授予的国防方面的其他职权。

（三）国家主席在国防方面的职权

中华人民共和国主席在国防方面的职权主要有：根据全国人民代表大会的决定和全国人民代表大会常务委员会的决定，宣布战争状态；根据全国人民代表大会的决定和全国人民代表大会常务委员会的决定，发布动员令；公布全国人民代表大会及其常务委员会制定的有关国防方面的法律；根据全国人民代表大会常务委员会的决定，对在国防方面有突出贡献的人员授予国家的勋章和荣誉称号；根据全国人民代表大会常务委员会的决定，批准和废除同外国缔结的有关国防方面的条约和重要协定。

（四）国务院在国防方面的职权

中华人民共和国国务院是最高国家权力机关的执行机关，是最高国家行政机关。它在国防方面的职权是领导和管理国防建设事业，包括：编制国防建设发展规划和计划；制定国防建设方面的方针、政策和行政法规；领导和管理国防科研生产；管理国防经费和国防资产；领导和管理国民经济动员工作和人民武装动员、人民防空、国防交通等方面的有关工作；领导和管理拥军优属工作和退出现役军人的安置工作；领导国防教育工作；与中央军事委员会共同领导中国人民武装警察部队、民兵的建设和征兵、预备役工作，以及边防、海防、空防的管理工作；法律规定的与国防建设事业有关的其他职权。

（五）中央军事委员会在国防方面的职权

中华人民共和国中央军事委员会是最高国家军事机关，负责领导全国武装力量。其职权主要包括：统一指挥全国武装力量；决定军事战略和武装力量的作战方针；领导和管理中国人民解放军的建设，制定规划、计划并组织实施；向全国人民代表大会或者全国人民代表大会常务委员会提出议案；根据宪法和法律，制定军事法规，发布决定和命令；决定中国人民解放军的体制和编制，规定总部及军区、军兵种和其他军区级单位的任务和职责；依照法律、军事法规的规定，任免、培训、考核和奖惩武装力量成员；批准武装力量的武器装备体制和武器装备发展规划、计划，协调国务院领导和管理国防科研生产；会同国务院管理国防经费和国防资产；法律规定的其他职权。

中央军委实行主席负责制，中央军委主席实际即为全国武装力量的统帅。中央军委组成人员为：中央军委主席、副主席若干人、委员若干人。中央军委的办公机构即总部机关为中国人民解放军总参谋部、中国人民解放军总政治部、中国人民解放军总后勤部和中国人民解放军总装备部（以下简称：总参谋部、总政治部、总后勤部和总装备部）。

为了加强国防领导的协调，国务院和中央军事委员会还建立了协调会议的制度。国防法规定，国务院和中央军事委员会可以根据情况召开协调会议，解决国防事务的有关问题。会议议定的事项，由国务院和中央军事委员会在各自的职权范围内组织实施。国家还建立了国防动员委员会，它是国务院、中央军委领导下主管全国国防动员工作的议事协调机构。国家国防动员委员会主任、副主任由国务院、中央军委领导兼任，委员由国务院有关部委、军队总部有关领导组成。国家国防动员委员会下设国家人民武装动员、国家经济动员、国家人民防空、国家交通战备四个办公室。

中国国防领导体制的突出特点，就是国防领导权集中在中共中央，国防建设和国防斗争的重大决策由中共中央制定，武装力量的最高领导权属于中共中央。同时，党和国家共同设立中央军事委员会，确立由党和国家共同行使领导职权的最高军事领导体制。中共中央军委和中华人民共和国中央军委是一个领导实体，组成人员和对军队的领导职能完全一致。这样，既坚持了党对武装力量的绝对领导，也体现了军事系统在国家体制中的地位。确立了由党和国家对武装力量的统一领导，既有利于运用国家机器，加强武装力量各方面的建设和工作，又有利于加强国防现代化建设。

二、新中国国防建设的主要发展阶段

中华人民共和国成立以来，我国国防建设大体经历了六个发展阶段。

第一阶段（1949 年底～1953 年）。这一阶段是我国正处在外御帝国主义侵略，内治战争创伤和恢复经济的时期。中国人民解放军在中国共产党领导下，在广大民兵和人民群众的积极配合、支援下，解放了西藏，完成了统一祖国大陆的伟大事业；剿灭了大批土匪，平息了匪患，保卫了革命胜利果实，巩固了人民民主专政；进行了抗美援朝的斗争，迫使美帝国主义不得不在停战协议上签字。朝鲜战争的胜利，用铁一样的事实向世界宣布：站起来的中国人民不可欺，人民解放军将不惜一切代价捍卫国家的尊严。为适应新的形势和现代战争的要求，国家成立了统一的军事领导机构，加强了对全国武装力量的领导。随着建立新的军种、兵种的条件逐渐成熟，我军开始着手组建新的军种和兵种，逐步开始从单一陆军向诸军兵种全面建设过渡。同时，还提高了全国人民的政治觉悟，增强了国防观念。从而把我国的国防建设推进到了一个新的阶段。

第二阶段（1953～1965 年）。这一阶段是我国国防现代化建设突飞猛进的时期。1953 年 12 月召开的全国军事系统党的高级干部会议提出了国防和军队建设的总方针："建设我军为世界上第二支最优良的现代化的革命军队。"在全军要实现"统一装备、统一编制、统一训练、统一制度、统一纪律"的正规化建设。这次会议是军队建设和国防建设的一个里程碑，以此拉开了军队现代化建设的序幕。这一时期，中国人民解放军连续进行四次大规模的精简整编，取得了显著成效。一是压缩了军队规模。军队总数由 1951 年的 611 万人降到 1958 年的 240 万人。二是确立了诸军兵种合成体制。建立了空军、海军和陆军各特种兵领导机构，完成了由单一兵种向诸军兵种合成军队的历史性转变。三是调整了军委和总部领导机构，1954 年 9 月，中共中央军事委员会重新成立，直接领导人民解放军和其他武装力量。并几经调整，恢复和确立总参谋部、总政治部、总后勤部三总部的领导体制，加强了对全军的集中统一领导。四是重新划分了军区。1950 年大军区有 6 个，1955 年增加至 12 个，1956 年增加至 13 个。军区体制由一、二、三级军区和军分区四级体制，改为军区、省军区、军分区二级体制，精简了机关，提高了指挥效能。五是健全了院校和科研机构。继初、中、高三级院校体制建立了之后，军事科学院和国防科学技术委员会相继成立，军事理论和国防科学技术的研究工作进一步加强。六是统一了部队编制。通过精简整编，军队的编制体制更加科学合理，战斗力大大增强，初步形成了具有中国特色的国防体系。

1954 年第一次全国人民代表大会通过并颁布的《中华人民共和国宪法》，首次以"法"

的形式确立了新中国国防的地位和作用，提出了的“工业、农业、国防、科学技术”四个现代化建设的奋斗目标。在这一时期，我国的国防科研和国防工业有了较快的发展，常规武器基本实现了国产化：第一架喷气作战飞机试飞成功；步兵武器实现制式化；自行研制的潜艇、护卫舰、扫雷舰下水；坦克实现国产化。特别是 1964 年 10 月 16 日，我国第一颗原子弹爆炸成功。这些都极大地提高了我国防御战争的能力和中华民族的国际地位。

第三阶段（1965～1976 年）。这一阶段是我国顶住霸权压力，保持军队稳定的时期。在 10 年“文化大革命”时期，尽管有林彪、“四人帮”的干扰破坏，国防建设遭受严重挫折。但这期间，毛泽东、周恩来等主要领导人仍然警觉地注意维护我国的安全，毛泽东针对林彪和“四人帮”破坏军队的阴谋严肃指出“还我长城！”，保持了军队的稳定，顶住了霸权主义的压力。同时对发展国防尖端技术始终没有放松，因而保证了我国氢弹试验和人造卫星发射回收的成功，极大地增强了我国的国防实力。同时，在这一时期，我国的安全形势非常紧张，美、苏两霸不仅对我国进行核讹诈、核垄断，而且在我国周边地区布兵摆阵进行武装挑衅。为了保卫国家安全，我国顶住了霸权主义的压力，取得了珍宝岛自卫反击战和西沙海战的胜利，捍卫了国家的主权和领土完整。

第四阶段（1977～1988 年）。这一阶段是我国实行中心工作转移和改革开放的时期，也是军队和国防建设的一个新的发展时期。在党的十一届二中全会上，邓小平根据国际形势的不断缓和，特别是世界和平力量的增长，提出了“和平与发展”是当今世界两大主题的观点，从而确定全党的中心工作和国防建设指导思想实行战略性转变。1985 年 5 月 23 日召开的中央军委扩大会议，做出了军队和国防建设指导思想实行战略性转变的重大决策。其转变的实质是：把军队和国防建设的指导思想从过去立足于“早打、大打、打核战争”的临战状态转到和平时期正常建设的轨道上来，充分利用今后较长一段时间内大战打不起来的和平环境，在服从国家经济建设大局的前提下，抓紧时间，有计划、有步骤地加强以现代化为中心的根本建设，提高军政素质，增强我军在现代条件下的自卫能力。并根据这一决策，采取了一系列重大措施：军队员额裁减 100 万人；调整军队编制体制；走“军民兼容”的国防发展道路；不断完善和加强战争动员体制与后备力量建设；更加重视军事理论和国防科技研究。

第五阶段（1989～2004 年）。这一阶段是我国国防建设历史性飞跃发展的时期。1989 年 11 月，江泽民同志当选中共中央军事委员会主席。这一时期是冷战格局宣告结束、新的战略格局尚未形成和世界新军事变革蓬勃发展的时期。以江泽民同志为核心的党中央第三代领导集体，在继续坚持毛泽东军事思想和邓小平新时期军队建设思想的基础上，根据国际形势的新变化，着眼于把我国国防建设全面推向 21 世纪，与时俱进，对国防和军队建设提出了新要求。一是确立了中国特色军事变革“三步走”发展战略；二是提出了军队建设的新目标；三是确立了“科技强军”战略；四是要增强科技创新能力，加快“撒手锏”武器装备的研制生产。

第六阶段（2004 年至今）。这一阶段是我国国防建设整体跃升的时期。2004 年 9 月胡锦涛当选中共中央军事委员会主席。这一时期是社会发展已进入 21 世纪和我国改革发展进入关键的时期。在以胡锦涛同志为核心的党中央和中央军委的领导下，根据我国面临的多种安全威胁、完成多样化军事任务，对国防和军队现代化建设提出了新要求：一是坚持在国防和军队建设中贯彻落实科学发展观，不断推动中国特色军事变革；二是确立了新世纪新阶段我军历史使命；三是确立了以国防科技为牵引，不断提高武器装备自主创新能力；四是要完善军队结构，重点加强海军、空军和第二炮兵建设。

2012 年 11 月 15 日习近平在党的十八届一中全会上当选中共中央军事委员会主席。这一时期是我国进入全面建成小康社会的决定阶段和实现中华民族伟大复兴（即中国梦）的重要时期。在以习近平同志为核心的党中央和中央军委的领导下，根据复杂多变的安全环境，对国防和军队现代化建设提出了新的要求。一是要坚持以国家核心安全需求为导向，统筹经济建设和国防建设，努力实现富国和强军的统一；二是确立了党在新形势下强军目标，即建设一支听党指挥、能打胜仗、作风优良的人民军队；三是要加强海洋、太空、网络空间安全问题研究。

站在新的历史起点上，在以习近平同志为核心的党中央和中央军委的领导下，我国国防和军队建设事业将展开更加辉煌一页。

三、新中国国防建设的主要成就

中华人民共和国成立 60 多年以来，在中国共产党的领导下，我国国防建设发生了历史性变化，取得了举世瞩目的辉煌成就。

（一）建立了有中国特色的武装力量领导体制

我国的武装力量领导体制是在长期的革命战争中形成和发展起来的。新中国成立后，根据中央人民政府 1949 年 10 月 19 日的命令，成立了中央人民政府人民革命军事委员会，作为全国武装力量的最高统帅机关。1954 年 9 月，第一届全国人民代表大会第一次会议通过的《宪法》规定，中华人民共和国主席统帅全国武装力量，并决定设立国防委员会和国防部，由国家主席担任国防委员会主席。与此同时，取消了中央人民政府人民革命军事委员会，在同年召开的中央政治局会议上，决定在中央政治局和书记处之下成立中共中央军事委员会，领导中国人民解放军和其他武装力量。中央军委下设总参谋部、训练总监部、武装力量检察部、总政治部、总干部部、总后勤部、总财务部和总军械部等八大总部体制，1958 年恢复为总参谋部、总政治部、总后勤部三大总部体制，作为中央军委的工作机关。为加强我军武器装备建设，1998 年 4 月，中央军委增设了总装备部。在中央军委的领导下，还设有负责各军兵种组织建设、军事训练和战备作战的指挥机关。此外，直接隶属中央军委的还有军事科学院和国防大学等单位，以及负责指挥驻地在各大战略区范围内的陆、海、空军部队和民兵的大军区领导机关。

从 1982 年起，党和国家共同设立中央军事委员会。这种体制，既贯彻了党对军队绝对领导的根本原则，又适应我军已成为国家主要成分的实际，进一步完善了武装力量的领导体制，体现了党领导军队与国家领导军队的一致性。这种体制，便于运用国家机器来加强武装力量的建设，可以使中央对军事工作的决策、指示具有法律效力，成为国家意志，以保证军队的最高领导权、指挥权高度集中统一。这种体制，也符合我国的国情和军情，坚持了党领导军队的传统，体现了四项基本原则这个立国之本的要求，体现了中国共产党作为唯一的执政党在国家政治生活中的地位和作用。

（二）建设了一支强大的现代化、正规化的诸军兵种合成的革命军队

中国人民解放军经过艰苦努力和曲折发展，在陆军的基础上，先后建立了海军、空军和

第二炮兵。此后，随着军事技术的发展，又相继组建了电子对抗部队和陆军航空兵部队。目前，我军已形成了一支具有现代化、正规化的诸军兵种合成的革命军队。

人民军队经过多次精简整编，人民军队员额从最早的611万人降低到目前的230万人。特别是20世纪90年代以来，人民解放军继续向更高级的阶段迈进：陆军合成水平不断提高，逐步推进由区域防卫型向全域机动型转变；海军初步发展成为具备较强近海防御能力以及一定的远海作战手段的综合性军种；空军正加快由国土防空型向攻防兼备型转变；第二炮兵已成为一支精干有效、核常兼备的战略力量；人民军队联合作战能力不断增强。60多年来，人民解放军全面履行了保卫祖国、保卫人民和平劳动的根本职能，胜利完成了保卫国防作战任务，严密守卫边疆、海疆。依法履行香港、澳门防务职责，震慑、打击危害国家安全和统一的各种分裂、破坏活动，为国家发展繁荣提供了可靠的安全保障。参加抢险救灾、保护人民生命财产，支援国家建设，有力地支持了国家经济社会发展。特别是进入新世纪新阶段，随着国际形势的发展变化，国家安全面临多种威胁，人民解放军有效履行了多样化军事任务。先后派出解放军官兵1.3万多人次参加了联合国18项维和行动。从2008年12月开始，海军先后组织多批舰艇编队赴亚丁湾、索马里海域，执行护航任务，为维护地区和世界和平发挥了重要作用。2009年8月进行了由沈阳、兰州、济南和广州军区的4个陆军师和空军参加的代号为“跨越-2009”跨区实兵演习。在军委、总部统一部署下，到本战区以外的合同战术训练基地，在陌生地区与“敌人”展开信息化条件下的作战对抗。参加演习兵力5万多人、各种车辆和大型武器装备6万多台、机动总里程5万多公里。这些在我军历史上都是没有过的。今天的人民军队已经成为一支规模适度、结构合理、机构精干、指挥灵活、战斗力强的精锐之师。

在2009年10月1日北京天安门广场举行的庆祝中华人民共和国成立60周年阅兵式上，由14个徒步方队、30个装备方队、12个空中梯队组成的浩荡大军，步履铿锵，铁甲轰鸣，意气风发地走（驶）过天安门广场，接受了祖国和人民的检阅。参加阅兵的武器装备全部是国产先进武器装备，全部由首次亮相的武器装备和新型号的武器装备组成，其中，首次亮相的包括预警机、新一代战车、新型雷达、无人机和卫星通信等先进的信息化装备；新型武器装备包括陆军的T-99式主战坦克、巡航导弹、海军的“鹰击”和“海红旗系列”导弹以及空军的“歼-11”战机等。通过这次阅兵，充分体现了我军由数量规模型向质量效能型、由人员密集型向科技密集型的转变，由机械化半机械化向信息化复合式发展的迈进和一体化联合作战能力的提高。这既显示了国威、军威，也体现了人民军队现代化建设水平发生了历史性变化。

（三）建立了完整的国防科技和国防工业体系

经过60多年的建设和发展，我国的国防科技工业从无到有，从小到大，从落后到先进，建立起了包括电子、船舶、兵器、航空、航天和核能等门类齐全，综合配套的科研实验生产体系，取得了一大批具有国内或国际先进水平的科研成果，为我军现代化建设和切实增强我国的综合国力做出了重要贡献。

在军事电子方面，逐步发展成为具有相当规模，门类齐全的新兴工业部门，特别是在指挥自动化、情报侦察、预警探测、电子对抗和通信等方面，为我军提供了各种新式装备和产品，进一步增强了部队侦察、通信、指挥和作战能力。在船舶工业方面，先后自行研制建造了核动力潜艇、常规动力潜艇、导弹驱逐舰、导弹护卫舰、导弹快艇等作战舰艇，以及各种辅助舰船和新型鱼雷、水雷、反水雷等新装备。在兵器工业方面，研制生产了一大批具有先进性能的坦克、装甲车辆、火炮、弹药、轻武器、军用光电器材和综合火控、指挥系统等新型武器装备，为我军现代化做出了重要贡献。在航空工业方面，已能够生产歼击机、轰炸机、直升机、运输机、教练机、空中加油机和预警机等，基本满足了海空军作战和飞行训练的需要。在航天科技工业方面，已拥有地地、地空、海空和空空导弹武器系统，运载火箭、各种应用卫星的研制和实验能力以及各种应用卫星的发射能力，在世界高技术领域占有一席之地。另外，我国先后成功发射了试验飞船“神舟一号”到“神舟四号”、载人飞船“神舟五号”到“神舟十号”。成功发射了“北斗”导航定位卫星、“嫦娥”月球探测卫星和“天宫一号”目标飞行器等。在核工业方面，我国不仅可以生产制造原子弹、氢弹、中子弹，还掌握了核潜艇技术，形成了有效的核威慑力量。在和平利用核能方面，我国已取得了突破性进展。

目前，以预警机为代表的新先进武器装备和以 T-99 式主战坦克为代表的大批新型号的武器装备已陆续装备部队。中国人民解放军的武器装备，除空军一部分飞机和海军一部分舰艇是从国外购买的外，其他武器装备都是我国自行研制的。另外，我国正在建造大型水面舰艇，成功地进行了反导武器试验和歼-20 战机试飞任务。所有这些都说明，我国尖端武器技术和航天技术都取得了可喜的成就，国防科技事业已经走在世界的前列。

（四）全面开展了军事人才队伍建设

新中国成立时，中国人民解放军队伍中除有少量知识分子和懂技术的干部外，总体文化素质很低。这与建设现代化正规化强大国防军的任务要求不相适应。从新中国成立初期起，全军逐渐建立了正规的各级各类军事指挥院校和专业军事技术学校，培养了一批军事指挥和专业技术干部。为适应未来军事斗争准备对军事人才的要求，在拓宽选拔培养高素质军队人才方面采取了一系列新举措。2000 年 5 月，国务院与中央军委颁布了《关于建立依托普通高等教育培养军队干部制度的决定》。进入 21 世纪以来，中央军委出台了一系列政策法规，采取措施大力加强军事人才队伍建设，以建设指挥官队伍、参谋队伍、科学家队伍、技术专家队伍和士官队伍“五支队伍”为重点，造就大批适应信息化建设、胜任信息化条件下作战任务的高素质新型军事人才。目前，全军干部具有本科以上学历的已达 61%，空军一线飞行员全部具有大学学历，海军一线舰长 100%毕业于专业院校，第二炮兵部队的专业技术军官都具有学士以上学位，全军部队已拥有一批硕士连长、博士团长。同时，从 2008 年开始，采取措施鼓励全日制本科毕业生参军到部队当士兵，进一步拓宽军事人才建设渠道。

（五）国防后备力量建设取得了长足的进展

我国国防后备力量建设，经过几代人的努力，形成了一整套制度和优良作风，打下了坚实的基础，健全了国防动员机构。我国的国防动员体制是在中央军事委员会下设人民武装委员会，负责指导和协调全国后备力量建设和动员工作。同时，军队从总部机关到各军区、集团军、师（旅）均设有动员机构。省军区、军分区、人武部，既是同级党委的军事部门，又是政府的兵役机关，是后备力量建设与动员工作于一体的机构。建设了强大的国防后备力量。1985 年，党中央、国务院、中央军委明确提出：“精于常备军和强大的后备力量相结合，是建设现代化国防的必由之路。”这一方针给国防后备力量建设指引了方向，确立了民兵和预备役相结合的制度。目前，预备役部队的师、团已列入中国人民解放军的建制序列，并授予番号和军旗，形成了常备军与后备力量相结合的体制。民兵，在拥有炮兵、防空兵、通信兵、工兵、防化兵以及海军、空军、第二炮兵等专业分队的基础上，还在地方高科技行业组建了信息通信、医疗卫生、工程维修、伪装防护等信息含量较高的专业分队。国防后备力量已经迈入由数量规模型向质量效能型、由直接参战型向支援保障型转变的新阶段。此外，加强了全民国防教育，特别是恢复并加强了对大学、中学在校学生的军训工作，使国防教育逐步纳入到整个国民教育体系中，走上了法制化、规范化的轨道。

（六）国防法规建设取得了显著成效

新中国的国防法规建设在党和政府的高度重视下，取得了显著成效，其范围十分广泛，内容十分丰富。1952 年 12 月中央人民政府人民革命军事委员会和政务院联合颁布了《中华人民共和国民兵组织暂行条例》。1955 年 7 月第一届全国人民代表大会第二次会议通过了《中华人民共和国兵役法》。此后，从我国国情、军情出发，根据国防和军队建设的需要，先后颁布了《中国人民解放军政治工作条例》《中国人民解放军纪律条令》《中国人民解放军内务条令》《中国人民解放军队列条令》《中华人民共和国军事设施保护法》《中华人民共和国人民防空法》《中华人民共和国国防法》《中华人民共和国国防教育法》《中华人民共和国现役军官法》《中华人民共和国预备役军官法》等。截至 2005 年，一个以《中华人民共和国国防法》为龙头，15 部专门规范国防和军队建设的法律以及有关法律问题的决定，18 工件军事法规、88 件军事行政法规、3000 多件军事规章构成的军事法规体系初步建立。

第四节　中国武装力量

一、武装力量的概述

1. 武装力量的概念及其体制

武装力量是国家或政治集团所拥有的各种武装组织的统称。一般来说，武装力量以军队为主体，由军队和其他正规的、非正规的武装组织结合组成，其最高统帅通常由国家或政治集团的最高领导人担任。武装力量在国防活动中具有举足轻重的地位和作用。根据我国当前的国情和军情，我国《国防法》对武装力量的性质、任务和内容做了规定，我国武装力量的性质是“中华人民共和国的武装力量属于人民”，其任务是“巩固国防，抵抗侵略，保卫祖国，保卫人民的和平劳动，参加国家建设事业，全心全意为人民服务”。中华人民共和国的武装力量，由中国人民解放军、中国人民武装警察部队和民兵组成。中华人民共和国中央军委领导并统一指挥全国的武装力量。

中华人民共和国武装力量体制，是在中国共产党领导中国人民进行长期的革命战争中逐步形成的，是在具有中国特色的武装力量体制的基础上发展起来的。

在长期的中国革命战争中，中国共产党领导中国人民，为适应人民战争的需要，逐步建立并发展了野战军、地方军和民兵“三结合”的武装力量体制。

新中国成立后，大规模的武装斗争逐步停止，国家进入了和平建设的新时期。这时候，我国武装力量面临的任务也发生了很大的变化：一方面要防备和抵御侵略，坚决打击外部来犯之敌；另一方面又要维护社会治安，保证社会稳定，防止国内外敌对势力从内部进行颠覆和破坏。在这种情况下，我国对于如何改进传统的“三结合”武装力量体制，如何保证其适应新的任务的需要，进行了长时间的实践和探索。

在新中国成立后的不同时期，我国“三结合”武装力量体制经历了不同的具体组织形式。

1949 年 10 月至 1950 年 9 月，实行人民解放军、人民公安部队和民兵相结合。其间，公安部队归公安机关建制领导。

1950 年 9 月至 1958 年 12 月，实行野战军、公安部队和民兵相结合。其间，主要担负内卫和边防任务的公安部队归军队建制领导。

1959 年 1 月至 1963 年 1 月，实行人民解放军、人民武装警察和民兵相结合。其间，人民武装警察隶属公安机关，实行军队和公安机关双重领导。

1963 年 2 月至 1966 年 6 月，实行人民解放军、公安部队和民兵相结合。其间，公安部队隶属公安机关，实行军队和公安机关双重领导。

1966 年 7 月，全国公安部队统一整编为人民解放军，归军队建制领导。1978 年颁布的《宪法》确认我国“实行野战军、地方军和民兵三结合的武装力量体制”。

党的十一届二中全会以后，我国进入了以经济建设为中心的现代化建设新时期，为了防止国内外敌对势力对我国进行危及国家安全的阴谋犯罪活动，1982 年党和国家对我国的武装力量体制做了新的调整，重新组建中国人民武装警察部队，实行国务院、中央军委双重领导。1984 年 5 月，由最高国家权力机关——全国人民代表大会通过的《中华人民共和国兵役法》，正式确立了由中国人民解放军、中国人民武装警察部队和民兵组成的武装力量新体制。

在新的历史时期，我国武装力量的这种新体制，既可在平时满足维护国内安全的需要，又能在战时充分发挥解放军、武警部队和民兵三结合武装力量体制的优点，并使之更有力量。所以说，这一新体制符合我国的国情、军情，符合我国武装力量的性质和特点，是新形势下完成国防使命的客观要求。

2. 武装力量受中国共产党的绝对领导

《国防法》第十九条规定：“中华人民共和国的武装力量受中国共产党领导。”《中国共产党章程》规定：“中国共产党坚持对人民解放军和其他人民武装力量的领导。”《中国人民解放军政治工作条例》也规定：“中国人民解放军必须置于中国共产党的绝对领导之下，其最高领导权和指挥权属于中国共产党中央委员会和中央军事委员会。”

马克思主义历来认为，武装力量是国家政权的主要成分，哪个阶级想夺取政权并想保持它，必须拥有强大的武装力量。毛泽东曾经明确指出：“没有一个人民的军队，便没有人民的一切。”翻开无产阶级的革命斗争史，无论是巴黎公社、十月革命，还是中国的革命斗争，都证明了这个道理。坚持党对武装力量的绝对领导是我军特有的优良传统。其实，纵观我军的建军史，我军从一诞生就带着鲜明的党性色彩。党一手缔造了人民军队，而且始终直接统帅和培育着人民军队。我军的基本原则是“党指挥枪，而绝不容许枪指挥党”，可见，党对武装力量的绝对领导是我国武装力量建设的根本原则。

坚持党对武装力量的绝对领导，是使我国武装力量保护无产阶级性、社会主义国家性和人民性的决定因素。武装力量的性质不是自发产生的，也不是固定不变的。而是由领导它的阶级、政党和国家的性质决定的。中国共产党是无产阶级的先锋队，具有科学、先进的无产阶级世界观，以全心全意为人民服务作为自己唯一的宗旨，其纲领、路线正确反映了社会发展客观规律。因此，武装力量必须接受并坚持中国共产党的绝对领导，才能使其具有并保持无产阶级的性质，才能担当起保卫祖国、保卫人民的重任。

3．武装力量建设的目标

武装力量的革命化、现代化、正规化建设是中国人民解放军在新的历史时期的建设目标。就武装力量内部而言，军队、武警和民兵在“三化”建设中的内容和手段上各不相同，程度上也有差异，但都必须为实现革命化、现代化、正规化付诸共同的努力。同时，武装力量的“三化”也是国家建设总目标的基本内容之一。

武装力量的革命化，主要是指在中国共产党的绝对领导之下，坚持无产阶级政治方向，坚持全心全意为人民服务的宗旨；掌握革命理论，继承和发扬优良传统；培养严守纪律和自我牺牲的精神、压倒一切敌人和压倒一切困难的精神、爱国主义和国际主义的精神，使我国武装力量永远成为“党和国家的钢铁长城”，“永远是国家的捍卫者，永远是社会主义的捍卫者，永远是人民利益的捍卫者”，其中最根本的，就是政治上永远合格，绝对听从党的领导和指挥。

武装力量的现代化，主要是指以下三个方面的内容。一是武器装备的现代化。它要求跟上世界新技术革命的发展，努力缩小我国武装力量同发达国家武装力量在武器装备方面的差距，发展和装备先进的尖端武器，并努力使我们能有几件有效制敌的“撒手锏”。二是人员素质的现代化，即培养能熟练使用现代化武器，能指挥、进行现代战争的人。三是人和武器的最佳结合。保证人与武器所具备的潜力能够得到最大限度的发挥。

武装力量的正规化，就是要建立起与武装力量现代化建设相适应的科学合理的组织结构和高效周密的运行机制，实行统一的指挥、统一的制度、统一的编制、统一的纪律、统一的训练，增强组织性、计划性、准确性、纪律性。

二、海陆空及二炮部队

1．陆军

陆军是中国人民解放军中历史最悠久的军种，以步兵、装甲兵、炮兵为主体，主要在陆地上进行作战任务，是陆战场上决定胜负的主要力量。它具有强大的火力、突击力和快速的机动能力。它既能独立作战，又能与海军、空军协同作战。

中国人民解放军陆军诞生于 1927 年。土地革命时期，中国工农红军部分是步兵，有少量骑兵、炮兵、工程兵、通信兵等部队、分队。主要武器是步枪、机械、手榴弹和少量小口径火炮，在某些部队中还使用部分大刀、长矛。抗日战争时期，陆军的成分基本没有变化。步枪、机枪、手榴弹和小口径火炮等武器装备，主要是从侵华日军和伪军手中缴获而来。同时，也有少量自造的枪、弹、地雷和刀、矛等。解放战争时期，陆军规模不断扩大，武器装备明显改善，发展了炮兵、工程兵和通信兵部队，新建了坦克兵和防化兵部队、分队。中华人民共和国成立后，陆军进入现代化、正规化的发展阶段，部队逐步装备国产的步兵武器、火炮、导弹、坦克、步兵战车和直升机，改善和发展了工程、通信、电子对抗等技术装备和器材。陆军经过 80 多年的建设，现已发展成为一支具有强大火力、突击力和高度机动能力的诸兵种合成军种。除编有步兵、装甲兵、炮兵、工程兵、防化兵等传统专业兵种外，还编有电子对抗、航空兵、测绘和汽车等兵种和专业部（分）队。

（1）步兵。步兵是徒步或搭乘装甲输送车、步兵战车实施机动和作战的兵种，能在任何时间、季节、气候和地形上进行战斗，是地面作战中最后夺取和扼守阵地、歼灭敌人的主要力量。

（2）装甲兵。装甲兵是以坦克及其他装甲战车、保障车辆为基本装备，执行地面突击任务的兵种。它是陆军中一支重要的突击力量，具有较强的火力、快速的机动力和良好的装甲防护力。它既可以独立执行作战任务，也可在协同作战中，配合其他军兵种作战。

（3）炮兵。炮兵是以各种榴弹炮、加农炮、火箭炮、反坦克炮、反坦克导弹、高射炮、地空导弹、战役战术导弹等为基本装备，执行地面火力突击任务的兵种。它具有强大的火力、较远的射程、良好的射击精确度和较高的机动能力，能在短时间内集中火力对敌实施猛烈突击，通常能在各种情况下不间断地执行战斗任务。

（4）工程兵。工程兵是担负军事工程保障任务的专业兵种，是军队实施工程保障的技术骨干力量。它与其他兵（军）种密切配合，保障部队隐蔽安全、稳定指挥，实施机动，破坏和限制敌人的机动，并可执行战斗任务。现在的工程兵部队基本上实现了编组专业化、行动摩托化、工程作业机械化，具有在现代战争条件下快速完成任务的能力。

（5）防化兵。防化兵是担负防化保障的专业兵种，是人民解放军对核武器、化学武器防护的技术骨干力量。它主要以技术装备协同各兵种共同完成防化保障任务，并以喷火器直接配合步兵执行战斗任务。

（6）电子对抗兵，电子对抗兵是实施电子侦察、干扰和抵抗的专业兵种。其任务是破坏敌方电子设备的使用效能，最大限度地使敌方通信中断、指挥失灵、雷达致盲、兵器失控，为取得战役战斗的胜利创造条件。

（7）航空兵。陆军航空兵始建于 1986 年，主要装备有武装直升机、运输直升机和勤务直升机，担负空中火力突击、机降作战、地面兵力和物资的空中输送及战场勤务保障等任务。陆军航空兵重点加强快速投送、精确打击、远程突击和保障能力建设。

现阶段，我国陆军加速现役主战装备更新换换和信息化改造，建设精干合成、灵敏多能的新型陆战力量。优先发展陆军航空兵、轻型机械化部队和信息对抗部队。装甲兵在陆军合成作战部队中的比例进一步提高。炮兵、防空兵陆续列装新型火炮、野战防空导弹、侦察预警雷达、火控系统、情报指挥系统等装备，地空导弹与高射炮比例得到优化。工程兵与主战兵种配套发展，伴随保障和精确保障能力不断提高。防化兵初步建立与联合作战相适应的核化生防护体系，快速进行核化生防护、核化生应急救援，反核化生恐怖能力明显增强。通信兵加强通用信息传输平台、处理平台和指挥控制系统、频谱管理系统建设，提高通信和信息保障能力。

2．海军

海军是以舰艇部队为主体，主要在海洋上进行作战任务的军种。中国人民解放军海军于 1949 年 4 月 23 日正式成立，主要任务是独立地或协同陆军、空军防御敌人从海上入侵，保卫领海主权，维护海洋权益。海军主要由水面舰艇部队、潜艇部队、海军航空兵、海军岸防兵和海军陆战队等兵种以及各种保障部队组成，编有北海、东海、南海三个舰队和海军航空兵部以及各类院校、科研、试验机构、预备役部队和军民联防单位。经过 60 多年的发展，中国人民解放军海军部队现已成为一支兵种齐全、常规和尖端武器兼备、具有立体攻防能力、能有效地保卫国家领海主权的战斗力量。

（1）水面舰艇部队。水面舰艇部队是在水面进行作战任务的兵种，是海军的基本作战兵力，包括战斗力舰艇部队和勤务舰艇部队。水面舰艇部队具有在广阔海域上进行反舰、反潜、防空、水雷战和对岸攻击等作战能力，主要用于攻击敌方海上兵力和岸上目标，支援登陆、抗登陆作战，保护或破坏海上交通线，进行海上封锁、反封锁作战，运送作战兵力和物资，参加夺取制海权和海洋制空权的战斗等。平时还用于保卫大陆架、专属经济区，保卫和参加海上科学试验与调查作业，开发海洋资源，维护国家海洋权益。

（2）潜艇部队。潜艇部队是主要在水下执行战斗活动的兵种。潜艇部队按潜艇动力分为常规动力潜艇部队、核动力潜艇部队；按武器装备分为鱼雷潜艇部队、导弹潜艇部队和战略导弹潜艇部队。潜艇部队的特点是：隐蔽性好、突击威力大，核动力潜艇还具有续航力和自给力强、能远离基地长期担负作战任务的特点。潜艇部队的任务是：消灭敌大中型舰艇和运输船只，破坏并摧毁敌基地、港口和海岸上的重要目标，担任侦察、反潜、布雷、巡逻、救援和运送重要人员物资。战略核动力潜艇还担任国家战略核反击任务。

（3）海军航空兵。海军航空兵是海军进行空中突击与防御的基本兵种。它由海军陆基航空兵和海军海基航空兵以及高炮、地空导弹、雷达和其他专业勤务部队组成，装备有轰炸机、攻击机、歼击机、反潜机、侦察机、电子战机、预警机、运输直升机、救援直升机等。它是夺取和保持海洋战区制空权的重要力量，是海军的主要突击兵力之一。其主要任务有：消灭敌战斗舰艇、潜艇和登陆运输舰艇；在敌海军基地、港口和航道上布设攻势水雷，封锁敌舰船；协同空军破坏敌基地、港口和岸上重要目标；单独或协同其他兵种夺取和保持海上局部制空权；掩护、支援水面舰艇的作战行动；参加沿海重要地防空，保障海军基地安全；担任侦察、巡逻、反潜、布雷、扫雷、引导、救援和运输兵员、物资等任务。

（4）海军岸防兵。海军岸防兵是海军部署于沿海重要地段、岛屿，以火力进行海岸防御任务的兵种。海军岸防兵通常由海岸导弹部队和海岸炮兵部队组成，主要装备有：机动式和固定式岸对空、岸对舰导弹和大口径岸炮、高射炮等。基本任务是：封锁海峡、航道，消灭敌方舰船，掩护近岸海区的己方交通线和舰船；支援海岸、岛屿守备部队作战，保卫基地、港口和沿海重要地段的安全。

（5）海军陆战队。海军陆战队是海军中担负渡海登陆作战任务的兵种，是实施两栖作战的快速突击力量。海军陆战队通常由陆战步兵、炮兵、装甲兵、工程兵及侦察、通信等部（分）队组成。其主要装备有各种海上运输、登陆器材和装备以及适宜两栖作战的各种武器装备。其主要任务是：独立或配合陆军部队实施登陆作战和陆上作战、支援岛屿作战和海洋特种作战。

现阶段，我国海军着眼于建设一支多兵种合成的，具有核、常双重作战手段的现代化海上作战力量，把信息化作为海军现代化建设的发展方向和战略重点，突出发展海上信息系统，加强新一代武器装备建设。完善海上战场建设，重点搞好新型装备的各项配套设施建设和作战支援保障建设。加强适应信息化条件下作战需要的海上机动兵力建设，增强近海海域的整体作战能力、联合作战能力和海上综合保障能力。改革创新训练内容和组训方式，深化海上一体化联合作战训练。加强海军作战理论研究，探索现代条件下海上人民战争的战略战术。

3．空军

空军是主要进行空中作战的军种。空军的基本任务是：担负国土防空，支援陆军、海军作战，对敌后实施空袭，进行空运和航空侦察。少数国家采取空军、防空军分立制，空军不承担国土防空任务。空军具有快速反应、高速机动、远程作战和猛烈突击的能力，既能协同其他军种作战，又能独立执行战役、战略任务。空军是现代立体作战的重要力量，能对战争的进程和结局产生重大影响，在现代国防和现代战争中具有重要的地位和作用。中国人民解放军空军于 1949 年 11 月 11 日正式成立。经过 60 多年的建设，空军已经发展成为一支由航空兵、地空导弹兵、高射炮兵、空降兵、雷达兵等多兵种合成，装备有歼击机、强击机、轰炸机、运输机等多机种组成的现代化高技术军种。

（1）航空兵。航空兵是装备军用航机在空中进行作战任务和保障任务的兵种。航空兵具有高速机动、远程作战和猛烈突击的能力，能协同地面和舰艇部队执行作战任务，也可单独作战，是空军的主要组成部分和作战力量，包括歼击航空兵、强击航空兵、轰炸航空兵、侦察航空兵、运输航空兵等。歼击航空兵是歼灭敌空中飞机和飞航式空袭兵器的兵种；强击航空兵是攻击敌地面部队或其他目标的兵种；轰炸航空兵是对地面、水面目标实施轰炸的进攻兵种；侦察航空兵是以侦察机为基本装备，从空中获取情报的兵种；运输航空兵是装备军用运输机和直升机，进行空中输送任务的兵种。

（2）地空导弹兵。地空导弹兵是装备地空导弹、远行防空任务的兵种，一般由火力分队、指挥分队、技术保障分队和其他勤务分队编成。地空导弹兵能在昼夜间和复杂的气象、条件下，抗击各种以高度和速度入侵的飞机和机载空地导弹，通常与歼击航空兵、高射炮兵共同执行防空作战任务，也可以单独作战，是国土防空和野战防空的重要力量。

（3）高射炮兵。高射炮兵是装备有高射炮武器系统、进行防空作战任务的兵种。高射炮兵具有火力密集、猛烈和机动性较强的特点，能在昼夜间和各种气象条件下持续抗击高、中、低空目标，歼灭敌方空中目标，保障国家要地、军队集团和其他重要目标的安全，协助歼击航空兵夺取制空权，必要时还可以打击地面、水面目标。

（4）空降兵。空降兵是以机降或伞降方式介入地面作战的兵种，是具有空中快速机动和超越地理障碍能力的突击力量，由步兵、装甲兵、炮兵、工程兵、通信兵及其他专业部（分）队组成。其主要任务是夺取敌纵深领域内的重要目标或地域，破坏敌指挥机构、导弹核武器设施机构、交通枢纽和后方供应线，支持在敌后作战的部队。

（5）雷达兵。雷达兵是以雷达获取空中情报的兵种，是全国防空雷达情报系统的重要组成部分。雷达兵的主要任务是在各种气象条件下，不间断地探测、跟踪和识别空中目标，保障各军兵种部队的战斗行动，为飞行管制和人民防空提供空中情报。

现阶段，我国空军着眼于建设一支攻防兼备的信息化空中作战力量，减少作战飞机总量，重点发展新型战斗机、防空反导武器，加强指挥控制系统建设。突出训练的针对性和对抗性，加大不同兵种、机种合同战术训练；积极稳妥地组织新机改装和新武器装备使用训练。空军飞行员训练实行飞行院校、训练基地、作战部队三级体制，分为基础教育、初级飞行、高级飞行、作战飞机改装飞行、战术飞行五个阶段。航空兵部队主要进行空战、对地攻击和联合作战等训练，飞行员保持与担负任务要求相适应的训练飞行时间。

4. 第二炮兵

中国人民解放军第二炮兵（简称“第二炮兵”），是以地地战略导弹为主要装备、担负核反击战略作战任务的军种。第二炮兵是在20世纪60年代中期组建起来的，它与海军潜地战略导弹部队和空军战略轰炸机部队一起构成了我国“三位一体”的战略核力量。第二炮兵是我军核威慑、核反应的主要力量，它具有突击能力强、火力机动范围广、自动化程度高、指挥和控制可靠、有较强的生存能力等特点。中国人民解放军第二炮兵的核力量是属于防御性的，它坚持自卫立场和后发制人的原则，对向我国发动核袭击的国家实施反击。它可以独立作战，也可以与海军、空军的战略核反击部队协同作战，对敌重要战略目标实施战略核突击。

（1）第二炮兵的任务

和平时期的任务是：发挥核威慑作用，遏制敌人可能对我国发动的核战争，并为我国的和平外交政策服务

战时的战略任务是：遏制常规战争升级为核战争，遏制核战争的升级。

在核反击作战中的任务包括包括以下几方面。一是打击敌军事进攻力量。如打击对我国威胁最大的敌重要的导弹基地、空军机场和海军基地（港口），削弱敌远程航空兵和海军的作战能力。二是打击敌重要的交通枢纽。如打击敌铁路桥梁和编组站，以阻止或迟滞敌人的战略机动及物资补给。三是打击敌政治、军事、经济中心。如打击敌国家和军队指挥中心、重要城市、重工业基地、重要能源动力系统等赖以进行战争的政治和经济目标。四是打击敌重兵集体、战略预备役部队的集结地域、导弹和核武器的生产和储存基地，杀伤敌人的有生力量，削弱其战争潜力和作战能力。

（2）第二炮兵的装备

第二炮兵的装备有多种型号的地地战略导弹和战役战术常规导弹，包括近程（射程在1000千米以内）导弹、中程（射程1000～3000千米）导弹、远程（射程3000～8000千米）导弹、洲际弹道导弹（射程在8000千米以上）。具有在昼夜间各种复杂气象条件下的发射能力。这些导弹的特点是：射程远，杀伤破坏威力大，命中精度较高，空防能力和生存能力强。建有与之配套的作战指挥、防护工程和其他各种设施，可以固定发射，也可以机动发射，因而具有较强的生存能力。

（3）我国的核战略和核政策

中国坚持奉行独立自主的和平外交政策，一贯主张全面禁止和彻底销毁核武器。中国发展核武器是在特定的历史条件下迫不得已做出的决定。在近代长达一百多年的时间里，中华民族曾历经磨难，多次受到外国的侵略和蹂躏，饱尝战争的苦难。新中国成立后，仍然受到战争的威胁，包括核武器的威胁。中国要生存、要发展，别无选择。我们研制和发展少量核武器，不是为了威胁别人，完全是出于防御的需要，是为了自卫，为了维护国家的独立、主权和领土完整，保卫人民和平安宁的生活。中国发展核武器也是为了保卫世界和平，为了打破核讹诈和核威胁，防止核战争，最终消灭核武器

中国是爱好和平的国家，是维护世界和平与稳定的重要力量。中国赞成在朝鲜向彻底核裁军目标前进的过程中实现全面禁止核武器试验。中国积极参加日内瓦全面禁止核试验条约的谈判，争取通过协商一致，缔结一项公正、合理、可核查、普遍参加和永久有效的条约。中国愿与国际社会其他成员一道继续为此做出努力。

中国从拥有核武器的第一天起，就郑重声明，中国在任何时候、任何情况下都不首先使用核武器。中国还无条件地承诺不对无核武器国家和无核武器地区使用或威胁使用核武器。中国是世界上唯一做出并恪守这一承诺的核武器国家。中国从未在境外部署过核武器，也从未对别国使用或威胁使用核武器。我们发展核武器的原则是要有一点、少一点、好一点，迫使敌人不敢对我们使用核武器。虽然中国政府一再郑重声明，中国在任何时候、任何情况下，都不会首先使用核武器，不对无核武器国家和无核武器地区使用核武器。但是，如果遭到核袭击，中国将毫不犹豫地实施核反击，进行有限而有效的核报复。

实现无核武器的世界，确保各国共享和平、安全、稳定与繁荣，这是世界各国人民的强烈愿望。我们衷心希望，永远不发生核战争。我们深信，只要全世界一切爱好和平的国家和人民共同努力，核战争是可以避免的。人类既然能在20世纪制造出核武器，也完全有能力在21世纪彻底消除核武器。中国政府和人民愿同世界各国政府和人民一道，为实现这一崇高目标而努力奋斗！

三、人民武装警察部队

1．人民武装警察部队的发展历程

中国人民武装警察部队，是以武装的形式执行国内安全保卫任务的现役部队，是中华人民共和国武装力量的重要组成部分，是保卫社会主义现代化建设的一支重要力量。

早在土地革命战争时期，中国共产党就在人民军队和革命政权中建立了专门执行内部安全保卫任务的部队。1927年4月12日，蒋介石背叛革命，致使轰轰烈烈的大革命惨遭失败，国民党反动派大肆屠杀共产党员和革命群众。为了在白色恐怖下保卫党的组织，1927年11月党中央成立中央特别委员会，下设中央特科，负责党的保卫工作，这是中国共产党最早建立的保卫组织。中华苏维埃共和国临时中央政府在江西瑞金成立后，党中央先后成立了政治保卫大队、“瑞金卫戍司令部”和中央警卫师等部队。1938年，为了维护边区首府延安的社会治安，党中央决定成立延安警察部队，全称“陕甘宁边区人民警察”，简称“边警”。这是中国共产党历史上最早的一支比较正规的人民警察队伍。

在新中国成立后的北京、天津、上海等大城市中，相继建立了由人民解放军直接担负治安任务的警备部队，或以人民解放军为骨干的公安总队、公安大队、纠察总队等。当时这些公安武装一部分属于各级政府公安机关建制领导，一部分作为解放军的组成部分，行使人民警察的权力。

新中国成立后，1950年9月7日，中央人民政府人民革命军事委员会决定，将各地的公安武装统一整编为“中国人民公安部队”。同年11月，中国人民公安部队领导机关在北京成立，归人民革命军事委员会直辖，并在华东、东北、中南、西北、西南等大军区和铁道兵成立公安部队领导机构，各省、市也相继成立公安总队，负责领导全国的内卫、边防和地方公安工作。此后，随着形势任务的变化，公安部队的建制、隶属关系和名称经过多次变动，先后改编为中国人民公安部队、中国人民解放军公安部队、中国人民解放军公安军等。1982年6月19日，党中央决定，将人民解放军担负内卫执勤任务的部队移交给公安部门；同当时公安部门实行兵役制的武装、边防、消防警察，统一组建为中国人民武装警察部队。1983年4月5日，中国人民武装警察部队总部正式宣告成立。各省、市、自治区也先后成立了武装警察总队，地（市、州、盟）成立了武装警察支队，县（市、镇）成立了武装警察大队或中队。1984 年 5 月，全国人民代表大会通过的《中华人民共和国兵役法》正式确立了中国人民解放军、中国人民武装警察部队和民兵组成的武装力量新体制。

中国人民武装警察部队，在编制序列、服装式样、供给标准、纪律要求、教材训练、边疆沿海地区的协作和思想政治工作等方面，实行统一规划和管理。经常性的工作，实行由公安部门分级管理、分级指挥。人民武装警察部队及其各级机关，实行义务兵和志愿兵相结合的制度，执行解放军的条令、条例和供给标准，享受解放军的同等待遇。军衔等级同中国人民解放军军衔等级，军衔前冠以“武警”名称。

2．人民武装警察部队的主要职能及分类

人民武装警察部队（简称武警部队）的主要职能有以下几个方面。第一，维护国家主权和尊严。主要通过执行边境武装警卫勤务、边防检查勤务、安全检查勤务、海上巡逻勤务来履行这一职能。第二，维护社会治安。作为公安机关的一部分，武警部队担负着用公开武装的形式预防和镇压敌对势力破坏，处置各种突发事件，应付各种紧急意外情况，维护社会治安的任务。第三，保卫党政领导机关、重要目标和人民生命财产的安全。主要通过执行警卫勤务、守卫勤务、消防工作、反恐怖活动来实现。

武警部队属于国务院编制序列，由国务院、中央军委双重领导，实行统一领导管理与分级指挥相结合的体制。武警部队设总部、总队（师）、支队（团）三级领导机关，各级机关设司令部、政治部、后勤部。武警总部是武警部队的领导指挥机关，领导管理武警内卫部队和黄金、森林、水电、交通部队的军事政治和后勤工作，并对列入武警部队序列的边防、消防、警卫部队的军事、政治、后勤工作进行指导。

武警部队以内卫部队为主体，包括列入武警部队序列的公安边防部队、公安消防部队、公安警卫部队，担负生产建设任务的水电部队、交通部队、黄金部队，担负护林防火、灭火任务的森林警察部队。武警部队依其执行的任务不同分为以下三种。

（1）内卫部队。这是武警部队主要组成部分，受武警总部的直接领导和管理。其主要任务是：警卫党政机关和外国驻华使（领）馆，守卫重要机场、电台、电视台、通信枢纽、工厂、仓库、科研机构等重要目标；守护重要桥梁隧道；担负看守所、监狱、劳改场所的外围武装看押任务和押解罪犯；对大城市和特定地区实施治安巡查警戒；参与处置各种突发事件等。

（2）边防、消防和警卫部队。这是列入武警序列由公安部门管理的部队，其中，边防部队主要担负边境检查、管理和部分地段的边界巡逻以及海上缉私等任务；消防部队主要担负防火灭火任务；警卫部队主要担负党和国家领导人、省市主要领导及重要来访外宾警卫任务。

（3）黄金、水电、交通和森林部队。这是列入武警序列受国务院有关业务部门和武警双重领导的部队。这些部队既担负经济建设任务，同时又负有维护国家安全和社会稳定的任务，其中，黄金部队主要担负黄金地质勘查、黄金生产任务；水电部队主要承担国家能源重点建设项目，包括大中型水利、水电工程以及其他建设任务；交通部队主要担负国家交通重点建设项目，包括公路、港口及城建等施工任务；森林部队主要担负森林的防火灭火以及维护林区治安、保护森林资源的任务。

四、民兵和预备役部队

1. 民兵

民兵是中国共产党领导的不脱离生产的群众武装组织，是中华人民共和国武装力量的组成部分，是中国人民解放军的助手和后备力量。

（1）民兵的光辉历史

中国民兵有着光辉的历史，在革命战争年代和社会主义现代化建设中，创造了辉煌的业绩，谱写了灿烂的篇章。

中国民兵始建于第一次国内革命战争时期。1923 年 1 月香港海员大罢工中组建的第一支工人纠察队和 1924 年 8 月在广东成立的第一支农民自卫军，就是中国民兵的前身。随后，中国共产党在毛泽东“枪杆子里面出政权”的英明论断的指导下，相继举行了南昌起义、秋收起义和广州起义。毛泽东率领秋收起义的工农武装进军井冈山，建立了中国历史上第一支中国工农红军和第一个农村根据地。在建设红军的同时，广泛发展暴动队、赤卫队、少年先锋队等群众武装组织，创立了民兵制度。根据当时的法律规定，赤卫队由 23～40 岁的青壮年组成，少先队由 18～23 岁的青少年组成，并规定在赤卫队、少先队之中，挑选部分强壮勇敢分子，组成模范营，作为保卫苏区和参加红军的基本队伍。各苏区的赤卫队和少先队，人数最多时达 250 万，是当时主力红军的 6 倍，他们站岗放哨、传递情报、护理伤员，广泛开展游击战争，积极配合红军作战，为粉碎敌人的“围剿”，保卫和扩大红色革命根据地，发挥了重大作用。赤卫队、少先队也是红军取之不竭的强大后备力量，各苏区坚持实行“由乡赤卫队、区赤卫大队、县赤卫总队、地方红军直至正规红军”逐步升级的办法，使红军获得了源源不断的补充，许多地方的赤卫队、少先队，常常是整连、整营、整团乃至整师地参加红军，如江西兴国县组织起来的工人师、模范师和少共国际师就在 1933 年先后集体参加了红军，全县 38 万人中，参加红军的有 8 万多人。

抗日战争开始后，根据毛泽东同志发出的实行“全国人民总动员”的伟大号召，中国共产党领导下的各抗日根据地，放手发动群众，开展游击战争，普遍建立民兵和自卫队，形成了中国民兵制度。1938 年 5 月，毛泽东在《论持久战》中提出了“兵民是胜利之本”的伟大战略思想，并一再强调“只有全民动员起来，进行人民战争，才能坚持抗战”。[①]同年，毛泽东在《论新阶段》中提出，抗日人民自卫队的组织应成为一切战区与敌人后方的普遍与经常的民兵制度。1941 年，中共中央军事委员会进一步确定主力军、地方军和民兵所组成的武装力量体制，并规定民兵和自卫队都是不脱离生产的群众武装组织，民兵是自卫队的骨干。1945 年，各抗日根据地的民兵发展到 268 万余人自卫队达 1000 万人以上。从此，游击队、正规军、民兵被正式确定为三位一体的军事体制，我国民兵建设发展到一个新的阶段。在艰苦卓绝的八年抗战中，广大民兵拿起各种各样的武器，凭借人熟地熟的优势，人自为战，村自为战，活跃在敌后广阔战场上，展开空前规模的人民游击战争，创造出诸如地道战、地雷战、麻雀战、破袭战、围困战等许多巧妙战法，配合八路军、新四军狠狠地打击了日本侵略者。民兵和自卫队还日夜担负着站岗放哨、侦察敌情、传递情报、捉拿汉奸等繁重的战斗勤

① 建国以来重要文献选编（第二十册）. 北京：中央文献出版社，1998：451.

务，并同人民群众一起实行坚壁清野，使敌人所到之处，断粮缺水，处于困境，为主力部队歼灭敌人创造了有利条件。抗战八年，民兵共参加作战 29 万多次，歼敌 10.6 万余人，并涌现出许许多多的民兵战斗英雄。闻名全国的爆破英雄李勇、于化虎、赵守福、李明、李念林，杀敌英雄郝庆山、徐顺孩、黄小旦、孙双保，神枪手李殿冰、刘二堂、高运成、陈丙昌，劳武结合模范张初元，智勇双全的女民兵英雄孙玉敏、刘虎成等，就是其中的代表人物。广大民兵的艰苦奋战，对取得“反扫荡”、“反清剿”、“反蚕食”斗争的胜利，粉碎敌人的“三光”政策，巩固并扩大抗日根据地，坚持持久战，起到了巨大作用。

抗日战争取得全面胜利后，蒋介石悍然发动了全面的反革命内战，党中央号召必须迅速扩大民兵组织。各革命根据地紧密结合减租减息的政策，进一步整顿和发展了民兵组织，加强了军政训练，使民兵队伍迅速扩大，人数达 550 万人。在三年多的解放战争中，民兵不仅在参军、配合军队作战和保卫革命根据地、支援新解放区斗争等方面发挥了重大作用，特别是在支前工作中更显示了无比强大的威力，仅辽沈、淮海、平津三大战役，以民兵为骨干组织的支前大军即达 880 万人，创造了战争史上的奇观。许多民兵还随军远征，部队打到哪里，就支持到哪里。东北、华北和华东的民兵，跟随人民解放军跨黄河，渡长江，一直打到福建和广东的海南岛（今属海南省）。山西民兵“野战团”、“基干团”随军远征，西至甘肃凉州，北到内蒙古。广大民兵为解放战争的胜利做出了不可磨灭的贡献。

新中国成立以后，党中央从战略高度把民兵制度规定为国家的一项重要军事制度，写进了《中国人民政治协商会议共同纲领》。“文化大革命”期间，民兵制度虽然一度遭到严重干扰和破坏，但民兵建设仍然取得了一些进展。党的十一届三中全会后，随着全国工作重点的转移、城乡经济体制的改革以及国防建设指导思想的转变，民兵的组织建设、军事训练和政治教育，都相应地进行了调整改革，武器装备也不断得到了改善。1984 年 5 月 31 月，我国颁发了新的《中华人民共和国兵役法》，进一步确立了民兵与预备役相结合的制度。1990 年 12 月 24 日，国务院、中央军委颁布新修订的《民兵工作条例》，对民兵工作的任务、指导原则、组织建设、政治工作、军事训练、武器装备、战备执勤等各个方面，都做了明确的规定，推动了民兵工作的全面发展。

在社会主义革命和现代化建设中，中国民兵继承发扬革命战争年代的光荣传统，既是对敌斗争的战斗队，又是生产战线上的突击队，在沿海岛屿、剿灭土匪、维持社会治安、镇压反革命暴乱、抗美援朝和历次自卫反击战中发挥了重要作用，而且同人民解放军一起，建立军民联防，在海陆边线上配合和支援人民解放军完成了保卫祖国的神圣任务。仅据四川、广西、湖南等 11 省（区）的不完全统计，在 1950～1953 年的剿匪斗争中，参战的民兵达 185 万余人，作战 10.7 万余次，歼灭土匪 30.4 万余人，缴获各种武器 32.3 万余件。在发展生产、抢险救灾、植树造林、建设社会主义物质文明和精神文明的伟大事业中，民兵也常常起着骨干带头作用。如 1976 年 7 月唐山发生地震后，唐山市和附近各县、区投入抗震救灾的民兵达 1.52 万人，组成抢险队 1.3 万个，和中国人民解放军一起抢救出群众 37.7 万多人，转移和护送伤员 17.6 万人。1983 年夏，长江发生特大洪水，沿江数省曾动员数百万民兵参加抗洪斗争，其中，仅湖北省就有 191.9 万名民兵参加抢险救灾，占全省抗洪总人数的 64%，由 15.29 万名民兵编成 4864 个突击队，加固堤防 540 公里；排除大小险情 1 万余处。1991 年夏，全国部分地区发生历史上罕见的洪涝灾害，据 15 个省、市统计，参加抗洪救灾的民兵有 1100 万人，抢救群众 200 多万人，抢救物资 193 多万吨，加固堤坝数万公里，其中，仅安徽、江苏两省就组织民兵300多万人，抢救转移被洪水围困的群众130多万人，转移物资130多万吨，排除险情4500多处。1987年5月，黑龙江省大兴安岭发生特大森林火灾，1.9万名民兵组成74个扑火突击队投入灭火战斗，受到灭火指挥部的表扬。广大民兵还积极响应政府号召，带头植树造林，成绩显著。到1984年，仅甘肃省民兵就造林1034万亩，占全省造林面积的63%。

（2）新时期民兵的任务和分类

我国《国防法》规定，民兵的任务是：积极参加社会主义现代化建设，带头完成生产和各项任务；担负战备勤务，保卫边疆，维护社会治安；随时准备参军参战、抵抗侵略，保卫祖国。《民兵工作条例》规定，民兵工作的任务是：建立和巩固民兵组织，提高民兵军政素质，配备和管理民兵武器装备，储备战时所需的后备兵员；发动民兵参加社会主义现代化建设，组织民兵战备执勤，维护社会治安；组织民兵参战，支援前线，抵抗侵略，保卫祖国。

民兵工作应当贯彻人民战争的思想，坚持劳武结合，坚持民兵制度与预备役制度、民兵工作与战时兵员动员准备工作相结合。

民兵分为基干民兵和普通民兵。28 岁以下的退出现役的士兵和经过军事训练的人员以及选定参加军事训练的人员，编为基干民兵；其余18～35岁符合服兵役条件的男性公民，编为普通民兵。根据需要，吸收女性公民参加基干民兵。陆海边疆、少数民族地区和城市有特殊情况的单位，基干民兵的年龄可以适当放宽。

（3）民兵的编组与训练

全国的民兵工作在国务院、中央军委领导下，由中国人民解放军总参谋部主管。军区按照上级赋予的任务，负责本区域的民兵工作。省军区（卫戍区、警备区）、军分区、县（市）人民武装部负责本区域的民兵工作。

一般以乡（镇）、行政村和厂矿企业为单位，按照民兵人数多少，分别编为班、排、连、营、团。基干民兵、男民兵、女民兵，应分别编组。行政村一般编民兵连（营），领导本村的基干民兵和普通民兵。县、乡（镇）所属企业单位，凡人员比较稳定，行政、党团组织比较健全，可建立民兵组织，属乡（镇）武装部直接领导。乡镇编基干民兵营或连，领导全乡的基干民兵。城市民兵的编组，大型厂矿企业可以车间、分厂为单位编组，中小企业可实行跨车间、班组编组。

民兵干部和基于民兵的训练原则上由县（市、区）人民武装部组织实施。根据训练大纲的要求，干部训练时间为30天，一般在一年内完成；民兵训练时间为15天，一次完成。通过训练，干部具备相应的军事技能和组织指挥能力，并提高开展本职工作的能力。民兵学会使用手中武器装备，掌握基本军事技能；分队能担负一般战斗任务。民兵干部主要进行本级指挥和教学法训练；基干民兵主要进行技术和战术基础训练。根据训练发展民兵需要；目前已建设了许多县级民兵训练基地，民兵大部分在基地实施集中训练。根据需要，还组建了一批专业技术训练中心。这些基地和中心都达到了能吃、能住、能训练的要求。在训练手段上，大力推广电化教学和模拟训练；实施形象、直观教学，训练质量有较大提高。在训练中注意突出重点，民兵干部、应急分队和专业技术分队的训练得到了进一步加强。

随着国防现代化建设的发展，民兵组织已由单一的步兵发展成为包括高炮、地炮、通信、工兵、防化、侦察以及海军、空军等专业技术分队在内的基干民兵队伍。民兵的武器实现了国产制式化。为加强国防后备力量建设，1987 年全国边海防民兵工作会议之后，开始组建民兵应急分队。民兵应急分队是一支应付突发事件、维护社会稳定的“拳头”力量。

经过多年的建设，在大中城市和边海防等重点地区组建的民兵应急分队已步入正规化的建设轨道，基本实现了武器装备现代化、通信工具现代化，成为一支素质优良、动员快速、战斗力强的队伍。在加强民兵应急部队建设的同时，加强了民兵专业技术分队的建设。目前，全国共组建对口专业分队近万个，编组民兵数万人，在平时的生产建设、抢险救灾和军事活动中充分发挥了后备军的作用。

2．预备役部队

（1）预备役。预备役是公民在军队外所服的兵役，有的国家称为后备役。公民在服预备役期间，按规定参加军事训练，执行军事任务，并随时准备应征服现役。预备役是国家储备后备人员的重要制度，也是战时快速实施兵员动员的重要措施。

预备役包括军官的预备役和士兵的预备役两种。

①军官的预备役。预备役军官包括下列人员：退出现役转入预备役的军官和文职干部、确定服军官预备役的退出现役的士兵、确定服军官预备役的高等院校毕业生、确定服军官预备役的专职人民武装部干部和民兵干部、确定服军官预备役的非军事部门的干部和专业技术人员。各类预备役军官，按照规定服预备役已满最高年龄者，即退出预备役。

②士兵的预备役。士兵预备役包括下列人员：退出现役时符合预备役条件，由部队确定服士兵预备役的士兵；经过兵役登记的应征公民，未被征集服役的公民。士兵预备役的年龄为 18～35 岁。士兵预备役分为以下两类。第一类包括三部分人员，即经过登记服士兵预备役的 35 岁以下的退出现役的士兵、经过登记服士兵预备役的 35 岁以下的地方与军事专业对口技术人员、其他编入预备役部队和预编到现役部队的 28 岁以下的预备役士兵。第二类包括两部分人员，即除服第一类士兵预备役的人员外编入民兵组织的人员。其他经过登记服士兵预备役的 35 岁以下的男性公民。预备役士兵年满 35 岁，退出预备役。

随着现代战争的发展和对后备兵员需求数量和质量的提高，世界各国越来越重视预备役建设，不断完善预备役制度，训练、储备数量较充足和质量较高的预备役人员，特别是专业技术人员，并逐步改善武器装备，不断完善将预备役转为现役的措施，提高快速动员能力。

（2）预备役部队。预备役部队是国家以少数现役军官为骨干，以预备役军官和预备役士兵为基础组建起来的，平时按照总参谋部的计划进行军事训练，努力提高军事素质和快速动员能力，必要时可按照法律规定协助维护社会秩序，战时根据国家发布的动员令转为现役部队进行作战任务的武装组织。预备役部队分为军种和兵种预备役部队，是加强军队后备力、量建设，解决平时少养兵、战时多出兵，保障战时迅速扩编军队的重要组织形式。预备役部队按照中国人民解放军的统一编制组建，是中国人民解放军的组成部分，是建设祖国、保卫祖国的一支重要力量。

中国最早于 1955 年开始建立预备役部队。按照国防部发布的《关于组织预备役师的命令》，先后在成都、武汉、昆明、兰州等军区组建了一批预备役部队。1957 年 6 月军委发出《关于改进兵役工作的指示》，将民兵和预备役合二为一。1958 年 3 月，奉国防部命令，预备役师机构集体转业，预备役师取消。

十一届三中全会以后，中央军委借鉴国外的先进经验，结合中国国情、军情，决定恢复预备役制度，明确提出了武装力量建设实行精干的常备军与强大的国防后备力量相结合的建设方向。

1983 年 3 月 25 日总参组建动员师（后改称“预备役师”）以后，各军区及军兵种普遍组建预备役部队。中国的预备役部队分军种和兵种预备役师、团，列入中国人民解放军建制序列，授予军旗和番号，执行中国人民解放军条例、条令；预备役师、团实行统一编制，按地区编组，由预备役军官和士兵组成，配备一定数量的现役军人作为骨干，建有精干的师、团机关，负责组织计划、训练和武器装备管理工作；除配有一定数量的训练武器装备外，作战所需的武器装备有计划地储存在就近的国防仓库；建有各项规章制度，每年进行一次组织整顿和人员调整，并建有训练基地。军事训练由军区、省军区、军种、兵种按照总参谋部制订的训练大纲组织实施。

经过多年的建设，我国预备役部队现已成为一支具有数十个师兵力，包括步兵、炮兵、工程兵、通信兵、防化兵和舟桥部队以及海、空军等专业技术兵种在内的诸军兵种合成的新型预备役部队。各预备役师、团在加强基本建设的同时，建立健全了一整套教育、训练、管理生活制度，狠抓军事训练，不断增强在现代高技术条件下的快速动员能力和执行作战任务能力。

我国预备役部队的基本任务如下。

一是努力提高部队的军政素质，不断增强现代条件下快速动员的整体作战能力。按照总参谋部、总政治部关于教育训练的要求，切实抓好对干部、战士军事、政治以及后勤保障等方面的训练，使预备役部队不仅具有很高的军政素质、高度的国防意识和顽强的战斗作风，而且具有很强的适应现代条件下作战的能力和战斗力。

二是切实做好战时动员和各项准备工作，随时准备转为现役部队，执行作战任务。

三是积极参加社会主义现代化建设，在物质文明和精神文明建设中，发挥骨干带头作用；在遇到重大灾害时，可以根据上级命令成建制地投入抢险救灾等活动，发挥预备役部队组织严密、有突击精神、作风顽强等优势，更好地完成任务。

第五节　国 防 动 员

国防动员亦称战争动员，是指国家为准备战争和实施战争而在相应的范围内由平时状态转入战时状态所采取的，对人力、物力和财力统一调动的紧急措施。根据战争动员的规模，一般分为总动员和局部动员。总动员是指在全国范围内实施的国防动员，局部动员是指在局部地区实施的国防动员。国防动员通常包括人民武装动员、国民经济动员、人民防空动员、交通战备动员和政治动员等领域。

一、武装力量动员

武装力量动员是指国家为了适应战争的需要，将军队及其他武装组织由平时体制转为战时体制所采取的措施。通常包括现役部队动员、后备兵员动员和群众武装动员及相应的武器装备和物资等动员。武装力量动员是战争初期夺取战略主动权利和取得战争胜利的关键环节，对战争的进程和结局都有着极其重要的影响。在我国，武装力量动员主要指现役部队动员、后备兵员动员和民兵动员。

（一）现役部队动员

现役部队动员，是指国家为适应战争的需要，将现役部队山平时编制转为战时编制，其基本任务是按战时编制体制补充兵员和扩编。在现代信息化局部战争条件下，战争规模有限，战争进程加快，现役部队的动员与使用与以往战争相比更具有应急性，对稳定初期战局，夺取胜利的决定性作用更大。

（二）后备兵员动员

后备兵员动员，是指国家为进行战争而征集或招募适龄公民到军队服现役所采取的措施。在现代信息化条件下，后备兵员动员仍然是实现军事战略目的不可或缺的重要措施。在我国可能面临的信息化战争中，后备兵员动员将是增强我国战时军事实力，夺取胜利的重要因素。后备兵员动员以地方政府、军事领导机关为主，在现役部队的配合下组织实施。按动员的形式区分，主要有为现役部队补充满员动员、预备役部队动员和组建部队动员。

（三）民兵动员

民兵动员，是指根据战争需要，动员民兵参战支前的活动。我国《国防法》对民兵的战时任务作了原则规定，即在军事机关的指挥下，担负战备执勤、防卫作战任务，协助维护社会秩序。其战时的任务：一是积极应征，踊跃参军，保证现役部队兵员补充；二是配合军队作战，或独立完成作战任务；三是带领群众发展生产、巩固后力，担负支前、抢救伤员等战场勤务。民兵动员的主要内容和方法是：按战时要求调整、健全民兵组织，包括配齐人员、调整骨干、落实制度；按照计划配发武器装备，并抢修或制造适合民兵参战支前特点的武器装备，满足民兵执行任务的需要；修订参战支前计划，组织各种保障；组织民兵进行临战训练，提高参战支前能力等。

二、国民经济动员

国民经济动员是国家为了保障战争的物资需求和稳定战时经济秩序，促使国民经济部门的有关部门和体制乃至整个国民经济转入为战争服务的轨道，调整经济资源配置，增加武器装备及其他军用物资生产所进行的活动。

经济是战争赖以进行的物质基础。现代条件下，以经济部门为分类标准，一般将经济动员区分为工业动员、农业动员、建筑业动员、运输业动员、商业贸易动员、财政金融动员、信息产业动员等。国民经济动员主要是重新配置经济资源，充分调动国家的经济力量，最大限度地满足战争需要。做好经济动员工作，必须坚持平战结合、军民结合，平时就要兼顾战时需要，实现民用经济与军事经济协调发展。

国民经济动员的作用主要体现在两个方面。一方面，国民经济动员是对现代战争的物质支持。随着科学技术的发展，军队的武器装备和物资供应必须依托于整个社会经济和战时生产。国家为保障战争的需求，不能仅仅依靠战前的物资储备，还要在战时转变经济结构，扩大军需品生产。另一方面，战争的一方一旦遭到军事、经济和政治制裁，其国民经济体系和生产基地将受到打击和破坏，战争潜力必将被削弱。在这种情况下，只有有效的国民经济动员，才能打破制裁，稳定社会经济，创造支持战争的良好局面。

三、人民防空动员

人民防空动员亦称群众性防卫动员（或民防动员），是指国家为了防备敌人空袭，消除空袭后果，发动和组织公民所采取的一切措施。人民防空动员是国防动员的重要组成部分，主要任务是：依据国家有关法律法令，动员社会力量，进行防空设施建设，组建防空专业队伍，普及防空知识教育，组织隐蔽、疏散，配合防空作战，消除空袭后果。目的是保护居民、经济设施及其他重要目标安全，减少国家及人民群众生命产财的损失，保存战争潜力。其主要工作是：一是人防机构平战转换；二是实行战时人防管制；三是扩编、集结群众防空组织；四是启用人防设施、设备；五是组织、分配社会人防资源；六是开展人防临战教育。

四、交通战备动员

交通战备动员是指国家在战时控制各种交通运输线、设施和运输工具，进行人员、物资、装备运输的措施，是经济动员的重要组成部分。交通战备动员的主要任务是：保障军队机动、兵员和武器装备的补充、军工生产、军品供应、居民疏散、工厂搬迁以及其他人员、物资的前送后运等。交通战备动员的主要内容包括：交通战备网络规划与建设，交通战备工程设施建设，交通保障队伍建设，交通保障物资和器材的筹措、储备以及保障计划、方案的撰写，军事运输设备的研制和改进，战时交通保障计划的拟制与落实，运力动员筹划与落实，交通保障队伍的组织与训练，战时交通运输指挥机构的设置与转换预演，国防交通教育与科研、法规建设，等等。

五、政治动员

政治动员是国家为进行战争而开展的宣传、教育、组织工作和外交活动。政治动员是国防动员的一项重要内容，并为其他领域的动员活动提供思想和组织保证。政治动员对于充分调动和发挥本国军民的精神力量，尽可能地争取国际社会的同情和支持，瓦解敌方的战斗意志，具有重要作用。

政治动员在平时主要表现为国防教育，其内容主要包括国防理论、国防知识、国防历史、军事技能和国防法规等方面的教育。国防教育的对象为全民，重点是国家机关工作人民、武装力量组成人员和青年学生。

政治动员的目的是对全体军民进行爱国主义和革命英雄主义教育，使之增强国防观念，坚定打败敌人、夺取胜利的决定和信心。在新组建的军事组织中，建立健全党、团组织，使之发挥战斗堡垒作用。在整个军事活动的过程中，还应该按照国家政策对军人及其家属实行优待和抚恤，这可以起到激励将士奋勇杀敌、勇立战功，引导全社会拥军优属、为夺取战争胜利做贡献的作用。

六、国防教育

国防教育是按照国家捍卫领土和主权完整，防御外来侵略和颠覆的目的和要求，对公民的品德、智力、体质等方面有目的、有计划、有组织地施以影响的活动。国防教育担负着培养公民爱国主义精神和国家安危意识的重要使命，是提高全民素质、增强民族凝聚力、建设和巩固国防的基础和落实战时兵员动员的重要途径。

在大学生中有计划地开展国防教育，实施军事训练，学习军事科学知识，可以为国家储备大批后备兵员，为军队储备一定数量的后备军官。一旦发生战争，即可迅速参战。这种寓兵于民、寓官于校的做法，对于加强国防后备力量建设，做好兵员动员的准备工作，具有重大的战略意义。更为重要的是，现代战争是高技术条件下的战争，客观上要求作战群体尤其是各级指挥员，必须具备较高的科学文化素养。大学生是我国人口文化构成中科学文化素养较高的群体。抓好这一群体的军事教育和训练，便可储备一大批既掌握一定的军事科学理论和军事技能，又精通现代科学文化知识的专业人才和后备军官，这对于我国在未来高技术战争中夺取反侵略战争的胜利，有着特别重要的意义。

【思考与练习】

1. 国防的基本要素有哪些？
2. 简述国防的基本特征。
3. 国防法规的特性体现在哪几个方面？
4. 简述国防法规与国防政策的关系。
5. 新中国国防建设主要经历哪几个发展阶段？
6. 新中国国防建设取得了哪些成就？
7. 简述中国武装力量现阶段的具体组织形式。
8. 结合实际谈谈如何进行国防动员？

第二章 军 事 思 想

【学习目标】

1. 了解军事思想的含义和内容。
2. 了解军事思想的形成与发展过程。
3. 掌握毛泽东军事思想，邓小平新时期军队建设思想，江泽民国防与军队建设思想，胡锦涛国防与军队建设思想，习近平国防与军队建设思想的重要内容。

第一节 军事思想概述

军事思想是军事科学的重要组成部分，在军事科学体系中占指导地位。它是研究军事科学体系中其他各门具体军事学科的理论基础和根本方法。

一、军事思想的含义和内容

（一）军事思想的含义

军事思想是关于战争、军队和国防的基本问题的理性认识。它是人们长期从事军事实践的经验总结和理论概括。军事思想通常表现为国防和军队建设、战争准备与实施的指导理论和基本原则。军事思想属于社会意识形态范畴，受世界观和方法论的制约。

军事思想揭示战争的本质、战争的基本规律以及进行战争的指导规律，阐明军队建设的基本理论和原则，从总体上反映研究战争和军事问题的成果。它来源于人类的军事实践，同时又给人类的军事实践以理论指导，并在军事实践中接受检验。

（二）军事思想研究的内容

军事思想研究和回答军事领域的普遍性、根本性的问题，揭示军事领域的一般规律，提出军事斗争和军队建设的基本方针及指导原则，为人们研究和解决军事问题提供理论指导。军事思想研究的内容大体可以分为两个层次。

第一，军事哲学。其内容包括战争观、军事问题的认识论和方法论。战争观是指对战争问题的根本看法。战争观主要通过揭示战争的产生、发展、消灭的历史发展过程和战争与政治、经济、科学技术、文化等因素的相互联系，从而认识战争起源、战争性质、战争本质、战争目的、战争消灭的途径等根本问题；战争方法论是认识和指导战争的方法理论。战争方法论主要回答如何认识战争规律，并在认识战争规律的基础上如何正确指导战争等问题。战争观和方法论是军事思想的基础和核心。

第二，军事实践的基本方针和原则。其内容包括战争指导的基本方针和原则、军队建设的基本方针和原则、国防建设的基本方针和原则等。如军队和国防建设的基本原则、军队的性质和任务等等都是军事思想的重要内容。

二、军事思想的形成与发展

军事思想产生于一定的社会物质生产和战争实践基础上，并且受社会意识形态的制约和影响，是随着社会历史和战争的发展而发展的。按时代发展的特征，军事思想的形成与发展大致经历了古代军事思想、近代军事思想、现代军事思想和当代军事思想四个阶段。

（一）古代军事思想

古代军事思想是指奴隶社会和封建社会两个时期的军事思想。其特征是古代军事思想的产生、形成使军事思想体系得以确立，是军事思想不断发展的坚实基础。同时，中国在这一时期军事思想的发展水平居世界前列，西方国家在这一时期的军事思想的发展处于缓慢的发展阶段。

1．中国古代军事思想

中国古代军事思想随着阶级的出现和社会生产力的不断发展，其形成与发展经历了四个时期。

（1）萌生时期。大约公元前 21 世纪至公元前 8 世纪（即夏、商、西周时期）是中国古代军事思想的萌生时期。中国早在原始社会末期就产生了部落间的战争，人们对军事问题也开始有了一些初步思考。夏王朝正式建立奴隶制国家后，战争成为阶级斗争的最高形式，军队成为国家机器中重要的组成部分。这时战争爆发的次数、规模都有不同程度的增加，人们对战争和军队建设等活动的认识开始从感性认识逐步上升到理性认识。其在甲骨文、金文和《尚书》等古代史料中都有所记载，代表著作有《军志》和《军政》等。这标志着中国古代军事思想已经开始萌芽。由于这一时期战争样式简单，规模比较小，持续时间短，人们对军事的认识尚未形成系统理论。

（2）形成时期。大约从公元前 8 世纪至公元前 3 世纪（即春秋战国时期）是中国古代军事思想的形成时期。这一时期是中国由奴隶社会向封建社会转化的时期，社会处于大动荡、大变革、大发展中。争霸、兼并、统一战争激烈。随着战争次数的增加、规模的扩大、用兵数量的增多和武器装备种类的增多等，加上人们认识能力的提高，使人们对战争和军事的认识更加深化，促进了中国古代兵学的飞速发展。以《孙子兵法》为代表的一大批兵书诞生，这些兵书都探讨了战争爆发的原因、战争的性质和决定战争胜负的基本因素，同时在战略战术上总结出了一系列带普遍性的军事规律，奠定了中国古代军事思想的基础，标志着中国古代军事思想体系的基本确立。

（3）充实提高时期。公元前 3 世纪初到公元 10 世纪中期（即从秦统一中国后历两汉、三国、两晋、南北朝、隋唐至五代）是中国古代军事思想的充实提高时期。这一时期是中国封建社会的发展上升时期，即封建王朝统治的多次更迭，封建社会的发展和战争频繁地爆发。同时社会经济、文化和科技的不断发展使军事思想得到了不断的充实与提高。其表现为：一是高度重视战略谋划，如楚汉战争中，汉对经营基地、收揽民心、分化对方、争取盟国以及正面坚持、敌后袭扰、两翼牵制等战略运用甚为成功；二是国防建设思想呈现新的特点，如秦朝修筑了万里长城；三是作战指导思想有新的发展，如《卫公兵法》提出速决和持久不可偏废的观点等。

（4）系统完善时期。公元10世纪至公元19世纪中叶（即宋、元、明、清前期）是中国古代军事思想的系统完善时期。宋朝确立了兵书在社会中的正统地位，将武学纳入国家教育体系。同时，从北宋中叶开始兴办武学，设立武举，发展军事教育。还用国家力量编写了《武经总要》，总结古今兵法和本朝方略，颁发了《孙子》《吴子》《司马法》《六韬》《尉缭子》《黄石公三略》和《李卫公问对》，命名为《武经七书》，雕版刊行并作为武学教材，为培养军事人才、繁荣军事学术，增添了更多有价值的军事思想内容。这些都进一步丰富了中国古代军事思想，形成了逻辑性强、内容比较完整的思想体系。但是，这一时期也是封建社会从鼎盛走向衰退的时期，因此军事思想发展比较缓慢，且越来越保守。

中国古代军事思想内容极为丰富，主要有战争观、将帅修养、治军、战略战术、战争其他保障理论等。

2．外国古代军事思想

公元前8世纪到公元5世纪，在中国古代军事思想趋于成熟并不断发展的时期，位于地中海一带的西方国家的军事思想才开始起步、发展，并获得了丰富的成果。外国古代军事思想最有代表性的是古代希腊军事思想和古代罗马军事思想。其军事著作主要有古希腊色诺芬的《远征记》和古罗马恺撒的《高卢战记》、弗尤蒂努斯的《谋略》、韦格蒂乌斯的《论军事》等。

（二）近代军事思想

从1640年英国资产阶级革命到1917年俄国十月革命，这一阶段是世界近代史。近代军事思想发展的总特征：一是欧洲一些国家率先实行军事思想的变革，资产阶级军事思想体系得到确立；二是以马克思主义军事思想为代表的无产阶级军事思想宣告诞生。

1．近代资产阶级军事思想

（1）外国近代资产阶级军事思想。从17世纪中期英国资产阶级革命战争到19世纪初的拿破仑战争，是资产阶级军事思想形成的最重要时期。在一系列资产阶级革命过程中，一大批资产阶级的军事思想家和军事思想的变革成果涌现出来，集中地体现在拿破仑的战争指挥艺术，以及普鲁士克劳塞维茨的《战争论》和瑞士若米尼的《战争艺术概论》这两部军事理论名著之中。他们比较系统地探讨了战争的目的、战争的本质、战争与政治的关系、军队建设等军事问题，论证了军事领域中的许多基本原则和规则等。这两部著作均是在总结拿破仑战争的基础上产生的，集中代表了资本主义上升阶段的资产阶级军事思想，标志着近代资产阶级军事思想体系的基本确立。由于资产阶级的偏见和认识论、方法论上的片面性，其军事思想一般都掩盖战争的阶级本质，并过分强调武器和技术在战争胜负中的作用。

（2）中国近代资产阶级军事思想。1840 年第一次鸦片战争以后，中国古代军事思想在西方资产阶级军事思想的冲击和影响下，林则徐、魏源等有识之士提出“师夷长技以制夷”等主张，开始学习研究西方资产阶级军事思想和军事科技，标志着变革传统军事思想的开端。第二次鸦片战争后，统治阶级中的有识之识，提出了“器利兵精”和“自强以练兵为要，练兵又以制器为先”的方针，开始兴办中国近代军事工业，并从各个方面介绍西方资产阶级的军事思想和军事技术。辛亥革命后，以孙中山、黄兴为代表的资产阶级民主革命的兴起，提出军队必须“与国民相结合”，使之成为“国民之武力”的建军思想。在此期间，北洋军阀政府的军队训练也是按西方操典进行训练。因此，军事上的理论都带有西方资产阶级军事思想的深刻烙印。

2．近代无产阶级军事思想

近代无产阶级军事思想是一种崭新的军事思想体系。以马克思主义军事理论为标志的近代无产阶级军事思想创立于19世纪中后期。为适应当时工人运动发展和迎接将要到来的无产阶级革命，马克思、恩格斯吸取资产阶级军事思想的有益部分，运用无产阶级世界观和辩证唯物主义、历史唯物主义，研究当时和历史上的战争，正确揭示了战争和军队同社会生产方式之间的内在联系，阐明了军事领域的若干基本规律，确立了军事问题的认识论和方法论的科学原则，创立了关于城市工人武装起义、无产阶级军队和人民战争及其战略战术原则的学说。以马克思主义军事理论为标志的近代无产阶级军事思想的确立是军事思想发展上一次划时代的伟大革命，为人们正确研究、解决军事领域的问题提供了科学的基本观点和基本方法，为无产阶级军事思想的发展奠定了坚实的理论基础。

（三）现代军事思想

1917年俄国十月社会主义革命的成功标志着人类社会进入现代史时期，而世界现代军事思想可前推至19世纪和20世纪之交。

1．现代资产阶级军事思想

19世纪中叶以后，随着工业的发展和科学技术的进步，武器装备有了巨大变化，出现了许多新式武器装备和新的军兵种，引发了战争形态的变革，机械化战争已是主要的战争形态，作战样式和作战方式发生了巨大变化，为新的军事思想和军事理论的产生创造了条件。这一时期的军事思想和军事理论主要有：一是“空中制胜论”，这一理论的先驱是意大利的杜黑、美国的米切尔、英国的特伦查德等；二是“机械化战争”理论，这一理论的倡导者是英国的富勒、奥地利的艾曼斯贝格尔、法国的戴高乐、德国的古德里安等；三是“总体战”理论和“闪击战”理论，这一理论是德国军事思想家鲁登道夫发明的；四是“核武器制胜”论，这一理论主要反映在美国、苏联等所制定的核威慑战略和核武器的竞赛中。这些新的军事理论对不少的国家，尤其是对西方资本主义国家的军队建设、战争准备和作战指导都产生过极其重要的作用。

2．现代无产阶级军事思想

这一时期，无产阶级军事思想在世界范围内蓬勃发展。列宁在领导俄国十月社会主义革命和反帝国主义武装干涉及国内战争中，从帝国主义和无产阶级革命的时代特点与俄国的实际出发，创立了关于战争与革命、武装起义和建设工农红军、实行全民战争等学说，为马克思主义军事理论谱写了新篇章。其军事著作主要有：《革命的军队和革命政府》《莫斯科起义的教训》《社会主义与战争》《战争与革命》和《无产阶级革命的军事纲领》等等。斯大林在领导和指挥反法西斯侵略的卫国战争中，继承和发展了马克思列宁主义的军事思想，制定了苏维埃国家军队和国防建设的基本原则，全面阐述了关于决定战争命运的诸因素及其相互关系、战略与策略等问题，全面建立了苏联军事思想体系。

另外，世界其他一些国家的无产阶级政党在领导本国的武装革命斗争中，创立了具有本国特色的军事思想。以毛泽东为主要代表的中国共产党人，把马克思主义军事理论与中国革命战争的具体实践相结合，创立了具有中国特色的无产阶级军事思想，即毛泽东军事思想。其主要军事思想有：关于战争观与方法论学说、人民战争思想、人民军队建设思想、人民战争的战略战术思想。它既深刻地揭示了中国革命战争、人民军队建设和国防建设的特殊规律，又反映了军事领域的一般规律。这些军事思想是指导中国革命战争不断走向胜利、指导新中国军队和国防建设不断取得巨大成就的理论武器，是对马克思主义军事思想的丰富和发展，是无产阶级军事思想发展史上的一座丰碑。另外，进入20世纪70年代，中国军事思想得到了进一步的丰富和发展，产生了邓小平新时期军队建设思想。其主要内容有军队和国防建设指导思想实行战略性转变，军队和国防建设要服从国家经济建设大局，建设一支现代化正规化的革命军队、实行积极防御的军事战略方针。邓小平新时期军队建设思想反映了新时期军队和国防建设的基本规律，为加强国防和军队现代化建设提供了坚实的理论基础。

（四）当代军事思想

从20世纪80年代起，以航天技术、生物技术和信息技术等为代表的一大批高新技术用于军事领域，促使战争形态发生新的变化，高技术局部战争已是主要战争形态，从而有力地推动了世界各国军事思想的发展。这一时期的军事思想集中体现为：着重探索现代条件特别是高技术条件下局部战争的客观规律及指导原则；探索信息化战争的特点及发展规律；探索在世界新军事变革和新的战争形态下军队和国防建设的指导方针及原则。如美国提出：在军队建设方面，着重强调质量建军和科技强军，把高技术和信息技术作为提高战斗力的重要组成部分，实现军队的数字化和信息化等；在战争指导方面，提出了“空地一体”作战思想等。

进入20世纪80年代后，中国军事思想得到长足发展。1989年以来，确立了江泽民国防和军队建设思想，如对军队建设提出了“政治合格、军事过硬、作风优良、纪律严明、保障有力”的总要求。胡锦涛主持军委工作以来，根据新世纪新阶段的特点，对国防和军队建设做了许多重要论述，如坚持在国防和军队建设中贯彻落实科学发展观，阐述了新世纪新阶段我军历史使命等。这些思想和重要论述深刻地揭示了当代中国军事活动中一些重大问题的本质和规律，是当今中国国防和军队建设的理论基础和行动指南。

三、军事思想的体系与特征

军事思想的体系划分方法较多，一般按社会历史发展阶段、阶级、国家和人物等划分。按社会历史发展阶段划分，军事思想体系分为古代军事思想、近代军事思想、现代军事思想和当代军事思想；按阶级性质划分，军事思想体系分为奴隶主阶级军事思想、封建地主阶级军事思想、资产阶级军事思想和无产阶级军事思想；按国家划分，军事思想体系分为中国军事思想、美国军事思想、俄罗斯军事思想、日本军事思想、英国军事思想等等；按人物划分，军事思想体系分为孙子军事思想、克劳塞维茨军事思想、拿破仑军事思想、毛泽东军事思想，等等。虽然军事思想体系复杂，但任何军事思想都是以战争和军事为研究对象，都是对战争和军事问题的理性认识，反映了一定时代、阶级、国家和人物对战争性质、战争准备与实施所持的基本观点。

军事思想属社会意识形态范畴，它受世界观和方法论的制约。同时，军事思想来源于社会军事实践活动，并随着社会的发展而发展。其具有鲜明的特征。

1．鲜明的阶级性

军事思想是一定阶级利益在军事问题上的反映，体现着阶级对军事问题的态度、立场和观点。不同的阶级由于立场、观点和方法不同，对战争规律认识就不完全相同。因此，不同的阶级、国家或政治集团必然有不同的军事思想。因此，军事思想具有鲜明的阶级性。

2．强烈的时代性

军事思想是一定历史发展阶段的产物。由于不同历史时期的战争形态不同、军队的组织原则和编制体制也不尽相同。因此，不同历史时期的军事思想各有自己的特征。军事思想的这种特征往往最能反映一定时代的经济、政治、意识形态的现状，特别是军事科学技术的发展水平，就是说，军事思想不同时代的特征体现着不同时期的生产力水平和军事科学技术发展水平。因此，军事思想具有强烈的时代性。

3．明显的继承性

军事思想是一个动态系统，是在继承和发展中不断向前发展的。一定时代的军事思想，总是充分汲取和借鉴以往军事思想的积极成果，是在继承以往军事思想的基础上形成发展起来的。因此，军事思想具有明显的继承性。

4．显著的实践性

军事思想来源于战争实践，同时又对战争实践起着巨大的指导作用。军事思想在战争实践中受到检验、得到发展，并随着战争和军事实践的发展而发展。另外，在和平时期，通过贴近实战的军事训练、军事演习等实践活动，也可以总结出新的军事思想和新的作战方法。因此，军事思想具有显著的实践性。

四、中国古代军事思想精华——《孙子兵法》简介

《孙子兵法》是我国和世界上流传最早、最有影响、最有价值的世界古代第一兵书。据《史记》记载，它是由我国春秋时期著名大军事家孙武所著。现存的《孙子兵法》共 13 篇，约 6000 字。各篇虽自成一体，却又前后贯通，脉络一贯，蕴涵着丰富的军事思想。

（一）作者介绍

孙武，字长卿，后人尊称其为孙子、孙武子。他出生于春秋末期齐国乐安（今山东惠民县）。具体的生卒年月不可考，约与孔子同时期，活动于公元前 6 世纪末至公元前 5 世纪初。孙武的祖辈都精通军事，使他从小就受到军事的熏陶。孙武是春秋末期著名的军事理论家，被誉为“兵学鼻祖”。

孙武的先祖是陈国的公子陈完，因陈国内乱，逃到齐国，改姓田。齐景公时，孙武的祖父田书因伐莒国有功，赐姓孙。青年时代，孙武因齐国“四姓之乱”而离开齐国，来到新兴的吴国，并结识了来自楚国的军事家伍子胥。公元前 512 年，在伍子胥的竭力推荐下，孙武得以晋见吴王阖闾，献兵法“十三篇”，并在“宫廷教阵”中显露组织指挥才能，得到吴王

的赏识，被任命为将军。孙武为将以后，为吴国立下了汗马功劳，据《史记》记载，孙武助吴王“西破强楚，北威齐晋，南服越人”。

（二）《孙子兵法》的流传与影响

1.《孙子兵法》的流传

《孙子兵法》一书，版本繁多，流传甚广，其中，刊刻最多、流传最广的是《武经七书》本，其次为《十一家注孙子》本。《孙子兵法》早在唐代，即公元778年《孙子兵法》传入日本，后又相继传入朝鲜、越南等。1772年，法文版《孙子兵法》在巴黎出版。开始了在西方的传播。随后又相继传到俄国、德国、英国、美国等国家。直至现在《孙子兵法》一书已以近30多种文字、约778种版本在世界范围内广泛流传。

2.《孙子兵法》的影响

《孙子兵法》被誉为中外现存古书中最有影响、最有价值的古代第一兵书。

（1）在中国的影响。《孙子兵法》在军事领域具有深远的影响，奠定了中国军事思想长期发展的坚实基础。从战国以来，中国历代军事家都十分重视对《孙子兵法》的研究与应用。三国时期著名军事家曹操说：“吾观兵书战策多矣，孙子所著深矣。”唐太宗李世民与其名将李靖问对兵法时指出：“朕观诸兵书，无出孙武。”宋代将《孙子兵法》列为《武经七书》之首，成为武学必读的教科书。明代副总兵茅元仪在《武备志·孙子兵诀评》中说：“前孙子者，孙子不能遗；后孙子者，不能遗孙子。”中国革命的先驱者孙中山对《孙子兵法》评价很高：“就中国历史来考究，两千多年的兵书，有十三篇，那十三篇兵书，便成为中国的军事哲学。”老一辈革命家毛泽东、朱德、刘伯承等都十分重视对《孙子兵法》的学习和研究。毛泽东称孙武是“中国古代大军事学家”，并在他的著作中多次引用《孙子兵法》的一些军事原则。新中国成立后，在军事科学院和其他军事院校还专门建立了《孙子兵法》研究机构，组织人员进行学习研究，同时，一直被作为军队院校培养中高级干部的必修课。

（2）在国外的影响。《孙子兵法》的问世，不仅在中国产生了重大影响，而且对国外的军事活动也产生了较大的影响。《孙子兵法》对日本军事思想的影响最为深远，被推崇为“东方兵学的鼻祖”、“百世兵家之师”，称《孙子兵法》为“兵学圣典”和“世界古代第一兵书”，曾一度成为日本军事思想的主体结构。第一次世界大战期间，日本海军把《孙子兵法》配发到驱逐舰一级。1941年12月7日，日军又以“出其不意”的原则偷袭了珍珠港。第二次世界大战之后，日本研究应用《孙子兵法》的领域不断拓宽。《孙子兵法》也引起了西方军事家和军事理论家的浓厚兴趣。叱咤风云的军事家拿破仑在戎马倥偬的战争中，手不释卷地批阅《孙子兵法》。德皇威廉二世在第一次世界大战失败后，读到《孙子兵法》的《火攻篇》中的“主不可以怒而兴师，将不可以愠而致战”时，叹惜自己在20年前没能看到这本书。英国著名的战略学家利德尔·哈特认为：“在以往的一切军事思想家中，唯一可与孙子相比者只有克劳塞维茨，但即使是克氏的《战争论》，其生命力也不及孙子”，“孙子思想的明确性可以纠正克氏观点的模糊性。”美国《大战略》一书作者约翰·柯林斯认为：“孙子是古代第一个形成战略思想的伟大人物”。美国战略研究中心斯坦福研究所主任、美国第一流战略家福斯特首先提出，并和日本东京都产业大学教授三好修合作研究运用《孙子兵法》，三好修称之为“孙子的核战略”。这种新的核战略不仅影响了美国政府的战略政策，而且在全世界也产生了深刻影响。同时，一些国家的军事院校把《孙子兵法》列为战略学和军事理论的第一本必读之书。

《孙子兵法》不但在军事领域具有深远的影响，而且在其他领域也有广泛影响。它极大地吸引了政治家、哲学家、文学家和历史学家，而且连企业家、管理学家等也争相拜读，对它的评价为：政治家称之为“政治秘诀”；哲学家称之为“人生的哲学”；文学家称之为“不朽不灭的大艺术品”；企业家和管理学家则把《孙子兵法》列为企业管理和市场竞争的必读书。《孙子兵法》自问世以来，已历经2500多年，至今仍然久盛不衰，其主要原因在于它具有深刻的哲理性、广泛的适应性和现实的借鉴性。

（三）《孙子兵法》的主要军事思想

《孙子兵法》蕴涵着丰富的军事思想，主要内容有战争观、治军思想和战略思想等。

1．战争观

战争观是人们对战争的基本观点。《孙子兵法》的战争观主要体现在以下几个方面。

（1）重战思想。重战思想，即对战争要高度重视。孙武在首篇《计篇》的开头语指出：“兵者，国之大事，死生之地，存亡之道，不可不察也。”孙武认为战争是国家的大事，关系到军民的生死、国家的存亡，是不能不认真研究和对待的。春秋末期，各诸侯国争霸、兼并时有发生，战争频发，战争不仅是各国维持其政治统治，向外扩张发展的主要手段，而且关系到国家的存亡。孙武总结了一些国家强盛，一些国家灭亡的经验和教训，明确提出“兵者，国之大事”的著名论断，这对于人类认识战争的实质，无疑是一个巨大的贡献，在军事思想史上具有重大的意义。

（2）慎战思想。慎战思想，即对战争要谨慎，不轻易宣战。孙武在《火攻篇》指出：“亡国不可以复存，死者不可以复生，故明君慎之，良将警之”。孙武认为，国家灭亡了就不存在了，人死了就不能再复活，因此，明智的国君对待战争要慎重，贤良的将帅对待战争要警惕。从这种思想出发，孙武主张：“非利不动，非得不用，非危不战”。即对国家没有利，就不要采取军事行动，没有取胜把握，就不能随便用兵，不处危急紧迫情况，就不要轻易开战。孙武再次提醒国君和将帅，一定要从安国利民考虑，对待战争要慎之又慎，万万不可轻举妄动，极力倡导慎战，孙武这些慎战思想至今仍具有指导意义。

（3）备战思想。备战思想，即对战争要做到常备无患、未雨绸缪。孙武在《九变篇》中指出：“无恃其不来，恃吾有以待也；无恃其不攻，恃吾有所不可攻也。”孙武主张的用兵原则是：不要寄希望于敌人不会来，而要依靠自己有充分的准备；不要寄希望于敌人攻不进来，而要自己有使敌人攻不进来的能力。就是要打消侥幸心理，积极做好战争准备，做到常备不懈，有备无患。战争的立足点要放在事先做好充分准备，严阵以待，使敌人不敢向我发动进攻的基点上。孙武的备战思想对和平时期加强国防和军队建设具有十分重要的意义。

2．治军思想

孙武的治军思想主要有两个方面：一是将帅选用。二是军队管理。

（1）将帅选用

重视将帅的作用。孙武在《作战篇》中指出：“故知兵之将，民之司命，国家安危之主。”即他认为：一个懂得用兵之道的将帅，是民众命运的掌管者和统领者，是国家安危的主宰者。

同时，在《谋攻篇》中指出，“夫将者，国之辅也，辅周则国必强；辅隙则国必弱”。孙武把将帅作用的发挥与国家的兴盛衰败紧密联系起来认识，充分肯定了将帅辅助国君、国家安定天下、战胜敌人的作用。

提出将帅选用的标准。孙武在《计篇》中指出，“将者，智、信、仁、勇、严也”。即，“智”是指智慧、计谋；“信”是指信义、信用；“仁”是指将帅要具备仁爱之心；“勇”是指将帅具有英勇果敢的性格，一往无前的精神；“严”是指将帅要有威严，要有严格的纪律要求。

对将帅品德修养的要求。孙武对将帅品德修养的要求主要有以下几方面。一是将帅应具有不计名利、不避责任的品格和为民奋斗的责任。孙武《形篇》中要求将帅应做到“进不求名，退不避罪，唯人是保，而利合于主”。二是将帅应具有足智多谋的头脑。孙武选将标准把“智”放在首位，在《谋攻篇》中强调“上兵伐谋”。三是将帅应具有全局视野，了解彼己，掌握敌我情况。孙武强调将帅要知彼知己，知天知地，方能百战不殆。四是将帅要有冷静的头脑和严谨的作风。孙武在《九地篇》中要求，“将军之事，静以幽，正以治”。将帅处理军务要沉着老练，冷静明智，管理军队要公正廉明。五是将帅应具有唯“道”而不唯上的思想。孙武在《地形篇》中指出：“战道必胜，主曰无战，必战可也；战道不胜，主曰必战，无战可也。”将帅奉国君之命远离朝廷去打仗，许多战事要自行决断。当战争规律决定了能打胜时，就是国君不让，打也可以打；当战争规律决定了不能打胜时，国君让打也不去打，即从实际出发的思想。六是将帅应克服“五危”，全面加强自身的品格修养。孙武在《九变篇》中指出：“将有五危：必死，可杀也；必生，可虏也；忿速，可侮也；廉洁，可辱也；爱民，可烦也。凡此五者，将之过也，用兵之灾也。覆军杀将，必以五危，不可不察也”。即将帅有五种性格上的缺陷造成的危险：过于死拼会被杀，过于贪生怕死会被俘，过于急躁易怒就经不起刺激，过于廉洁自爱就经受不了侮辱，过于爱护民众就会遭受烦劳。这五种危险是将帅的过失，也是用兵的忌讳，不能不引起足够的重视和警惕。

将帅使用的原则。孙武在将帅的使用上反对君主对将帅的过分限制和不信任，极力主张放手使用将帅，发挥辅臣、将帅的主观能动性和聪明才智，做到“将能而君不御”和“用人不疑，疑人不用”。

（2）军队管理：孙武在军队管理方面的基本观点有两个方面。

“令民于上同意”，重视政治建军。孙武在《计篇》论述战争取胜的条件——“五事”时，把“道”放在首位，这里的“道”是政治的因素。他把“道”解释为“令民于上同意”。就是使民众（包括士兵）与国君的愿望相一致，就是共同希望把军治强。这样，民众和士兵就“可以与之死，可以于之生，而不畏危”。即为国君、国家出生入死都不怕危险，这就是“令民于上同意”的目的。

“文武兼施，恩威并用”，重视军队管理。孙武治军思想的重要内容，就是在军队管理上提出“文武兼施，恩威并用”的主张。即“文”就是以爱的手段使军队服从命令；“武”就是以严惩的手段规范部队的行动。同时强调“文”与“武”的辩证统一，不可偏废。孙武在《地形篇》中指出，“厚而不能使，爱而不能令，乱而不能治，譬若骄子，不可用也”。即对士卒该爱就爱，该惩就惩，如果只是厚爱而不能指使，只是抚爱而不能命令，违法乱纪不能治理，那就像娇惯的孩子一样，不能用来作战。孙武在《行军篇》中指出，“卒未亲附而罚之，则不服，不服则难用也；卒已亲附而罚不行，则不可用也。故令之以文，齐之以武，是谓必取”，“令素行者，与众相得也”。孙武认为，将帅还没有取得士卒的爱戴和拥护就去惩罚他们，他们就不会心服，心不服就难使用他们去作战；将帅已取得了士卒的爱戴和拥护，而士卒却不能严格执行纪律，也不能使用他们去作战。因此，一方面要体贴爱护士卒，使他们心悦诚服；另一方面要对士卒严格纪律，使他们一切行动听指挥，这样才能战则必胜。平素命令之所以能贯彻落实，都是由于将帅与士卒相互信赖的缘故。他主张以“文武兼施，恩威并用”的思想管理军队。

“分数”、“形名”，重视军队编制和作战指挥。“分数”就是军队的编制和编成，是部队各系统拥有的人数。孙武在《势篇》中指出：“凡治众如治寡，分数是也”。即他认为管理众多军队如同管理少量军队那样运用自如，那样得心应手。要做到这一点，关键在“分数”。“形名”就是指挥军队行军和作战的工具和联络方式。孙武在《势篇》中指出：“斗众如斗寡，形名是也”。即他认为指挥大部队作战如同指挥小部队作战一样运用自如、灵活得法，是由于“形名”相助。孙武在《军争篇》中引用《军政》中的话说：“‘言不相闻，故为金鼓；视不相见，故为旌旗’。夫金鼓旌旗者，所以一人之耳目也……故夜战多火鼓，昼战多旌旗。”金鼓、旌旗的作用是用来统一军人耳目的，在金鼓、旌旗指引下士卒的行动才能协调一致。说到底，这是组织指挥问题，在当时十分重要，关系到战争的胜负。

3．战略思想

《孙子兵法》蕴涵着十分丰富的战略思想，即战争全局谋划筹策思想。孙武的战略思想主要有以下内容。

（1）知彼知己，先计先算，全局筹划的思想：孙武强调战前对战争全局进行计划和筹策，定出符合客观实际的战略方针。他主张一切从战争实际出发，强调“知彼知己”，才能“百战不殆”。孙武在《计篇》中提出了“庙算”。他指出：“夫未战而庙算胜者，得算多也；未战而庙算不胜者，得算少也。多算胜，少算不胜，而况于无算乎！”即在战前，计划周密，胜利条件多，取胜的可能性就大；计划不周，胜利条件少，取胜的可能性就小。而战前不进行计算和比较，取胜的可能性是没有的。同时，孙武提出了决定战争胜负的基本因素，他指出：“一日道，二日天，三日地，四日将，五曰法。”即决定战争胜负的五个方面是道、天、地、将、法。进一步提出以“七计”比较衡量战争双方情况。即算一算、比一比“主熟有道？将熟有能？天地熟得？法令熟行？并众熟强？士卒熟练？赏罚熟明？”这样就可以预知战争的胜负。庙算制胜，主要是指在战前从战争全局，对战争诸因素进行分析对比后，决定打不打？怎么打？用什么部队打？什么时间打及在什么地点打？如何进行战前准备和后方保障？做到有预见、有计划、有保障，心中有数，打则必胜。因此，战争指导者都必须按照庙算的原则和方法先计后战。也就是先求“运筹帷幄之中”，然后才能“决胜于千里之外”。

（2）充分准备，未战先胜的思想。孙武在《形篇》中提出了先胜的用兵思想。他指出，“胜兵先胜而后求战，败兵先战而后求胜”，“昔之善战者，先为不可胜，以待敌之可胜。不可胜在己，可胜在敌”。“先胜”、“先为不可胜”明显反映出孙武要求战前做好周到充分的准备，不打无准备和无把握之仗的思想。孙武的战争准备主要包括：一是思想上的准备，或者说是政治上的准备；二是物质、武器装备上的准备；三是搞好临战状态的作战准备。

（3）以“全”争胜，不战而屈人之兵的全胜思想。孙武提出了以“全”争胜、“不战而屈人之兵”的全胜谋略思想。孙武在《谋攻篇》中指出：“是故百战百胜，非善之善者也；不战而屈人之兵，善之善者也”。即他认为在战争中，百战百胜，不是好中最好的；不战而使敌人屈服，才是最好的。孙武又指出："故上兵伐谋；其次伐交；其次伐兵；其次攻城。"即他主张最好的是以谋取胜，使敌人屈服；其次是通过外交途径，分化瓦解敌人的同盟，迫使敌人陷入孤立，最后不得不屈服；再次是用武力战胜敌人；最下策是攻城，硬碰硬的攻坚战。孙武指出："善用兵者，屈人之兵而非战也，拔人之城而非攻也，毁人之国而非久也。必以全争于天下，故兵不顿而利可全，此谋攻之法也。"即他认为善于用兵的人，使敌人屈服不用直接交战，一定要用全胜的计谋争胜于天下，这样军队就不至于疲惫受挫，而又能获得全胜的利益。这是孙武对战争指导者最高的要求，不通过实战就能使敌人屈服，使利益完完全全地取得，这才是高明中最高明的，或者说是战胜敌人的最佳效果。这就是以计谋攻敌的原则和孙武的全胜思想。当然，"不战而屈人之兵"的"全胜"思想要以强大的武力做保障，如果没有强大的军事实力，就不可能达到不战而胜的目的。

总之，不战而屈人之兵的全胜思想，从古代战争历史的发展来看，是一种进步的人道主义的军事思想。如能实行"不战而屈人之兵"的全胜思想，将会大大减少战争中的滥杀和破坏现象。

（4）强调进攻速胜，反对持久作战的思想。孙武在作战进攻时强调速胜，反对持久作战。在《作战篇》中指出，"故兵闻拙速，未睹巧之久也"，"夫兵久而国利者，未之有也。故兵贵胜，不贵久"。同时，他指出："其用战也，胜久则钝兵挫锐，攻城则力屈。"他认为仗打久了国力会耗尽，而且国际军事形势也会发生变化，容易遭到敌人乘虚而入的进攻。

孙武重视进攻速胜，但不忽视防御作战。例如在《形篇》中的"善守者，藏于九地之下"，"故能自保而全胜也"；《虚实篇》中的"守而必固者，守其所不攻也"，"善守者，敌不知其所攻也"。孙武在提出进攻速胜作战理论的同时，也创立了防御作战理论，只不过在当时的历史条件下，孙武更强调和重视进攻速胜。

（5）因粮于敌的战略后勤思想。战争是一种消耗资财的行动，需要雄厚的物资支持。孙武认识到后勤保障的重要性，提出了保障补给的好方法——因粮于敌。孙武在《作战篇》中指出，"善用兵者，役不再籍，粮不三载，取用于国，因粮于敌。故军食可足也"。即他主张从敌方获得粮食和其他作战物资补充自己。因粮于敌的重大意义还在于，它不仅限于粮食取于敌方，而且可以扩大到军队建设的其他方面（如武器装备、兵员等），从而达到"胜敌而益强"的目的。

《孙子兵法》的军事思想除了战争观、治军思想和战略思想外，还有非常精华的战术思想。如：致人而不至于人，争取战争主动权；攻其无备，出其不意；兵以诈立，诡道制胜；因敌制胜，灵活用兵等等。《孙子兵法》是一部伟大的军事著作，它的科学价值和历史功绩是不可磨灭的。但是，由于它诞生在2500多年前的古代，难免存有时代和阶级的局限性。其主要表现在战争观方面未能区分战争的性质；治军方面的愚兵政策以及作战原则方面有些片面。

第二节　毛泽东军事思想

毛泽东是伟大的马克思主义者，伟大的无产阶级革命家、战略家、军事家和著名的军事理论家，是中国共产党、中国人民解放军和中华人民共和国的主要缔造者和领导者。在长期的革命战争实践中，毛泽东运用他的聪明才智，凝聚了全党全军的集体智慧，以马克思主义的世界观、方法论和唯物主义的历史观为指导，以中国革命战争实践为依据，创造性地形成了毛泽东军事思想。

一、毛泽东军事思想的科学含义

毛泽东军事思想，是以毛泽东为代表的中国共产党人关于中国革命战争、人民战争和国防建设问题的科学理论体系，是马列主义的基本原理同中国革命和新中国国防建设的具体实践相结合的产物，是中国现代军事实践经验的科学总结，是中国共产党人集体智慧的结晶，是毛泽东思想的重要组成部分。

（一）毛泽东军事思想是马列主义基本原理与中国革命战争实践相结合的产物

毛泽东一贯强调，马列主义是指导我们思想的理论基础，只有这种理论是引导中国革命走向胜利的指南。但是，马列主义所提供的只是一般的指导原理，而不是绝对适用于一切时代的一成不变的结论和公式。毛泽东军事思想的产生、形成和发展，一方面离不开马列主义这一理论基础，另一方面也离不开中国革命战争的伟大实践。以毛泽东为代表的中国共产党人，在指导中国革命战争的实践中，从中国半殖民地半封建的这个特殊的社会条件出发，运用马列主义的立场、观点和方法来研究中国历史，分析中国社会，探求中国革命战争的特点和规律，解决了在半殖民地半封建的中国组织人民军队、进行人民战争的一系列根本问题，创立了具有中国特色的马克思主义的军事理论。因此，毛泽东军事思想是马列主义普遍原理与中国革命战争具体实践相结合的产物，是马列主义军事理论在中国革命战争实践中的具体运用和发展。

（二）毛泽东军事思想是中国革命战争和军事斗争实践经验的科学总结

毛泽东军事思想不是个别天才人物头脑里主观臆造的理论，不是先于中国革命战争实践的神秘产物，而是以毛泽东为代表的中国共产党人对中国革命战争和军事斗争实践经验的科学总结。中国革命战争经历了第一次国内革命战争、第二次国内革命战争、抗日战争、解放战争、抗美援朝战争，以及中印、中苏和中越边境自卫反击战等。如此丰富的战争实践为毛泽东军事思想的产生、形成及丰富发展提供了源泉。这充分说明，离开了中国革命战争和军事斗争的实践，就不可能有毛泽东军事思想，因而，鲜明的实践性是毛泽东军事思想最基本的特点。

（三）毛泽东军事思想是中国共产党人集体智慧的结晶

中国共产党以民主集中制为根本原则、根本组织制度和领导制度，党内实行集体领导，党和军队关于战争问题的重大决策和军事理论的形成，就其总体而言，都是领袖集团集体智慧的体现。中国革命战争造就了以毛泽东为代表的一大批杰出的无产阶级军事家。党的其他领导同志在创建人民军队、开辟革命根据地、夺取革命战争胜利的伟大事业中，也有不可磨灭的功绩，他们都是毛泽东军事思想理论大厦的建造者。在战争过程中，毛泽东非常尊重各战区指挥员的意见，并根据他们的意见及时修正既定决定。正是由于战斗在第一线的军事指挥员们的聪明才智和创造精神得到充分发挥，毛泽东军事思想在指导战争实践的过程中才不断地得到丰富和发展。

（四）毛泽东军事思想是毛泽东思想的重要组成部分

毛泽东思想是完整的科学理论体系，毛泽东军事思想是毛泽东思想的重要组成部分。事实上，在取得全国政权以前的 22 年里，我党的历史实际上是一部武装斗争的历史，军事斗争是我党工作的重心，占有相当突出的地位，这决定了以毛泽东为代表的中国共产党人不得不以极大的精力关注战争，研究军事。毛泽东的军事活动，是他一生中最辉煌、最成功的部分，毛泽东军事思想也是毛泽东思想最深刻、最典范的运用。在毛泽东的著作中，军事著作占有大量篇幅和重要地位。因而，毛泽东军事思想必然是其整个思想体系中最重要的组成部分。

二、毛泽东军事思想的形成发展

中国半殖民地半封建社会是毛泽东军事思想产生的社会基础，马克思主义军事理论是毛泽东军事思想产生的理论基础，中国革命战争的实践是毛泽东军事思想产生的实践基础。毛泽东军事思想是顺应时代的呼唤和革命斗争实践的需求，逐步形成和发展起来的。

（一）毛泽东军事思想的产生

1921 年中国共产党成立至 1935 年 1 月遵义会议前，是毛泽东军事思想的产生时期。中共一大通过的第一个纲领，就提出了用革命手段推翻旧政权的历史任务。1924 年国共两党合作以后，中国共产党先后参加了广东战争和北伐战争，这是中国共产党参与组织武装、参加战争的重要尝试。大革命失败后，毛泽东提出了“上山”的主张。1927 年 8 月 1 日，中国共产党发动南昌起义，打响了武装反抗国民党反动派的第一枪，开创了独立领导武装斗争的新时期。同年 8 月 7 日，毛泽东在党的“八七”会议上，提出了“政权是由枪杆子中取得的”这一重要论断，深刻认识到独立领导武装斗争和掌握军队的极端重要性；9 月 9 日，毛泽东组织领导了湘赣边界秋收起义，他带领秋收起义部队进军井冈山，建立了第一个农村革命根据地，实行“工农武装割据”，开辟了一条农村包围城市的崭新的革命道路。

毛泽东在创建人民军队和开辟革命根据地的实践中，率先成功地探索出中国革命战争的特定规律和指导规律。他在这个时期撰写的《中国的红色政权为什么能够存在？》《井冈山的斗争》《关于纠正党内的错误思想》《星星之火，可以燎原》等若干著作，对建立农村革命根据地，实行工农武装割据，走农村包围城市的革命道路，建设新型人民军队以及进行人民革命战争等根本性问题，提出了独到而深刻的见解，回答了中国革命战争发展时期亟待解决的一些特殊而又复杂的困难和问题。尔后，在井冈山斗争中，毛泽东又提出了“敌进我退、敌驻我扰、敌疲我打、敌退我追”的十六字诀原则，并在 1930 年至 1931 年的反“围剿”斗争中得到了实践验证。毛泽东军事思想产生的主要标志包括：“农村包围城市，武装夺取政权”理论的提出；古田会议通过的大会决议案，确立了马克思主义的建军方针和原则，解决了把以农民为主要成分的武装队伍建设成新型人民军队的问题，制定了红军作战的原则和战略战术。

（二）毛泽东军事思想的形成

从遵义会议至抗日战争胜利，是毛泽东军事思想形成完整科学体系的时期。遵义会议纠正了王明“左”倾冒险主义在军事上的错误，重新肯定了以毛泽东为代表的正确军事路线，确立了毛泽东在红军和中共中央的领导地位。这是中国革命由挫折走向胜利的一个伟大的历史转折点，也是毛泽东军事思想由产生走向成熟的开端。

遵义会议后，毛泽东率领中国工农红军四渡赤水，两占遵义，越过乌江，巧渡金沙江，强渡大渡河，爬雪山，过草地，摆脱了国民党几十万大军的围追堵截，三大红军主力会师会宁，一路上过关斩将，用兵如神，极大地丰富了毛泽东的作战经验，全面检验了他的军事思想。

到达陕北后，毛泽东为了从理论上系统回答中国革命战争的战略和策略问题，开始了他的理论创作工作。1935 年 12 月，瓦窑堡会议制定了抗日民族统一战线的政治策略路线和军事战略方针。1936 年 12 月，毛泽东在《中国革命战争和战略问题》一文中，阐明了无产阶级对待战争的根本观点和研究指导战争的基本方法，随后毛泽东发表了《实践论》《矛盾论》等包含丰富军事内容的重要哲学著作，以军事辩证法观点系统回答了中国革命战争的战略和策略问题。1938 年，毛泽东在《抗日游击战争的战略问题》《论持久战》《战争和战略问题》等军事著作中，阐明了抗日游击战争的战略地位和人民战争的战略战术原则。1944 年，毛泽东、周恩来主持完成了《关于军队政治工作问题》的报告，对我党我军的政治工作进行了系统总结，进一步阐明了我军政治工作的性质、方向、任务和方法。1945 年，党的六届七中全会做出的《关于若干历史问题的决议》，总结了革命战争的历史经验，系统阐述了人民军队的建设和军事战略理论。毛泽东在党的七大所做的《论联合政府》报告，全面阐述了人民军队的建军宗旨和人民战争的基本内容。这个时期，毛泽东军事思想的全面展现还体现在毛泽东的其他著作和其他老一辈无产阶级革命家的著作中，如毛泽东的《和英国记者贝特兰的谈话》《论新阶段》，周恩来的《目前抗战危机与坚持华北抗战的任务》《抗战军队的政治工作》，刘少奇的《抗日游击战争若干基本问题》，朱德的《论解放区战场》《论抗日游击战争》，彭德怀的《我们怎样坚持华北六月的抗战》，刘伯承的《游击战与运动战》，邓小平的《根据地建设与群众运动》等。这些著作，所涉及的内容已经不是战争的个别问题和个别论点，而是全面深入地阐述了关于建设人民军队、进行人民战争和运用战略战术的系统理论，回答了当时迫切需要解决的军事理论和实践问题，标志着毛泽东军事思想的科学体系已经形成。

（三）毛泽东军事思想的发展

抗日战争胜利后，经过解放战争、抗美援朝战争和社会主义建设时期，毛泽东军事思想得到了全面的丰富和发展。

在战争指导上，毛泽东相继发表了《抗日战争胜利后的时局和我们的方针》《以自卫的战争粉碎蒋介石的进攻》《集中优势兵力，各个歼灭敌人》《解放战争第二年的战略方针》《目前的形势和我们的任务》《将革命进行到底》等文章，提出了以集中优势兵力打歼灭战为核心的十大军事原则，创造了独特的战略进攻包括战略决战的理论，制定了战略追击阶段的作战指导原则，解决了在最后夺取国家政权的重大历史关头的战略和策略问题。

抗美援朝战争是一场挫败现代化敌人的反侵略战争。毛泽东根据当时的情况和特点，提出了一系列在现代条件下进行反侵略战争的理论和原则。如对美军实行战术小包围，打小规模歼灭战；把阵地战提高到战略地位；建立强大的后勤系统，搞好后勤保障；军事斗争紧密配合政治斗争等。

新中国成立后，毛泽东提出了建设现代化、正规化的国防军，发展尖端国防科技和全民皆兵的思想，指出要在大力发展国民经济，增强国家经济实力的基础上建立独立完整的国防工业体系，发展现代化的技术装备，独立自主地建设强大的国防，做好反侵略战争的准备，为毛泽东军事思想增添了许多新的重要内容。

毛泽东军事思想是邓小平新时期军队建设思想、江泽民国防和军队建设思想、胡锦涛关于国防和军队建设的重要论述的理论基础。邓小平新时期军队建设思想、江泽民国防和军队建设思想、胡锦涛关于国防和军队建设的重要论述是在毛泽东军事思想的基础上发展起来的，是运用毛泽东军事思想的基本原理，分析当前国际形势，在建设现代化国防、制定新时期军事战略方针和打赢现代技术特别是高技术条件下局部战争等方面，极大地丰富和发展了毛泽东军事思想。

三、毛泽东军事思想的主要内容

在中国长期革命战争实践过程中形成的毛泽东军事思想，系统地解决了中国革命战争需要解决的指导路线、方针政策、战略战术和建设与保卫国防等一系列问题，形成了认识与指导战争和国防建设的完整的理论体系。其科学体系是由关于中国革命战争和国防问题的基本原理、原则构成的，具有不同功能、不同作用，而又相互联系、相互制约的有机整体。

（一）无产阶级的战争观和方法论

1. 无产阶级的战争观

毛泽东的战争观是指以毛泽东为代表的中国共产党人对战争本质及其有关问题的最根本看法。它主要通过对战争产生、发展、消亡的历史过程和战争与政治、战争与经济等关系的揭示，正确认识战争的起源、战争的本质和目的、战争消亡的途径等根本问题。即为什么会有战争？战争的本质是什么？对战争应持什么样的态度？毛泽东运用马克思主义的立场、观点和方法做出了科学的回答。

（1）战争的起源和根源

毛泽东指出："战争——从有私有财产和有阶级以来就开始了的，用以解决阶级和阶级、民族和民族、国家和国家、政治集团和政治集团之间在一定发展阶段上的矛盾的一种最高的斗争形式。"毛泽东根据马克思主义历史唯物主义的基本原理，深刻揭示了战争与私有财产和阶级之间的内在联系，指出战争是伴随私有制和阶级的出现而产生的一种历史现象，它并不是人类社会一种永恒现象。他告诉我们，战争的主体并不是单独的个体，而是阶级、民族、国家和政治集团等群体。不同的阶级、民族、国家和政治集团之间总是充满各种矛盾和斗争，但这些矛盾和斗争并不总是以战争的形式出现，战争不是这些矛盾冲突的一般的斗争形式，只有当这种矛盾和斗争通过其他方式解决不了时，才往往采用战争这种最高斗争形式来解决。

（2）战争的本质和目的

毛泽东通过揭示战争与政治、战争与经济的关系揭示出战争的本质和目的。关于战争与政治的关系，毛泽东指出："'战争是政治的继续'，在这点上说，战争就是政治，战争本身就是政治性质的行动，从古以来没有不带政治性的战争"；"但是战争有其特殊性，在这点上说，战争不等于一般的政治。'战争是政治的特殊手段的继续'。"战争与政治各自具有自己的特点，两者又有所区别，其区别在于：政治是不流血的战争，战争是流血的政治。毛泽东对战争与政治关系的论述揭示了两层含义：一方面，战争从来就不是一种单纯的军事现象，战争一刻也离不开政治，战争从属于政治，为政治服务，是为了达到政治目的的一种手段，政治贯穿于战争的全过程；另一方面，战争不仅是实现政治目的的手段，它还反作用于政治、推动政治。关于战争与经济的关系，毛泽东认为，战争离不开经济，经济是战争的物质基础，战争依赖于经济，战争就其实质上说，就是交战双方为了一定的经济利益而展开的冲突和斗争。毛泽东在指导中国革命战争中，特别重视根据地的经济建设。在井冈山时期，毛泽东就将有足够给养的经济力作为选择和建立根据地的基本条件之一。他强调指出："经济问题的相当的解决，实在值得每个党员注意。"在反围剿时期，毛泽东把进行经济建设、保障战争胜利作为主要方针之一。抗日战争时期的战略相持阶段，毛泽东发动和领导了大生产运动，使我军克服了严重的经济困难。在解放战争时期，毛泽东也注意解决战争的物质条件问题，提出只有解决好经济问题，才能克服困难，援助战争，取得战争的胜利。

（3）战争的性质及我们的态度

毛泽东指出："历史上的战争分为两类，一类是正义的，一类是非正义的。一切进步的战争都是正义的，一切阻碍进步的战争都是非正义的。"怎样区分战争的正义性和非正义性呢？毛泽东进一步分析认为，一切反抗阶级压迫和民族压迫，谋求阶级解放和民族解放，保卫国家独立、主权和领土完整，为了人类社会的进步事业而进行的战争是正义的。正义战争同时也是进步的，它符合广大人民群众的根本利益，能推动人类社会的发展。由于战争有正义和非正义的区分，毛泽东明确指出对不同性质的战争应采取不同的态度。拥护正义战争，反对非正义战争，就是我们对待战争的基本态度。他说："我们共产党人反对一切阻碍进步的非正义的战争，但是不反对进步的正义的战争。对于后一类战争，我们共产党人不但不反对，而且积极地参加。"毛泽东认为，正义的战争不仅具有教育人民群众的作用，而且它对于改造社会、推动社会发展、拯救人类都具有重要作用。因此，他坚决主张拥护正义战争，反对非正义战争。

（4）战争的最终目的和消灭战争的途径

毛泽东指出："战争——这个人类互相残杀的怪物，人类社会的发展终究要把它消灭。"这说明，我们不是为了战争而战争，更不是为了掠夺和侵略而进行战争。我们的目的是为了消灭战争，实现人类社会永久的和平。但是消灭战争的办法只有一个，就是用战争反对战争，用革命战争反对反革命战争，用民族革命战争反对民族反革命战争，用阶级革命战争反对阶级反革命战争，即用正义战争反对非正义战争。毛泽东指出："我们是战争消灭论者，我们是不要战争的；但是只能经过战争去消灭战争，不要枪杆子必须拿起枪杆子。"毛泽东非常鲜明地提出了用革命战争去消灭反革命战争，从而将无产阶级对战争的态度与最终目的科学地统一起来，不仅为无产阶级和革命人民指明了消灭战争的目标，而且指明了实现这个目标的根本途径和方法。但消灭战争是一个漫长的历史过程，他认为，要最终消灭战争，必须消灭阶级，铲除产生和滋养阶级的私有制。

2．战争方法论

战争方法论是人们在认识战争规律的基础上，依据战争规律确定指导战争的根本方法。毛泽东的战争方法论同战争观是一致的，它受战争观的指导与支配。

（1）必须认识和把握战争规律

毛泽东认为战争是有规律的，这是认识战争的前提。毛泽东承认战争具有较大的流动性和不确定性，它较之于任何其他社会现象更难捉摸，更少确定性。但是，战争并不是不可捉摸的“怪物”，它仍然是人类社会矛盾发展的一种必然的客观物质运动过程，仍然受其内在的一般规律的支配。战争的偶然性背后有客观的必然性在起作用，人们可以从战争的流动性中把握相对固定性的规律，可以通过不确定的征兆和端倪，去探寻其相对确定性。这就说明，战争指导者只要善于调查研究，可以通过不确定的现象把握战争的本质，正确地指导战争。所谓战争规律是战争在发生发展过程中，战争双方在政治、经济、军事、地理等因素的本质联系及其发展趋势，是不以人们的主观意志为转移的客观实际。战争规律可以分为一般规律和特殊规律，它们对战争的指导作用是不尽相同的。一般战争规律是普遍存在于一切战争之中的内在的本质的联系。特殊战争规律是指具体战争中存在的基于不同时间、不同地域和不同性质而产生的反映其特性的规律。战争的一般规律与特殊规律之间是辩证统一的关系。因此，毛泽东一方面强调要研究一般战争的规律，另一方面也十分强调对特殊战争规律的研究和把握。

（2）主观指导必须符合客观实际

毛泽东研究和指导战争的根本方法，就是从战争的实际出发，实事求是地研究和指导战争，使战争的主观指导与客观实际相符合，最终夺取战争的胜利。毛泽东指出：“人们要想得到工作的胜利即得到预想的结果，一定要使自己的思想合乎客观外界的规律性，如果不合，就会在实践中失败。”但是，战争的客观实际是随着社会政治、经济、军事、自然地理等因素，以及战争中敌情、我情、民情和国际环境等情况的变化而变化的，因而，战争指导规律也需要不断变化和发展。要熟识敌我双方各方面的情况。毛泽东指出：“指挥员的正确的部署来源于正确的决心，正确的决心来源于正确的判断，正确的判断来源于周到的和必要的侦察和对于各种侦察材料的连贯起来的思索。”毛泽东在谈到指挥员怎样做到智勇双全时指出，有一种方法是要学的，那就是熟识敌我双方各方面的情况，找出其行动的规律，并且将这些规律应用于自己的行动。战争指挥员要运用各种手段获得敌我各方面的材料，进行去粗取精、去伪存真、由此及彼、由表及里的整理，去发现各个材料间彼此的关联，从中找出规律性的东西，帮助自己形成正确的判断，定下实施的决心，这是战前部署形成的过程。由于战场发展错综复杂，情况瞬息万变，指挥员必须从实施作战指导之时起，不间断地把握变化了的情况，做出新的判断，定下新的决心，这是战争中敌变我变的过程。这两个过程体现了认识战争的主观能动性。熟识敌我双方客观情况，是实施正确的战争指导的前提，也是获得战争胜利的基础。

要善于学习，勇于实践。毛泽东要求人民军队的指挥员，要变为勇敢而明智的指挥员，不但要有压倒一切敌人的勇气，还要有驾驭整个战争变化发展的能力，善于学习，勇于实践，以便达到胜利的彼岸。向战争学习，研究战争实际，并从战争实际中找出规律，这也是战争指挥员提高主观指导能力的重要方法之一。

要充分发挥主观能动性。毛泽东指出：“思想等等是主观的东西，做或行动是主观见之于客观的东西，都是人类特殊的能动性。这种能动性，我们名之曰自觉的能动性’，是人之所以区别于物的特点。”战争指导过程中，在一定的客观物质基础上，充分发挥主观能动性非常重要。毛泽东指出：“战争的胜负，固然决定于双方军事、政治、经济、地理、战争性质、国际援助诸条件，然而不仅仅决定于这些，仅有这些，还只是有了胜负的可能性，它本身没有分胜负。要分胜负，还须加上主观的努力，这就是指导战争和实行战争，这就是战争中的自觉的能动性。”他认为，在一定的客观物质基础上，主观的指导能力就成了战争胜败的决定因素。如果主观指导错误，优势军队也会打败仗。毛泽东指出：“军事家不能超过物质条件许可的范围外企图战争的胜利，然而军事家可以而且必须在物质条件许可范围内争取战争的胜利。军事家活动的舞台建筑在客观物质条件的上面，然而军事家凭着这个舞台，却可以导演出许多有声有色、威武雄壮的活剧来。”充分发挥主观能动性可以转变优劣形势，可以改变物质条件的形态。

（3）着眼特点，着眼发展

在正确解决战争一般规律和特殊规律相互关系的基础之上，毛泽东在《中国革命战争的战略问题》中，提出了“我们研究在各个不同历史阶段、各个不同性质、不同地域和民族的战争的指导规律，应该着眼其特点和着眼其发展，反对战争问题上的机械论”。这一论断向我们指明：着眼战争的特点和发展是研究和指导战争的最重要的方法之一。在《论持久战》中，毛泽东从分析中日双方相互矛盾的基本特点入手，揭示了抗日战争的根本规律。战争是综合力量的竞赛，在战争中，随着战场形势和敌我力量等因素的不断变化，战争向新的阶段推移，必然会出现新的情况和新的问题，这就不能用老办法去解决新的矛盾，必须使战争指导与新情况相适应。

（4）立足全局，把握关键

毛泽东指出：“战争的胜败的主要和首先的问题，是对于全局和各阶段的关照得好或关照得不好。如果全局和各阶段的关照有了重要的缺点或错误，那个战争是一定要失败的。”由此可见，着眼战争全局对战争胜败具有决定意义。全局是指事物的整体和发展的全过程，而局部是组成整体的各个部分和发展全过程的各个阶段。关节是对全局有重大影响的关键性环节。战争指挥者必须要有战略头脑，要观察战争全局，能对全局的发展趋势有正确的判断，这样才能制定出贯穿战争全过程的好的战略方针和计划。但是，全局是由局部构成的，全局固然制约着局部，但局部的成败对全局也有重要影响，尤其是关键性的局部，更决定着战争的胜负。因而，在全局与局部的关系上，全局由局部构成，全局统帅局部，局部隶属于全局又影响全局，这构成全局与局部的正确关系。战争中有些局部的成败会引起全局的变化，甚至对全局的胜败都有至关重要的作用，这些局部就是足以影响全局的重要关节。如果这些关键性的局部搞错了，就可能出现“一着不慎，满盘皆输”的情况。因此，战争指导者必须照顾好各个局部，特别要注意掌握好影响战争全局的重要关节，把自己的注意力放在对全局最有决定意义的关键局部上。在不断变化的战争中，全面考察形势，客观分析敌我，处理好各种关系，把战争全局中的各个局部和阶段周密地组织和衔接起来，使之相互配合，协调一致，以达成总的战略目的。

（二）人民军队建设思想

毛泽东认为，建设一支新型的人民军队，是进行中国革命的首要条件。毛泽东从中国革命的实际出发，深刻把握了“没有一个人民的军队，便没有人民的一切”的革命真谛，在领导武装斗争伊始，就把建设新型人民军队问题放在首位。毛泽东一方面认为，在半殖民地半封建的旧中国，占人口绝大多数的农民是革命的主力军；另一方面，从历史上农民起义军失败的教训中看到农民固有的局限性，因而指出，必须创建一支由无产阶级政党领导的以农民为主要成分的武装力量，才能完成夺取政权的伟大任务。

1．坚持中国共产党对军队的绝对领导

毛泽东反复强调，一定要加强党对军队的绝对领导。这是因为，只有坚持和实施党对军队的绝对领导，才能保证人民军队的无产阶级性质，才能坚持全心全意为人民服务的宗旨，才能保证我军始终具有坚定正确的政治方向，使人民军队成为执行无产阶级政党政治任务的武装集团。党对军队的绝对领导主要是通过政治、思想、组织领导来实现的。政治领导，就是用党的纲领、路线、方针和政策统一军队的思想和行动，以保证军队有坚定正确的政治方向，始终同党中央保持一致；思想领导，就是用无产阶级思想教育军队中的广大官兵，使之树立无产阶级世界观，克服各种非无产阶级思想；组织领导，就是在中共中央、中央军委的统一领导下，建立健全各种制度，发挥党委的核心领导作用、党支部的战斗堡垒作用及党员的先锋模范作用，保证政治领导和思想领导的实现。

2．坚持人民军队的性质和宗旨

人民军队的性质是由党的性质决定的。中国人民解放军是中国共产党缔造和领导的革命军队，中国共产党是无产阶级政党，这就决定了我们人民军队的性质是中国共产党绝对领导下的，执行无产阶级革命政治任务的武装集团。1945 年，毛泽东在《论联合政府》的报告中，对于人民军队的宗旨做了精辟的概括，确立全心全意为中国人民服务是人民军队唯一的宗旨。他指出，正是因为确立和坚持了全心全意为人民服务的宗旨，人民军队才具有一往无前的精神，不会被敌人所屈服；人民军队才会有一个很好的内部和外部的团结；才有一个正确的争取敌人官兵的政策和处理俘虏的政策，并形成人民战争的一系列的政治工作的基本原则。毛泽东根据人民军队的性质和宗旨，结合中国革命战争和我军实际，规定人民军队必须担负战斗队、工作队和生产队三项任务，这在世界军队发展史上是罕见的。

毛泽东指出："中国的红军是一个执行革命的政治任务的武装集团。特别是现在，红军绝不是单纯打仗的，它除了打仗消灭敌人军事力量外，还要担负宣传群众、组织群众、武装群众、帮助群众建立革命政权以至于建立共产党的组织等重大任务。"抗日战争时期，毛泽东发出"积极生产，克服困难，自己动手，丰衣足食"的号召，要求军队一面打仗，一面生产。解放战争时期，毛泽东发出了《把军队变为工作队》的指示，又指出，人民军队永远是一个战斗队，又是一个工作队。人民军队的三大任务，是有主次之分的，最根本的是战斗队的任务。

3．坚持人民军队政治工作

毛泽东反复强调，政治工作是人民军队的生命线。正是因为中国人民解放军从诞生之日起就始终坚持抓好军队政治工作，才保证了人民军队在任何艰难困苦的条件下，都具有正确的方向、统一的目标、良好的内外关系和高昂的战斗意志，成为一支英雄的军队。在深刻认识军队政治工作地位作用的基础上，毛泽东等老一辈无产阶级革命家提出和总结了一整套关于军队政治工作的方针、方法、原则，除党对军队绝对领导的根本原则和全心全意为人民服务的根本宗旨外，还包括军队政治工作的方向和任务、军队政治工作的方针和方法、军队政治工作的三大原则、人民军队的革命纪律等。毛泽东还逐步探索完善了以党委制、政治委员制、政治工作机关制三大根本制度为主体的一整套政治工作制度，从组织上保证了党对军队绝对领导和顺利开展政治工作，为保证军队建设的先进性，保证军队始终履行全心全意为人民服务的宗旨，永远保持人民军队本色，胜利完成党所赋予的使命，提供了可靠的保证。

（三）人民战争思想

在中国历史上，虽发生过一些具有人民战争性质或特征的战争，但受其历史条件和阶级的局限，其广度和深度都很有限，更没有形成科学的理论。只有以毛泽东为代表的中国共产党领导的人民战争及其理论的创造，才开创了真正的全面的人民战争的先河，形成了完整系统的人民战争理论。

1．人民战争思想的含义

人民战争是指广大人民群众为反抗阶级压迫或抵御外敌入侵而组织和武装起来进行的战争。人民战争具有两个基本特征：一是战争的正义性。在毛泽东看来，战争的性质既取决于它的政治目的，又取决于它的社会效果，就是能否促进历史的进步，而其根本标志在于是否符合广大人民群众的根本利益。战争的正义性是实行人民战争的首要条件和政治基础。二是战争的群众性。战争的群众性是指战争必须有广大人民群众支持和参加，这是人民战争的重要标志。历史上凡是具备这两个特征的战争都可称作人民战争。但是我党领导的人民战争，较之一般意义上的人民战争，群众性更广泛，革命性更彻底，组织性更严密。

毛泽东人民战争思想的基本精神是：在中国共产党领导下，以人民军队为骨干，广泛发动与依靠人民群众，团结和争取各阶级、各阶层和社会团体等一切进步力量，开展以军事斗争为主，并与政治、经济、外交、文化和科技等斗争形式紧密配合的全民战争。实行主力兵团与地方兵团相结合，正规军、地方武装、民兵与游击队相结合，武装斗争与非武装斗争相结合的人民战争。

2．人民战争思想的理论基础

毛泽东为代表的中国共产党人，在领导中国革命战争的实践中，创造性地发展了马列主义关于人民战争的理论，对实行人民战争的必要性和可能性以及如何实行人民战争问题做了系统的论述，阐明了人民战争的理论基础和政治基础，实行人民战争的指导原则，创立了具有中国特色的人民战争思想。

（1）人民群众是战争胜负的决定力量

战争是力量的抗争，人民战争的主体是人民群众，人民群众是社会发展变革的决定力量，也是战争胜负的决定力量。要准确地理解和把握人民战争思想，就必须首先认识人民群众在战争中的作用。毛泽东指出：“人民，只有人民，才是创造世界历史的动力。”这就是毛泽东人民战争思想的根本出发点和理论基础。

（2）战争的正义性是实行人民战争的政治基础

战争是政治的继续，是为一定的阶级、政治集团的利益服务的。历史上的战争，虽然千差万别，但按其性质区分，不外乎两大类：正义战争和非正义战争。正义战争是进步的，符合人民群众根本利益，人民群众不但真心拥护，积极支持，而且踊跃参加。相反，非正义战争是退步的，必然要遭到人民群众的坚决抵制和反对。战争的正义性是实行人民战争的政治基础，只有正义的革命战争，才能实行最广泛的人民战争。

（3）战争胜负的决定因素是人而不是物

人和武器是构成战斗力的两个基本要素，正确处理人与武器的关系，是人民战争思想的一个重要理论问题。毛泽东根据历史唯物主义的基本原理，批判了“唯武器论”的观点，科学地阐明了人在战争中的地位和作用。他指出，“武器是战争的重要因素，但不是决定的因素，决定的因素是人不是物。力量对比不但是军力和经济力的对比，而且是人力和人心的对比”；“决定战争胜败的是人民，而不是一两件新式武器”。这是毛泽东同志在战争问题上对人与武器关系的精辟论述和高度概括。人是战争胜负的决定因素，在一定的物质基础上，谁充分发挥了人的能动作用，谁就能赢得战争的胜利。武器是战争胜败的重要因素。毛泽东在强调人是战争胜败决定因素的同时，决不否定武器的重要作用。

（4）马克思主义政党的正确领导是实行人民战争的必要条件

人民战争思想作为战争的指导思想，不是群众起来就可以自发形成的，它必须有战争的领导条件。人民战争领导者必须具备两个条件：一是真正代表人民群众的利益，反映人民群众的根本愿望，全心全意为人民群众谋取利益；二是懂得和掌握群众路线的指导方法，善于制定有利于调动群众积极性的方针和政策。这两个条件，唯有马克思主义的政党才能具备。毛泽东的人民战争与一般意义上的人民战争有着本质的区别。中国共产党的正确领导是实行人民战争的必要条件。

3．人民战争思想的主要内容

毛泽东基于对战争的决定因素是人不是物、战争伟力之最深厚的根源存在于民众之中、“兵民是胜利之本”的深刻认识，提出并实践了充分动员群众、组织群众和武装群众，依靠广大人民群众进行革命战争的指导路线，从根本上解决了战胜敌人的力量源泉问题。

一是进行广泛深入的政治动员，组织最广泛的革命战争的统一战线。

二是开辟农村包围城市的武装革命道路，创建农村革命根据地，把武装斗争、土地革命和党的建设有机地结合进来，发动和依靠以农民为主体的广大人民群众，把落后的农村改造成为军事上、政治上、文化上的先进的革命阵地，作为实行人民战争的依托。

三是实行野战军、地方军和民兵三结合的武装力量体制。野战军主要是在地方军和民兵的配合下，执行超地域的作战任务。野战军、地方军是我军的两个组成部分，是进行人民战争的骨干力量。民兵人数多、分布广，是军队的有力助手和强大的后备军，是进行人民战争的重要力量。为形成全民参加的人民战争，还必须实行武装群众和非武装群众相结合，即把动员起来的群众，分别组织在工会、农会、青年、妇女、儿童等各种群众团体之中，平时从事各种生产和建设工作，帮助政府动员群众参军，拥军优属，清查奸细等；战时进行坚壁清野、侦察敌情、担负运输、直接帮助军队作战等工作。

四是以武装斗争为主，各条战线、各种斗争形式相配合，形成全面的人民战争，最大限度地发挥人民战争的威力。

五是实行党的一元化领导，发挥党政军民的整体力量。革命战争具备实行人民战争的可能性，但能否成为彻底的人民战争，则要看领导战争的阶级或集团是否相信和依靠人民群众，有没有一个进行人民战争的指导路线、方针和政策等。

（四）人民战争的战略战术

战争的一般规律是强胜弱败，但力量的强与弱不是绝对的，它在一定条件下可以相互转化。毛泽东创造的“你打你的、我打我的”这样一整套趋利避害、灵活机动的战略战术，揭示了由中国共产党领导的劣势装备的革命军队，战胜优势装备之敌的战争指导规律，解决了复杂艰巨的“以弱胜强”的作战指导及其方法问题。

1. 毛泽东人民战争的战略战术

（1）保存自己，消灭敌人

保存自己，消灭敌人，是战争的目的，是一切战争行动的基本原则，两方面是对立统一的。只有保存自己，才有力量消灭敌人；只有大量地消灭敌人，才能有效地保存自己。毛泽东把战争目的和作战手段辩证地统一起来，为指导中国革命战争取得胜利发挥了巨大作用。

（2）坚持积极防御的战略方针

实行积极防御，反对消极防御，即在战略的防御战之中采取战役和战斗的进攻战，在战略的持久战之中采取战役和战斗的速决战，在战略的内线作战之中采取战役和战斗的外线作战，以使战略全局上的劣势变为战役和战斗上的局部优势。由于战争的目的是通过进攻和防御实现的，要正确处理进攻与防御的关系才能达到保存自己，消灭敌人的目的。毛泽东认为，积极防御才是真防御，是为了反攻和进攻的防御，而不是为防御而防御。积极防御要求做到：必须做好充分准备，创造对敌斗争的有利条件；必须在战略上实行内线持久的防御战，在战役战斗中实行外线速决的进攻战；必须处理好战略退却与战略进攻的关系，慎重初战；必须以运动战为主要形式，结合阵地战；必须集中优势兵力，各个歼灭敌人；必须适时进行军事战略的转变，进行反攻，夺取最后胜利，这是毛泽东战略学说的精髓。

（3）战略上藐视敌人，战术上重视敌人

在对敌斗争态度上，坚持战略上藐视敌人，战术上重视敌人，并据此确立战略思想和战术思想，即在总体上树立敢打必胜的信心，具有压倒一切敌人的气概，在一个一个的局部上，采取慎重态度，讲究作战艺术。

（4）不打无准备之仗

在作战指导思想上，强调不打无准备之仗，不打无把握之仗，慎重初战，实行有利决战，避免不利决战，力求做到不打则已，打则必胜。

（5）作战形式

在作战形式上，采取运动战、游击战和阵地战三种形式相互配合，并根据不同战争时期、不同战略阶段的敌我力量对比和我军作战能力、任务以及战争形势的发展变化，确定其主辅地位，适时进行军事战略的转变，推动革命战争的胜利发展。

（6）战役战斗方针

在战役和战斗的方针上，基本的是歼灭战。以歼灭敌人的有生力量为主要目标，但不反对一定条件下的击溃战、消耗战，从而积小胜为大胜，达到逐渐改变敌强我弱的形势的目的。

（7）作战方法

在作战方法上，基本的是集中优势兵力、各个歼灭敌人。发挥近战、夜战特长，以保证确有把握地歼灭敌人。

（8）作战指导

在作战指导上，强调主动性、灵活性和计划性。通过灵活地使用兵力和变换战术，争取作战的主动权，将胜利的可能变为现实。

（9）对敌斗争

在对敌斗争手段上，采取军事打击与政治瓦解并举，加速敌军的瓦解和我军的胜利。

2．毛泽东的十大军事原则

一是先打分散和孤立之敌，后打集中和强大之敌。

二是先取小城市、中等城市和广大乡村，后取大城市。

三是以歼灭敌人有生力量为主要目标，不以保守或夺取城市和地方为主要目标。

四是每战集中绝对优势兵力，四面包围敌人，力求全歼，不使漏网。在特殊情况下，则采用给敌以歼灭性打击的方法。

五是不打无准备之仗，不打无把握之仗。

六是发扬勇敢战斗、不怕牺牲、不怕疲劳和连续作战的作风。

七是力求在运动中歼灭敌人。

八是在攻城问题上，一切敌人守备薄弱的据点和城市，坚决夺取之；一切敌人有中等程度的守备、而环境又许可加以夺取的据点和城市，相机夺取之；一切敌人守备强固的据点和城市，则等候条件成熟时然后夺取之。

九是以俘获敌人的全部武器和大部人员，补充自己。

十是善于利用两个战役之间的间隙，休息和整训部队。

十条军事原则相互联系，核心和实质是集中优势兵力打歼灭战。

十大军事原则是马列主义普遍真理同中国革命战争实践相结合的产物，反映了中国革命战争的规律，闪耀着马克思主义认识论和辩证法的光辉。

（五）国防建设思想

新中国成立后，面对从武装夺取政权到掌握和巩固全国政权的重大变化，毛泽东在领导和筹划新中国的国防建设和国防斗争的实践中，顺应新形势和新任务，不断总结国防建设和军事斗争的实践经验，系统地提出了中国现代国防建设思想。他对国防现代化建设的重要性，国防建设与经济建设的关系，国防建设的方针、政策和原则及战争准备等问题做了系统阐述，是毛泽东军事思想的重要内容。

1．实行积极防御的战略方针

毛泽东申明中国决不称霸，不侵略别人，不要别人的一寸土地，但是我国的领土、领海、领空也决不容许任何人侵犯，在军事战略上实行后发制人。正是根据这一原则立场，我军赢得了历次边境自卫反击作战的胜利，捍卫了祖国领土主权完整和民族尊严，而且还应邀援助友好邻邦抗击外来侵略，为世界和平与稳定做出了重大贡献。

国防建设要与经济建设相适应，把国防建设纳入国家建设的整体规划之中，统筹安排。经济建设要照顾国防建设的需要，实行军民结合、平战结合；要加强国防建设必须首先加强国家经济建设，使军费保持适当比例，这对减轻国家负担，促进国家经济发展和国防现代化建设都起到了积极作用。经济建设是国防建设的基础，国防建设为经济建设提供保证。

2．建设正规化现代化的国防军

为建设正规化现代化的国防军，毛泽东提出了实行统一的指挥、统一的制度、统一的编制、统一的纪律、统一的训练，实现诸军兵种密切的协同动作，加强组织性、计划性、准确性和纪律性的要求，即五统四性。在毛泽东军事思想指导下，我军由单一军种发展成为包括空军、海军和战略导弹部队等在内的诸军兵种合成的军队，我军力量结构和作战能力提高到一个新的水平。在军队现代化建设上，毛泽东一方面强调发展新技术的武器装备，另一方面仍然强调人在战争中、军事斗争中的决定性作用。毛泽东认为国防科技的发展水平是一个国家国防现代化建设水平的重要标志，是实现国防现代化的关键。毛泽东倡导建立起我国独立完整的国防科研、国防工业体系，而且在国家经济还比较困难的时候，果断做出了发展尖端技术，研制原子弹、氢弹、洲际导弹、人造卫星和核潜艇的重大决策，有效地打破了帝国主义、霸权主义的核垄断与核讹诈，促进了我国国防现代化事业的质的飞跃。

3．建设强大的国防后备力量

毛泽东注重现代化军队与强大的民兵有机配合，领导建立起民兵与预备役合一的国防后备力量体制，满足未来人民战争的需要，解决平时少养兵、战时多用兵的矛盾。毛泽东还特别重视加强全民国防教育，提高全民国防观念。毛泽东认为必须在全国人民中深入进行革命英雄主义教育，倡导革命英雄主义精神，提高民族自信心。

4．必须坚持独立自主、自力更生的方针

国防建设必须坚持独立自主、自力更生的方针，这是毛泽东一贯坚持的原则。对于我们这样一个大国，要完成党和人民赋予的巨大的国防任务，不依靠自己的力量是不行的。国防建设必须放在自己力量的基点上，独立自主地解决军队现代化建设，建设中国特色的现代国防。争取外援，结合中国自己的特点，有选择性地向外军学习。

（六）军事辩证法思想

军事辩证法是毛泽东军事理论与实践的哲学概括，是毛泽东军事思想各个组成部分的最高层次。它既是毛泽东军事思想体系的理论基础和精髓，又是一个相对独立的组成部分，是用以研究和指导中国革命战争的战争观、认识论和方法论。毛泽东军事辩证法思想主要包括以下六个方面。

1．战争是一种社会历史现象

战争的社会本质是政治的继续，是流血的政治，它的军事本质是保存自己，消灭敌人。

2．敌对双方诸因素在一定条件下转化

敌对双方诸因素的相互对立、依存和在一定条件下的转化，构成战争矛盾运动的内容和过程，推动战局的发展，决定战争的结局。这种对立、依存和转化，在战争过程中表现为双方客观物质基础与自觉能动性的综合竞赛，表现为力量对比的消长变化。物质基础薄弱的一方充分发挥人的能动性，能够弥补物质条件的不足，力量对比可以发生由弱到强的转化。战争指导者不能超越客观物质基础的许可范围去期求胜利，但应当而且必须在物质条件许可的范围内能动地夺取胜利。

3．战争的形态是在不断否定旧的作战方式中发展的

要着眼其特点和发展，适时实行以转换作战形式为主要内容的军事战略转变，使战争形式符合战争特点和作战任务的变化。

4．战争是有规律可循的

战争虽然较之其他社会活动形态更带“盖然性”，但同样是有规律可循并可以掌握和运用的。主观指导与客观实际相一致，是指导战争的根本要求。研究和指导战争的根本方法，既要研究战争的一般规律，更要研究所进行的战争的特殊规律。要熟识敌我双方各方面的情况，找出其行动规律，并应用这些规律于自己的行动，使主观指导符合客观实际。

5．人的能动性

认识战争规律和将这些规律应用于战争，都离不开人的能动性。人的能动性在战争指导中具体表现为主动性、计划性和灵活性。

6．军事活动中的诸多矛盾双方是相反相成或相辅相成的

要用辩证的观点处理战争指导上的军事与政治、军事与经济、战争与和平、物质与精神、进攻与防御、优势与劣势、主动与被动、内线与外线、持久与速决等矛盾关系。从提出军事辩证法概念，到形成完整的军事辩证法思想，都是毛泽东的首创。

毛泽东军事思想体系以其特有的完整性，出色地实现了革命性与科学性的高度统一，军事力量建设与军事力量运用的高度统一，战争一般规律和中国革命战争特殊规律的高度统一，在如何认识战争、依靠谁来进行战争和怎样进行战争这三个最基本的问题上，形成了一整套独到的无产阶级军事学说，为中国革命战争和国防建设提供了战无不胜的强大思想武器。

四、毛泽东军事思想的历史地位

毛泽东军事思想是在中国长期革命战争实践中产生的，是中国军事思想史上崭新的一页。中国革命战争艰难复杂的程度，最终胜利的辉煌，均为战争史所罕见。

(一) 毛泽东军事思想对马列主义军事理论做出了重大而独特的贡献

1．开辟了农村包围城市的道路

在像中国这样一个半殖民地半封建的大国，无产阶级夺取政权要走什么道路，这是前人没有解决的问题。以毛泽东为代表的中国共产党人，结合中国实际，摸索出在农村建立根据地，实行工农武装割据，走农村包围城市最后夺取全国政权的道路，创造性地继承和发展了马克思主义关于武装夺取政权的理论。

2．开创了把以农民为主要成分的军队建设成为无产阶级军队的先例

在工人数量很少，农民占总人口 80%以上的大国，怎样建立一支无产阶级性质的人民军队，在国际共产主义运动中还没有先例。毛泽东从中国的实际出发，系统地解决了怎样把以农民为主要成分的革命军队建设成为一支无产阶级性质的人民军队的问题。

3．丰富和发展了人民战争的学说

毛泽东等老一辈无产阶级革命家在领导中国革命战争的实践中，把人民战争作为根本指导方针，广泛动员、组织和武装群众，以人民军队为骨干，实行主力兵团与地方兵团相结合，正规军与游击队、民兵相结合，武装群众与非武装群众相结合的三结合方式，与其他各种斗争形式相配合，实行了全面的人民战争，丰富和发展了马克思主义人民战争学说。

4．系统地制定了适合中国特点的人民战争的战略战术

以毛泽东为代表的中国共产党人，根据中国革命战争的特点，为我军系统地制定了在敌

强我弱形势下，实行战略的持久战和战役战斗的速决战，把战略上的劣势转变为战役、战斗上的优势，集中优势兵力，各个歼灭敌人等人民战争的战略战术，为马克思主义作战理论增添了新的内容。

5．科学地阐明了无产阶级的战争观和方法论

毛泽东把马克思主义的辩证唯物主义和历史唯物主义创造性地引入军事领域，深刻地揭示了战争的本质，系统地阐明了战争与政治、经济和地理的关系，科学地提出了军事辩证法的若干范畴，揭示了战争指导者认识战争运动的辩证过程。

（二）毛泽东军事思想在世界上具有广泛而深刻的影响

随着中国革命战争的胜利，毛泽东军事思想日益引起世界的瞩目。抗美援朝战争等战争的胜利，更引起西方对毛泽东军事思想的极大兴趣。日、美、英、法、德等国的学者，曾在20世纪60年代和70年代掀起过两次研究毛泽东军事思想的热潮。许多国家都成立了毛泽东军事思想的研究会和学习会。

各国学者着重从创新与发展上认识毛泽东在战争理论上的杰出贡献。美国前国务卿基辛格在《核子武器与外交政策》一书中指出，关于共产党军事思想的最好阐述，不见诸苏联的著作，而见诸中国的著作，这套军事理论表现出高度的分析能力，罕有的洞察力。日本1962年《防卫年鉴》指出，如果说古代孙子的兵书是哲学性的，克劳塞维茨的兵书是科学性的，那么毛泽东的兵书则是彻底的现实性的东西。如果说前两种是以学习兵法的人为对象的，那么毛泽东的著作则能使每一个士兵、民兵、群众所理解。英国巴特曼将军强调，研究毛泽东的军事思想对自由世界来说，主要的不仅是要理解他的军事思想，而且还要将这些军事思想运用于在东亚的西方军队所面临的越来越多的难题之中。他认为，过去由于不懂得毛泽东的理论的意义，导致了美国人在越南、英国人在东方遭受了类似的失败，并有可能在非洲和拉丁美洲吞下类似的苦果。他提出根据毛泽东的军事思想，不但要研究游击队向正规军发展问题，而且还要研究正规军如何打游击战的问题。

毛泽东军事思想的影响已经超越国界，在世界军事思想史上占有重要的地位，成为全世界革命人民的共同财富，并将永远载入人类进步事业的史册。

（三）毛泽东军事思想永远是我军克敌制胜的法宝

自从有了毛泽东军事思想，中国革命和革命战争就别开生机，克服了前所未有的艰难险阻，战胜了国内外强大的敌人，取得了历史性的胜利。正如邓小平同志所说的："没有毛主席，至少我们中国人民还要在黑暗中摸索更长的时间。"

毛泽东军事思想并没有结束，它需要随着历史条件的变化而不断发展。我们要适应历史条件的发展变化，运用毛泽东军事思想的立场、观点和方法研究和解决现代条件下的建军和作战问题。毛泽东军事思想不仅适用于昨天，同样适用于今天和明天。

现在，科学技术发展日新月异，世界军事革命已从理论步入实践。毛泽东军事思想的基本原则，反映了现代战争和军队建设的一般规律，是经过实践检验了的科学真理，对我军打赢未来信息化条件下的局部战争，具有普遍的指导意义。

第三节　邓小平新时期军队建设思想

邓小平新时期军队建设思想，是关于新时期军队和国防建设的一整套理论、方针和原则的科学理论体系，这一理论极大地丰富和发展了毛泽东军事思想，是以邓小平为杰出代表的全党全军集体智慧的结晶，是新时期军事斗争、军队和国防建设的指导思想。

一、邓小平新时期军队建设思想的科学含义

（一）邓小平新时期军队建设思想是时代的产物

任何理论的产生都与历史条件的变化息息相关，认识邓小平新时期军队建设思想，必须从历史条件出发，深刻认识所处的历史背景。

1．当今世界的时代主题和战略格局发生了变化

20 世纪初，列宁针对当时主要资本主义国家出现的情况。创造性地提出了帝国主义战争和无产阶级革命的时代论断，并领导十月革命取得了胜利。20 世纪 70 年代，毛泽东提出了划分三个世界和反对霸权主义的思想。党的十一届三中全会前后，邓小平通过对国际形势的长期观察和科学分析，提出了世界性的战争暂时打不起来，和平与发展是当今世界两大主题的科学论断。维护和平，促进发展，是不可阻挡的历史潮流。新的国际形势，对我国的军队和国防建设提出了许多新要求和新问题。

2．党和国家的工作重心发生了变化

以党的十一届三中全会为标志，党和国家的工作重心转到了社会主义现代化建设上来。这是以邓小平为核心的第二代中央领导集体，在党的十一届三中全会之后领导全党和全国各族人民所从事的又一次伟大革命。建设有中国特色社会主义的伟大实践，正在不断探索、不断开拓和不断深化国家建设和改革的过程中，并已取得伟大成就。与此同时，我国的军队和国防建设遇到了许多以往不曾遇到的情况，发现了一系列过去没有提出过的问题，这些遇到的情况和发现的问题对军队和国防建设提出了新的更高的要求。

3．科学技术的迅猛发展给军事领域带来深刻变革

20 世纪以来，特别是第二次世界大战以后，以电子信息、生物技术和新材料为支柱的一系列高新技术取得重大突破和飞速发展。尤其是 20 世纪 70 年代中期以来，随着微处理机大量生产和广泛使用，软件开发和大规模产业化，人类逐步进入了信息革命的新纪元。高新技术的广泛应用，引发了军事领域一系列革命性的变化。如武器装备的发展呈现出信息化、智能化、一体化的趋势；战争形态、作战样式也随之出现了一些新的特征，全纵深作战、非线式作战正在成为高技术条件下战争的基本交战方式，陆、海、空、天、电磁一体化的联合作战成为现代作战的突出特征；作战部队高度合成，趋于小型化、轻型化和多样化。同这种发展趋势相适应，世界各主要国家纷纷加快军队的现代化建设步伐，形成了以高技术质量建设为主要标志的竞争新态势。这种情况要求我国军队和国防建设必须适应新的情况，迎接新的挑战。

（二）邓小平新时期军队建设思想是对毛泽东军事思想的继承和发展

1. 邓小平率先提出并确立毛泽东军事思想对我军的指导地位

邓小平亲自领导了《关于建国以来党的若干历史问题的决议》的起草，具体而明确地概括了包括关于革命军队的建设和军事战略在内的毛泽东思想的主要内容。在新的历史条件下，邓小平在继承中发展，实事求是地把毛泽东军事思想的基本原则同我军新时期的实践相结合，确立了毛泽东军事思想对我军的指导地位。

2. 邓小平继承恢复和重申了毛泽东思想的方针和原则

在新的历史条件下，邓小平继承毛泽东的人民军队思想，重视军队的革命化建设，强调要坚持党对军队的绝对领导，坚持人民军队的性质；继承毛泽东关于建设强大国防的思想，强调要努力加速军队和国防的现代化建设；继承毛泽东关于要加强国防建设，提出要以经济建设为中心，军队和国防建设要服从和服务于国家经济建设大局；继承毛泽东关于人民战争、积极防御的战略思想，提出新时期的战略方针仍然是“积极防御”四个字，要研究现代条件下的人民战争，仍然要立足于以劣势装备战胜优势的敌人；继承毛泽东历来主张实行精兵的思想，强调军队要整顿，要精简整编，要减少数量，提高质量等。这些重要方针和原则使我军建设始终沿着毛泽东开创的道路不断前进。

3. 邓小平创造性地提出了一系列新时期军队和国防建设的指导方针和原则

邓小平进一步丰富和发展了毛泽东军事思想的理论宝库。诸如关于和平与发展是当今世界的时代主题，改变以往我们建军的正确原则和方向，实行军队和国防建设指导思想战略性转变的思想；在以经济建设为中心的历史条件下，国家的主权和安全要始终放在第一位的思想；承认我们军队打现代化战争的能力不够，特别是指挥现代化战争的能力不够。指导思想要明确，就是要解决现代化问题的思想；没有现代科学技术就不可能建设现代国防，中国必须在世界高科技领域占有一席之地的思想；要把教育训练提高到战略地位，加强军队干部革命化、年轻化、知识化、专业化建设的思想；关于精兵合成、平战结合、提高效能和有利于人才成长的体制编制调整改革的思想等。

（三）邓小平新时期军队建设思想是邓小平理论的重要组成部分

邓小平军事理论就是邓小平理论中的军事内容，是邓小平理论在军事领域的具体化，是邓小平理论所坚持的科学世界观、方法论在军事领域的贯彻和运用。它把党在社会主义初级阶段的基本路线变为军事领域的方针政策，把邓小平理论具体贯彻到新时期的军队和国防建设及军事斗争准备中，为新时期军事定了向，定了位，定了奋斗目标和前进道路。

二、邓小平新时期军队建设思想的主要内容

邓小平新时期军队建设思想是新的历史条件下党和国家及其军队在军事领域丰富实践经验的科学总结，其内容十分丰富，是一个完整的科学体系，贯穿着解放思想、实事求是的思想精髓。这一理论体系，主要由以下四个方面组成。

（一）当代战争与和平理论

邓小平牢牢把握住时代脉搏，从理论上回答了前人未遇或条件限制未能全面解决的问题，提示了现代军事运动新的趋势和规律性。

1．和平与发展是当今世界的主题

邓小平通过对国际形势发展的观察和分析，紧紧把握形势发展变化中最具有根本意义的时代条件，做出了和平与发展是当今世界两大主题的科学论断。这一论断，提示了当代世界的主要矛盾，指明了维护世界和平是当代世界的历史主流，促进发展是当代各国的根本任务。

2．霸权主义是现代战争的根源

马克思认为，战争的根源是社会的经济制度。毛泽东分析了超级大国霸权主义争夺与新的世界战争的内在联系。邓小平指出，无论是世界性霸权主义，还是地区性霸权主义，都是当代战争的根源。

3．如果工作做得好，世界大战可以避免

20 世纪 80 年代后，由于世界战略格局的多极化转变，出现了制约世界大战的多种因素。邓小平指出，如果世界和平的力量发展起来，第三世界发展起来，可以避免世界大战。

4．提出了用和平方式解决国际争端的新思路

邓小平针对新的情况，提出为了维护世界和平，应当慎用暴力方式解决国家间的利益矛盾和冲突，最好代之以政治解决，创造性地提出了“一国两制”、“共同开发”、“经济合作”、“和平对话”等新方法，并付之于实践。

（二）新时期国防建设理论

1．国防和军队建设的指导思想实行战略性转移

国防和军队建设从过去立足于早打、大打、打核战争的临战准备状态，转向和平时期加强军队质量建设的正确轨道上来。

2．正确处理国防和国家经济建设的关系

邓小平依据新时期以经济建设为中心，全面增强国家力量的总的发展战略，强调国防和军队建设要服从国家经济建设这个大局，要与国家经济建设协调发展。

3．建设有中国特色的现代化国防

我国是自卫型国防，实行“军民兼容、平战结合”的方针。坚持独立自主、自力更生与坚持改革开放有机结合起来，加速我军现代化建设；加强国防教育，强化全民国防观念有助于建设有中国特色的现代化国防。

（三）建设一支强大的现代化、正规化的革命军队

1．确立以现代化为中心的建设方向

现代化、正规化、革命化是我军建设的三项指标。现代化体现军队的武器装备、指挥、作战和协同等方面适应现代高技术战争的能力。以现代化为中心，不仅解决新时期我军建设

的主要矛盾，而且是我军向高级阶段发展的必由之路。

2．建立科学的体制编制

建立科学的体制编制是推进军队现代化建设的重要途径。邓小平明确提出了要把我军建设成一支机构精干、指挥灵便、装备精良、训练有素、反应快速、效率很高、战斗力很强的军队，为我军建立科学的体制编制指明了方向。

3．把教育训练提高到战略高度

邓小平指出，和平时期部队战斗力的提高主要靠训练，部队要提倡勤学苦练。邓小平所讲的军队教育训练包括军事训练、政治教育、科学文化教育和民用技术训练。

4．重视军事科学理论研究

科学的军事理论能揭示战争的基本规律和特点，对于指挥军队的建设与发展起着至关重要的作用。建立和完善我国的现代军事科学体系，实现我军军事理论的现代化，以适应未来战争的要求。

（四）坚持现代条件下的人民战争

1．要研究现代战争特点给人民战争带来的影响

现代战争的立体性增强、消耗增大，而且更加复杂。因此，现代条件下的人民战争将涉及国家的各个方面、各条战线、各个领域，对作战行动的时效性要求更高，指挥更加困难，对战争能力提出了更高的要求。

2．要创造现代条件下人民战争的新战法

要着重研究高技术条件下的作战特点，力争在侦察与反侦察、空袭与反突袭、机动与反机动、封锁与反封锁，以及电子战、夜战、近战等方面有所突破。

3．认真做好人民战争的各项准备工作

认真做好人民战争的各项准备。工作具体包括：第一，增强全民国防观念，培养国防意识，为打好现代条件下的人民战争奠定坚实的思想基础和组织基础；第二，加强武装建设。一方面要建立一支精干的常备军，另一方面要加强后备力量的建设；第三，注意打实人民战争的物质基础。国防工业建设要走平战结合、军民兼容的发展道路，要搞好战争物资准备。

三、邓小平新时期军队建设思想的地位和作用

（一）邓小平新时期军队建设思想是当代马克思主义军事理论

邓小平新时期军队建设思想作为邓小平理论的重要组成部分，它的形成和发展既是邓小平对当今国际形势冷静观察和正确判断的结果，又是他对新时期我国国情、军情进行实事求是的科学分析的产物。它具有鲜明的时代特征，着眼于马克思主义军事理论在新的历史条件下的运用，着眼于对国际战略形势和我国国情的深刻分析，着眼于新时期我军建设的实际，是具有中国特色的当代马克思主义军事理论。

（二）邓小平新时期军队建设思想是我军建设的科学指南

邓小平新时期军队建设思想，揭示了和平时期军队和国防建设的基本规律。它坚持把当今世界各国国防建设的一般规律和原则，同我国我军实际情况有机结合，把我军传统的经验原则同新时期新情况有机结合，抓住我军建设的主要矛盾，创造性地回答了、解决了新时期我军建设亟待解决的一系列重大理论和实际问题。邓小平新时期军队建设思想是一个完整的科学体系，是马列主义军事理论、毛泽东军事思想在新的历史条件下的创造性运用和发展，是新时期我军军事斗争和军队建设的科学指南。

（三）邓小平新时期军队建设思想是我军克敌制胜的锐利，思想武器

邓小平新时期军队建设思想，揭示了现代战争的特点和规律。为现代高技术条件下局部战争的作战指导提供了理论武器。邓小平提出了和平与发展的新理论，强调把建设强大的常备军与建设强大的后备力量相结合。他为我军建设确定了总目标、总任务，强调以现代化建设为中心，按照现代化战争的客观要求，全面加强军队质量建设，做好战争准备。因此，认真贯彻邓小平新时期军队建设思想是我军赢得高技术下局部战争胜利的锐利思想武器。

第四节　江泽民国防与军队建设思想

以江泽民为核心的党的第三代领导集体，坚持把邓小平国防建设思想作为新时期国防建设的根本依据和指导思想，作为开创国防建设新局面的科学指南，结合新的形势和任务，根据我国国防建设的实际情况，做出了一系列关于加强国防建设的重要论述和重大决策。实践证明，以江泽民为核心的党中央、中央军委关于加强国防建设的论述和决策，是新形势下对毛泽东军事思想、邓小平新时期军队建设思想运用的科学结晶，是对毛泽东军事思想、邓小平军队建设思想的坚持、丰富和发展。它进一步丰富和完善了邓小平新时期军队建设思想，形成了系统的军事理论体系。

一、江泽民论国防和军队建设的主要内容

（一）始终不渝地坚持党对军队的绝对领导

坚持党对军队的绝对领导，是我军建军的根本原则。早在“三湾改编”时，毛主席就提出“支部建在连上”，以后又明确提出了“党指挥枪”的原则。在新的历史时期，必须更好地发扬人民军队忠于党的优良传统，使我军永远置于党的绝对领导之下。

坚持党对军队的绝对领导，保持人民军队性质，是我们必须始终高度关注和着力抓好的一个根本问题。在当前和今后一个时期内，“西强我弱”的局面不会有大的变化，国际敌对势力对我“西化”、“分化”的政治图谋也不会改变，各种腐朽思想、错误观点的侵蚀渗透也将长期存在。我们一定要提高警惕，毫不动摇地坚持党对军队的绝对领导。保证枪杆子永远听党指挥，这是确保人民军队的性质不变，确保我们党执政地位的巩固，确保国家长治久安的根本政治问题。

（二）实行积极防御的军事战略方针，立足于打赢现代技术特别是高技术条件下的局部战争

1．实行积极防御的军事战略方针

进入20世纪80年代以来，世界范围的高技术竞争日趋激烈，各国都在调整自己的发展战略，发展现代技术尤其是高技术在军事领域的运用，武器的打击精度空前提高，作战的突然性、立体性、机动性、快速性和纵深打击的特点十分突出，拥有高技术优势的一方明显地掌握着更多的战场主动权。在新形势下要坚持和发展积极防御的军事战略方针，符合现阶段我们的国情、军情，有利于在政治上和外交上保持主动。

2．未来军事斗争准备的基点要放在打赢可能发生的现代技术特别是高技术条件下的局部战争上

要研究现代技术特别是高技术条件下局部战争的特点和规律，要努力发展具有我军特色的作战思想，要努力解决好诸军兵种的联合作战问题，要立足于最困难、最复杂情况充分做好战争准备，要在战争指导上坚持你打你的、我打我的，要依据战争的矛盾法则周密进行作战筹划，要把战略指导和作战思想建立在客观实际的基础上。

3．研究实行人民战争新战法

我们应采取各种形式和办法，努力学习高新科技知识，跟踪学习高新科技运用于军事领域之后，了解战争样式、特点和规律发生的重大变化。要认真研究未来可能作战对象的国情、政情、社情和军情，了解其高技术作战的能力，熟悉其作战的理论和特点。深入研究和积极探索现代条件下人民战争的指导规律，努力探寻现代条件下以劣势装备战胜优势装备之敌的新战法。

（三）实施科技强军战略，加强军队质量建设，走中国特色的精兵之路

1．推进军队质量建设，必须实施科技强军战略，科学技术是非常重要的战斗力

加强质量建设，最根本的是要在军队建设的指导上实现由数量规模型向质量效能型、由人力密集型向科技密集型转变。

2．加快发展国防科技，集中力量把我军装备特别是“撒手锏”装备搞上去

必须把国防科研和武器装备建设摆在提高军事实力的突出位置，特别要注意发展我们自己的“撒手锏”，增强我军打赢高技术战争的物质技术基础。要建立和完善与社会主义市场经济体制相适应的国防工业运行机制；要集中优势兵力打歼灭战；有所为、有所不为，有所赶、有所不赶；以自力更生为主，引进为辅，瞄准实现技术发展的跨越，加强自主创新；要重视武器装备的体系建设；要重视质量和效益；要加强对现有武器装备的改进和保养。

3．必须把培养和造就大批高素质人才作为军队现代化建设的根本大计来抓

决定战争胜负的是人而不是武器，人在战争中的作用始终是第一位的。如果我们有了高素质的人才，又有了先进的武器装备，就将如虎添翼。要采取超常措施，大力选拔培养年轻干部，为军队现代化建设和军事斗争提供可靠的人才保证。

4．坚定不移地走有中国特色的精兵之路，核心是一个“精”字

要按照“精兵合成高效”原则，积极稳妥地推进体制编制的调整改革。要紧紧围绕建设一支现代化、正规化革命军队这个总目标，朝着规模适度、结构合理、指挥灵便的方向努力，把重点放在结构调整和指挥体制改革上，增强部队联合作战、机动作战和执行多种任务的能力。

5．加强后勤现代化建设，全面提高后勤保障能力

实行统供与专供相结合的联勤保障体制，提高后勤保障能力。加强后勤和技术保障力量建设，尤其是要提高应急综合保障能力。要加强后勤动员工作，逐步形成军民兼容的后勤保障体系。

6．要加强军事理论研究，发展具有中国特色的军事科学

先进的军事理论历来是军队建设得以健康发展的必要条件，是战争的重要制胜因素。必须坚持以毛泽东军事思想和邓小平新时期军队建设思想为根本指导，从我军的实际出发，面向世界，着眼未来，努力发展我们的军事理论。全军上下都要积极研究和探索新形势下治军的特点和规律，军事斗争准备的特点和规律，国防建设的特点和规律。

（四）按照“政治合格、军事过硬、作风优良、纪律严明、保障有力”的总要求，全面加强军队建设

1．中国人民解放军是建设中国特色社会主义的重要力量

我们必须始终不懈地坚持党对军队的绝对领导，必须按照邓小平同志关于新时期军队建设的思想，走有中国特色的精兵之路，把人民解放军建设成为强大的现代化、正规化的革命军队，不断增强我国国防实力，为改革开放和经济建设提供坚强有力的安全保证。军队要努力搞好各项建设和改革，切实把教育训练摆到战略地位上，全面提高官兵素质，使全军做到政治合格、军事过硬、作风优良、纪律严明、保障有力。

2．加强军队现代化、正规化建设

提高我军的战斗力，主要任务是解决现代化问题。正规化建设的一个重要任务，就是把革命化和现代化建设的基本成果和经验，用法规和条例的形式确定下来，使军队各项建设都有明确的规范，做到从严治军。要按照“政治合格、军事过硬、作风优良、纪律严明、保障有力”的总要求，加强军队的全面建设，使革命化、现代化、正规化建设的目标贯彻到军队各项工作中去。

3．加快国防科技和武器装备的发展，缩短与世界先进水平的差距

关键性的技术、关键性的武器，要下决心集中必要的财力、物力和研究力量，统一组织攻关，力争有所突破，有所创新。更要加快主要装备的发展，尤其是重点发展打高技术战争所必需的武器，搞出几种使敌人害怕的“撒手锏”。同时，要加强对现有武器装备的改进和保养，实现人和武器结合。要下大力抓好部队的训练，以提高质量的训练弥补技术装备的差距。

4．要科学地制定我军武器装备的发展战略和规划

坚持走重点发展、跨越式发展、系统配套发展的路子。我们要像当年搞“两弹一星”那样，继续发扬自力更生、艰苦奋斗的精神，集中力量，大力协同，尽快把我军武器的装备建

设搞上去。

（五）建设符合我国国情并反映时代特征的现代化国防

1．把经济建设搞上去和建立强大的国防，是我国现代化建设的两大战略任务

一是必须坚持以经济建设为中心，国防建设必须服从国家经济建设的大局；二是必须在集中力量进行经济建设的同时，努力加强国防建设，使国防在国家财力增加的基础上不断有所发展。

2．要大力加强国防科研，提高部队装备现代化水平

按照发展社会主义市场经济的要求，我们要坚持平战结合，军民结合，建立和完善国防工业运行机制，提高军民兼容程度，增强平战转换能力。

3．坚持寓军于民，形成充满活力的国防科技建设体制

我们必须坚持以经济建设为中心，国防建设服从国家经济建设的大局，同时又必须不断增强国防力量，使国防在财力增加的基础上不断有所发展。寓军于民，是把这两项战略性任务有机统一起来的重要举措。

二、江泽民论国防和军队建设的指导作用

江泽民论国防和军队建设是“三个代表”重要思想在军事领域的集中体现，为我军打赢未来高科技战争、捍卫国家主权和安全、维护世界和平提供了强大的理论武器，是新世纪国防和军队建设的理论指南。

（一）江泽民论国防和军队建设丰富和深化了马克思军事理论

江泽民论国防和军队建设，极大地丰富和发展了毛泽东军事思想和邓小平新时期军队建设思想。它不仅全面和系统地探索了和平时期建设现代化国防和职业化军队的特点和规律，而且具体和深刻地解决了新形势下中国国防和军队建设的基本理论和基本实践问题，卓有建树地开创了中国国防和军队建设的具有划时代意义的新局面。

（二）江泽民论国防和军队建设深化了我军现代化建设的基本理论

江泽民从国际关系全局和国家发展大局来思考国防和军队建设问题，在纷繁的矛盾中抓全局性、战略性的问题，不失时机地做出科学决策和正确判断，不断创新和发展我军现代化建设的理论；提出了我军现代化建设的方针和原则，指出了我军建设的主要矛盾是现代化水平与现代战争要求之间的矛盾，规划了我军现代化建设的主要任务，构建了我军现代化建设的理论体系，极大地丰富了我军现代化建设理论。

（三）江泽民论国防和军队建设是打赢未来战争的指南

如何打赢现代技术特别是高技术条件下的局部战争？这是江泽民提出的两个历史性问题之一，也是江泽民论国防和军队建设的核心内容。江泽民密切关注科技发展对军队建设和军事斗争准备的深刻影响，深刻分析高技术装备在局部战争中广泛运用的客观规律，提出了发展高技术武器装备的必要性、紧迫性，辩证地阐述了打赢高技术局部战争的信心问题。因

此，江泽民论国防和军队建设对打赢现代技术特别是高技术局部战争具有重要的指导意义。

第五节 胡锦涛国防和军队建设思想

胡锦涛国防和军队建设思想科学回答了在世界大发展大变革大调整、我国全面建设小康社会的历史条件下，推进国防和军队建设科学发展、全面履行新世纪新阶段我军历史使命的重大课题，开辟了党的军事指导理论创新发展新境界，是“科学发展观”重要思想的重要组成部分，是指导当代中国国防和军队建设科学发展的强大思想武器。

一、胡锦涛国防和军队建设思想主要内容

胡锦涛国防和军队建设思想以科学发展观为指导、以历史使命思想为基石、以主题主线重大战略思想为核心，科学回答了时代发展和形势变化给国防和军队建设提出的重大课题，深刻揭示了新世纪新阶段军事力量建设与运用应遵循的基本指导规律，是一个完整的科学理论体系。

（一）坚持富国和强军相统一，加强军民融合式发展

胡锦涛同志强调全面建设小康社会对国家战略能力特别是军事能力提出更高要求，必须建设与我国国际地位相称、与国家安全和发展利益相适应的巩固国防和强大军队。进一步明确了国防和军队建设在中国特色社会主义事业总体布局中的地位，指引国防和军队建设步入着力提升国家战略能力、与国家经济社会建设同步发展的轨道。坚持走中国特色军民融合式发展路子，坚持富国和强军相统一，加强军民融合式发展战略规划、体制机制建设、法规建设，提高国防动员和后备力量建设质量，切实把国防和军队建设融入国家经济社会发展之中。坚持以国家核心安全需求为导向，统筹经济建设和国防建设。

（二）提出新世纪新阶段我军历史使命，拓展我军职能任务

胡锦涛同志着眼实现保障国家发展利益、保护人民根本利益的历史任务，提出了新世纪新阶段我军历史使命。即要求我军为党巩固执政地位提供重要的力量保证，为维护国家发展的重要战略机遇期提供坚强的安全保障，为维护国家利益提供有力的战略支撑，为维护世界和平与促进共同发展发挥重要作用。深入拓展贯彻新时期积极防御军事战略方针和战略指导的时空范围和能力要求，高度关注海洋、太空、网络空间安全，积极运筹和平时期军事力量运用，提高以打赢信息化条件下局部战争能力为核心的完成多样化军事任务的能力，从而大大拓展了我军职能任务，明确了国防和军队建设新的发展方向。

（三）以科学发展为主题，以加快转变战斗力生成模式为主线

胡锦涛同志着眼解决我军现代化水平与打赢信息化条件下局部战争的要求不相适应、军事能力与履行我军新历史使命的要求不相适应的主要矛盾，提出以推动国防和军队建设科学发展为主题、以加快转变战斗力生成模式为主线的重大战略思想。明确解决新形势下国防和军队建设主要矛盾的基本路径，破解国防和军队建设难题的有效方法是以科学发展观为指

导，全面加强军队革命化、现代化、正规化建设，切实把战斗力生成模式转到以信息化为主导上来，转到以提高基于信息系统的体系作战能力为着力点上来，转到依靠科技进步、提高官兵素质和创新管理模式上来，依靠科学发展解决国防和军队建设问题。

（四）提出“三个确保”，实现思想政治建设与时俱进

胡锦涛同志提出军队思想政治建设要从思想上、政治上、组织上确保我军始终成为党绝对领导下的人民军队，确保国防和军队建设科学发展，确保有效履行新的历史使命。要求坚决听党指挥、绝对忠诚可靠，毫不动摇坚持党对军队绝对领导，坚持不懈地用中国特色社会主义理论体系武装全军，持续培育当代革命军人核心价值观，加强和改进军队党的建设，改进创新思想政治工作，大力发展先进军事文化。与时俱进地明确了新形势下军队思想政治建设的方向、任务、要求和基本布局，指明了实现军队思想政治工作生命线的基本途径。

（五）强调以人为本，创新建军治军理念

胡锦涛指出，军队贯彻以人为本，必须始终坚持人民军队的根本性质，坚决维护人民群众的根本利益。必须充分尊重官兵的主体地位和创造精神，把推动部队建设与促进官兵全面发展有机统一起来。必须适应武装集团特殊性和未来作战要求，把爱护官兵生命与培育战斗精神统一起来，把关心官兵发展与从严治军统一起来，把尊重官兵权益与确保一切行动听指挥统一起来，教育激励广大官兵自觉为祖国、人民和军队多做贡献。

（六）大力培育当代革命军人核心价值观，不断强化精神支柱、培养“精气神”

胡锦涛亲自倡导培育“忠诚于党，热爱人民，报效国家，献身使命，崇尚荣誉”的当代革命军人核心价值观。要坚持用党的创新理论建连育人，深入开展军队历史使命、理想信念、战斗精神、社会主义荣辱观教育，抓好党史军史学习教育，大力弘扬我军听党指挥、服务人民、英勇善战的光荣传统；要加强官兵思想道德建设，不断提升精神境界、砥砺意志品质、强化组织纪律性，培养优良作风，始终保持崇高精神追求和良好道德风尚；要大力宣传模范践行当代革命军人核心价值观的先进典型，广泛开展学习时代楷模活动，引导官兵自觉加强实践锻炼，在“内化于心”和“外化于形”相统一中不断强化精神支柱、培养“精气神”。

（七）注重体系建设，实行整体转型

胡锦涛提出，新形势下国防和军队现代化建设的战略要求是注重体系建设、实行整体转型。要求坚定不移地把信息化作为军队现代化建设发展方向，加快建设新型作战力量，加强高新技术武器装备建设，加快全面建设现代后勤，培养高素质新型军事人才，深入开展信息化条件下军事训练。坚持以创新军事理论为先导，着力提高国防科技工业自主创新能力，深入推进军队组织形态现代化，构建中国特色现代军事力量体系，努力实现机械化、半机械化军队向信息化军队的转变。

（八）依靠科学管理，提升军队正规化建设水平

胡锦涛同志准确把握现代军队组织要素日趋多样、结构日益复杂的新特点，强调世界新军事变革也是一场军事管理的革命，要求把改革管理方式、创新管理机制作为军事变革的重要任务，把战略管理作为现代军事管理的枢纽；推进决策的科学化、民主化和法制化，形成

成熟的组织模式、制度安排和运作方式；加大依法治军、从严治军力度等等。这就抓住了新形势下我军建设的重要环节，明确了依靠科学管理提升军队正规化建设水平的崭新思路。

二、胡锦涛国防和军队建设思想地位和作用

胡锦涛国防和军队建设思想，坚持和发展了马克思主义军事理论的科学世界观和方法论，适应了国家经济社会发展的总体要求，揭示了新形势下国防和军队建设的客观规律，体现出富有时代精神的理论品格。

（一）胡锦涛国防和军队建设思想，拓宽了党的军事指导理论的战略视野

胡锦涛善于从政治高度观察和处理军事问题，从国家利益全局、国家发展大局筹划军队建设和指导军事行动，突出军事决策的政治意识、大局意识和战略意识。始终把坚持和发展中国特色社会主义作为思考与谋划国防和军队建设的根本出发点和落脚点，注重国防和军队建设发展与国家经济社会发展的有机融合。表现出对中国和世界关系历史性变化的深刻把握，显示出有效掌控国防和军队建设战略全局的宏伟气魄。胡锦涛国防和军队建设思想拓宽了党的军事指导理论的战略视野，进一步明确了在新形势下国防和军队建设的总体思路和职能任务。

（二）胡锦涛国防和军队建设思想，实现了国防和军队现代化建设思维重大突破

胡锦涛紧紧抓住科学发展这个主题，坚持运用科学发展观指导国防和军队建设。强调国防和军队建设的发展是融入国家现代化战略全局的发展，是坚持统筹兼顾的发展，是坚持速度质量效益相协调的发展，是好中求快的发展。科学发展的精神，是党关于新形势下国防和军队建设思想的要旨，是胡锦涛国防和军队建设思想的核心内容。它彻底改变了以追求数量规模为特征的传统发展观念，实现了国防和军队现代化建设思维的重大突破。

（三）胡锦涛国防和军队建设思想，体现了党的“实事求是”思想路线

胡锦涛坚持一切从实际出发，坚持理论联系实际，坚持在解决实际问题上下功夫。强调坚持全面、系统、深入地研究军队建设的阶段性特点，切实解决军队建设发展中的深层次矛盾和问题，切实解决妨碍加快转变战斗力生成模式的紧迫问题，切实解决官兵反映强烈的突出问题。实事求是，求真务实，是党关于新形势下国防和军队建设思想的精髓，是理解胡锦涛国防和军队建设思想的金钥匙。它体现出稳中求变、稳中求进的实践特征，确保了国防和军队建设又好又快发展。

第六节　习近平国防和军队建设思想

党的十八大以来，习近平同志深刻洞察世界军事发展动向，科学判定国防和军队建设历史方位，从实现中国梦、强军梦的战略高度，就加强国防和军队建设发表了一系列重要讲话。这些重要讲话，既体现了我军建设的优良传统，又具有鲜明的时代特色，对于保持我军性质

宗旨和本色，实现党在新形势下的强军目标，提供了可靠思想政治保证，具有重大而深远的指导意义。

一、习近平国防和军队建设思想主要内容

（一）坚持党对军队的绝对领导，塑造好军队的样子

没有一个巩固国防，没有一支强大军队，实现中国梦就没有保障。习近平在出席十二届全国人大一次会议解放军代表团全体会议时明确指出，建设一支听党指挥、能打胜仗、作风优良的人民军队，是党在新形势下的强军目标。

建设一支听党指挥、能打胜仗、作风优良的人民军队。这言简意赅的21个字，蕴涵着对实现中国梦、强军梦的深邃战略思考，实现了党的军事指导理论的与时俱进，为新形势下加强国防和军队建设提供了根本遵循，指明了前进方向。

习近平同志深刻认识军队在国家安全和发展战略全局中的重要地位和作用，强调要坚持把国家主权和安全放在第一位，坚决维护国家主权、安全、发展利益。国防和军队建设，必须放在中华民族伟大复兴这个大目标下来认识，服从服务于这个国家和民族最高利益，为实现中国梦提供坚强力量保证。

要铸牢听党指挥这个强军之魂，扭住能打仗、打胜仗这个强军之要，夯实依法治军、从严治军这个强军之基，把实现强军目标贯穿到部队建设全过程和各领域。

思想政治建设是我军的根本性建设，必须始终摆在部队各项建设首位。军队思想政治建设的根本，是毫不动摇坚持党对军队的绝对领导。军队思想政治建设必须围绕强军目标，为全面加强我军革命化现代化正规化建设提供可靠政治保证、强大精神动力、有力人才支持，确保部队绝对忠诚、绝对纯洁、绝对可靠。

“党指挥枪”、“支部建在连上”开创并发展完善起来的这一根本原则和制度，永远是人民军队的立军之本、建军之魂、胜利之旗。

注重从思想上政治上建设部队，是我军区别于中国历史上旧式军队和外国军队的特有政治优势。习近平同志多次强调：坚持党对军队绝对领导是强军兴军的首要，要始终把思想政治建设摆在军队各项建设首位。一个“首要”、一个“首位”，抓住了人民军队建设的命脉和灵魂，明确了新形势下永葆人民军队性质、本色和作风的根本性任务。

习近平同志指出，要紧紧围绕实现强军目标加强和改进军队思想政治建设，着力增强思想政治教育的时代性和感召力，强化军魂教育，深化光荣传统教育，持续培育当代革命军人核心价值观，大力发展先进军事文化，提高坚持党对军队绝对领导的政治自觉和实际能力，确保部队绝对忠诚、绝对纯洁、绝对可靠。

（二）军队建设时代主题是强军兴军

中国梦蕴含强军梦，强军梦支撑中国梦。

国防和军队建设不仅是国家主权安全之基，而且是国家发展利益之盾。当党的十八大做出全面建成小康社会的战略部署，描绘出实现中华民族伟大复兴的壮阔蓝图，建设与我国国际地位相称、与国家安全和发展利益相适应的巩固国防和强大军队，就成为一项时不我待的战略任务。

习近平同志视察部队深刻指出，中国梦是强国梦，对军队来说，也是强军梦。实现中华民族伟大复兴，必须坚持富国和强军相统一，努力建设巩固国防和强大军队。强军兴军，成为习近平同志关于国防和军队建设重要论述鲜明的时代性主题。习近平同志关于国防和军队建设重要论述的核心思想是建设一支听党指挥、能打胜仗、作风优良的人民军队，提出了党在新形势下的强军目标。

党在新形势下的强军目标，科学总结了我们党建军治军的成功经验，集中概括了我军建设的根本原则、根本职能、根本宗旨，深刻揭示了新形势下军队建设的内在规律，体现了有效履行人民军队使命任务的现实需要，拎起了国防和军队建设的“总纲”。

强军目标具有鲜明的政治属性、价值属性和实践属性。听党指挥是灵魂，决定军队建设的政治方向；能打胜仗是核心，反映军队的根本职能和军队建设的根本指向；作风优良是保证，关系军队的性质、宗旨、本色。三者相互联系、密不可分，统一于建设强大人民军队的伟大实践。可以说，党在新形势下的强军目标，是十八大之后党的军事指导理论创新发展的历史起点和逻辑起点。

（三）坚持依法治军从严治军

从严治军是强军之基。

习近平同志号召全军高举中国特色社会主义伟大旗帜，以邓小平理论、“三个代表”重要思想、科学发展观为指导，深入贯彻国防和军队建设主题主线，认真落实党的十八大关于国防和军队建设的战略部署，牢记坚决听党指挥是强军之魂，能打仗、打胜仗是强军之要，依法治军、从严治军是强军之基，全面加强革命化现代化正规化建设。

继习近平主导的中央军委颁布禁酒令等整顿军队作风的 10 项规定之后，2013 年 2 月，解放军四总部又联合发布经习近平批准的《厉行节约严格经费管理的规定》，提出军队按战斗力标准花钱办事、从严管控公务接待开支等 17 条具体规定。

中央军委下发了《中央军委加强自身作风建设十项规定》的通知，就“不喝酒”、“跑官要官”等事项做出严格规定，其中的“禁酒令”更是重在严格军风军纪。此外，十项规定还特别提出，“坚持从军委、总部严起，以高中级干部为重点”，意在督促解放军高级将领率先垂范，身先士卒。

习近平同志强调，要坚持把思想政治建设摆在部队各项建设的首位，始终保持部队建设坚定正确的政治方向。坚持不懈用中国特色社会主义理论体系武装官兵，持续培育当代革命军人核心价值观，大力弘扬我军光荣传统和优良作风，进一步打牢官兵高举旗帜、听党指挥、履行使命的思想政治基础。当前和今后一个时期，加强思想政治建设最重要的任务是学习宣传贯彻党的十八大精神。要注重联系实际，坚持学以致用，切实把党的十八大精神贯彻落实到推进部队建设、遂行军事任务的实践中。要坚持用打仗的标准推进军事斗争准备，不断强化官兵当兵打仗、带兵打仗、练兵打仗思想，坚持从实战需要出发从难从严训练部队，坚持以军事斗争准备为龙头带动现代化建设，全面提高部队以打赢信息化条件下局部战争能力为核心的完成多样化军事任务能力。要不折不扣落实依法治军、从严治军方针，培养部队严守纪律、令行禁止、步调一致的良好作风。要始终把工作重心放在基层，把部队建设和战斗力的基础打得更加牢固。

（四）扭住能打仗、打胜仗这个强军之要

军队是为打仗而存在的，战斗力始终是军队兴衰成败的最终决定性因素。

习近平同志指出：军队必须牢固树立战斗力这个唯一的根本的标准，坚持一切建设和工作向打仗聚焦用劲，确保部队招之即来、来之能战、战之必胜。要着力提高军事训练实战化水平，坚持在近似实战环境中摔打磨砺部队，加强战斗精神培育，提高我军信息化条件下威慑和实战能力。

军事领域是对抗和竞争最激烈、最忌保守、最需要创新的领域。没有一场战争是可以重复的。“拔足再濯，已非前水。”变则兴，不变则衰。僵化守旧、故步自封必然导致落后挨打，改革创新历来是军队发展进步的根本动力。

目前，国防和军队改革进入了攻坚期和深水区。不失时机加快改革步伐，关系军队发展和未来。深化国防和军队改革是一场“大考”，就是要解决制约国防和军队建设的突出矛盾和问题，构建中国特色现代军事力量体系。要以逢山开路、遇河架桥的精神，加快重要领域和关键环节改革步伐，深化军队体制编制调整改革，推进军队政策制度调整改革，推动军民融合深度发展，进一步解放和发展战斗力，进一步解放和增强军队活力，为实现强军目标提供体制机制和政策制度保障。

党的十八届三中全会，把国防和军队改革纳入国家改革全局，首次作为一个重要部分进行了战略部署。习近平同志关于国防和军队建设重要论述，字字句句渗透着勇于探索、改革创新的理论勇气和政治智慧，进一步指明了深化改革的目标、重点和指导原则，为以改革创新精神开拓国防和军队建设新局面提供了强大思想武器。

要把提高能打仗打胜仗能力作为根本出发点和落脚点。军队要像样，核心是能打仗。这是压倒一切的中心任务，必须牢固确立时刻准备打仗思想，全部心思和各项工作向打仗聚焦用劲，任何工作都不与中心任务争时间、争空间、争资源、争领导精力，不与中心任务抢道。

二、习近平国防和军队建设思想现实指导意义

习近平同志国防和军队建设思想具有重大的现实指导意义，是我国现阶段国防和军队建设的重要理论基础和行动指南。

没有一个巩固的国防，没有一支强大的军队，中国梦就难以真正实现。国防和军队建设，必须服从服务于国家和民族最高利益，为实现中国梦提供坚强力量保证。

坚持党对军队绝对领导的根本原则和制度，坚持不懈用中国特色社会主义理论体系武装官兵，持续培育当代革命军人核心价值观，弘扬我军光荣传统和优良作风，确保部队绝对忠诚、绝对纯洁、绝对可靠，永葆人民军队的性质和本色。

要自觉维护党中央、中央军委的权威，在思想上政治上行动上始终与党中央、中央军委保持高度一致，做到在任何时候任何情况下都坚决听从党中央、中央军委指挥。

实现强军目标，必须勇敢承担起我们这一代革命军人的历史责任。而对新的形势任务，必须以只争朝夕的精神推进国防和军队现代化。我们希望和平，但任何时候任何情况下，都决不放弃维护国家正当权益、决不牺牲国家核心利益。现在，强军的责任历史地落在了我们肩上，要挑起这副担子，必须敢于担当，这既是党和人民的期望，也是当代革命军人应有的

政治品格。

要深入开展我军根本职能教育，真正使战斗队意识在官兵头脑中深深扎根。要坚持信息化的发展方向，推动信息化建设加速发展，增强基于信息系统的体系作战能力。

在实现中华民族伟大复兴的征程中，英雄的人民军队一定能够发扬传统、继往开来，有效履行肩负的历史使命。

必须同心协力做好军民融合深度发展这篇大文章，既要发挥国家主导作用，又要发挥市场的作用，努力形成全要素、多领域、高效益的军民融合深度发展格局。军队要遵循国防经济规律和信息化条件下战斗力建设规律，自觉将国防和军队建设融入经济社会发展体系。地方要注重在经济建设中贯彻国防需求，自觉把经济布局调整同国防布局完善有机结合起来。要深入做好新形势下双拥工作，加强国防教育，健全国防动员体制机制。各级党委和政府要支持军队建设和改革，配合军队完成多样化军事任务，为实现强军目标提供有力保障。

【思考与练习】

1．军事思想研究的内容是什么？
2．军事思想的特征有哪些？
3．简述毛泽东军事思想的主要内容。
4．简述邓小平新时期军队建设思想的科学含义。
5．简述江泽民国防与军队建设思想的重要内容。
6．简述胡锦涛国防与军队建设思想的重要内容。
7．简述习近平国防与军队建设思想的重要内容。

第三章　国际战略环境

【学习目标】

1. 了解国际战略格局的现状、特点和发展趋势。
2. 正确认识我国的周边环境和安全形势。
3. 掌握我国安全策略的重要内容，增强国家安全常识。

第一节　战略环境概述

一、战略环境的基本要素

（一）战略

战略，亦称军事战略，是筹划和指导军事斗争全局的方略。战略的指导对象是军事斗争的全局。战略既指导军事斗争全局从发生、发展到结束的全过程，又关照其各个方面和各个部分间的关系。

军事战略是国家总体战略的重要组成部分，是国家总的方针、路线、政策在军事方面的具体表现，是国家关于军事斗争路线、方针、政策和策略以及斗争原则的集中反映。军事战略应当判断国家安全面临威胁的性质和程度，确定战略上的主要对手和作战对象，提出军事斗争所要达到的总体目标和主要任务，规定战略上的重点方向、地区，确定准备与实施军事斗争的指导方针和基本原则，以确定斗争的主要手段、形式、协同、保障的主要方法等，并依此制定总体的行动计划和实施步骤。不同历史时期的战略有着不同的内容和特点。战略指导者基于对一定历史时期内上述情况的综合分析，提出军事斗争的基本对策和保障国家安全的基本方法，这就是这个时期军事战略的基本内容。

战略还可按不同的标准划分为不同的类型。按社会历史时期划分，有古代战略、近代战略、现代战略；按作战性质划分，有进攻战略和防御战略；按使用武器的类型划分，有常规战争战略和核战争战略；按军种划分，有陆军战略、海军战略和空军战略；按战争持续时间划分，有速决战略和持久战略等。

（二）战略环境

战略环境是指制定某一战略所必须依据并制约该战略实施的影响国家安全或战争全局的客观情况和条件。它分为国内战略环境和国际战略环境。其基本要素有：国际和国内的政治、经济、军事、外交、科技、地理等方面综合形成的客观情况和条件。战略环境是制定战略的客观依据，正确认识和分析战略环境，是正确、及时地制定和调整战略的前提条件。

国际战略环境是一个时期内世界各主要国家的矛盾、斗争，或合作、共处的全局状况和总体趋势，是国际政治、经济、军事形势的综合体现。它关系到国家的生存与发展、安危与兴衰，影响到一个国家军事斗争的对象、性质、目标、敌友关系以及军事力量建设与运用的基本方向。对于一个国家的战略指导者来说，国际战略环境最值得关注的有以下几个方面。一是时代特征。正确认识时代特征，有利于从宏观上把握当代世界的主要矛盾和总的发展方向，从而对国际战略环境做出正确判断，避免重大的战略指导失误。二是国际战略格局。对国际战略格局的分析，有助于从总体上了解世界各主要国家在世界全局中的地位及战略利益方面的矛盾和需求，有助于对国际形势及发展趋势做出基本的估计。三是主要国家的战略动向。一些实力较强的世界性或地区性大国对地区乃至世界的安全与稳定具有重大的影响，对其他国家的战略也有不同程度的影响。了解它们的战略动向，有助于从世界各国特别是大国之间的关系上具体研究国际战略环境，进而对国际形势做出正确判断。四是当代世界战争与和平的发展趋势。对于一个国家的主权和安全来说，来自外部的战争威胁是最严重的威胁。因此，当代世界战争与和平的趋势最引人注目，也是世界各国研究和制定军事战略时关注的中心。五是周边安全形势，特别是周边国家与本国的利益矛盾。

国内战略环境主要包括国家的政治、经济、军事、地理等方面的基本状况。认识国内战略环境应着重把握以下因素。一是地理环境。地理环境主要包括国家（战区）的地理位置、幅员、人口、资源、地形、气候，以及行政区划、交通、要地等状况。军队的集结、机动、作战、后勤补给等一切军事活动都离不开一定的地理空间，都要受到地理环境的影响和制约，它不仅是制定战略的客观依据，也是影响战争胜负的重要因素。二是政治环境。对战略影响最大的是国家的政治法律制度、基本国策和政治安全形势，其中，国家的政治法律制度和基本国策是国内政治环境的本质和核心，对军事斗争全局的筹划、指导具有决定性的影响。在国内政治安全形势中，敌对势力分裂、颠覆活动以及发生武装冲突或国内战争的情况，是直接影响国家统一和稳定的国内因素，是筹划、指导军事斗争所必须关注的重要问题。三是综合国力状况。综合国力是一个国家全部物质力量和精神力量的总和，是军事斗争特别是战争的物质基础。一切军事斗争和军事活动，归根到底都要依靠综合国力，并受其制约。

（三）战略环境与战略

1. 战略环境与战略是客观实际与主观指导的关系

战略环境是独立于战略指导者意识之外的客观存在，战略则是军事斗争规律在人们头脑中的反映。因此，战略环境是制定战略的客观基础。任何国家（集团）的战略，无不受一定战略环境的制约和影响，从来就没有脱离一定战略环境而凭空产生的战略。

2. 正确认识和分析战略环境是正确制定战略的先决条件

战略环境是影响战略的客观因素，战略指导者只有了解它、熟悉它，并且认识其中各种因素的相互联系、相互作用及其对敌我行动的影响，才有可能找出其中的特点和规律，并根据这些规律制定出正确的战略。制定战略的过程，是战略指导者认识和分析战略环境的过程。对战略环境的认识和分析越客观、越准确，所制定的战略也就越符合实际，越有成功的把握。然而，能否正确认识和分析战略环境，则取决于战略指导者所采取的立场、观点、方法和思维能力。只有坚持辩证唯物主义和历史唯物主义的世界观和方法论，对战略环境进行客观的、全面的、系统的分析，才能把战略建立在对战略环境正确认识的基础之上，进而实现正确的战略指导。

3．战略对战略环境的发展变化具有重大的能动作用

战略作为对军事斗争全局的筹划与指导，不论其正确与否，都对维持或改变战略环境有重大影响。因此，战略指导者的责任，就在于制定符合客观实际和斗争发展规律的战略，实施正确的战略指导，创造克服、改变不利战略环境或维护、争取有利战略环境所必须的条件，审时度势，趋利避害，把军事斗争引向胜利。

从军事斗争的历史和现状看，任何国家（集团），不论其政治目的和决策者的素质如何，都力图通过制定和推行自己的战略，促使战略环境朝着有利于己的方向发展。然而，从属不同政治目的的战略，对战略环境所起的作用是截然不同的。以推行霸权主义和侵略扩张为目的的战略，对国际战略环境起着破坏和恶化的作用，会给国际社会带来灾难；而以反抗侵略和维护和平为目的的战略，则起着改善战略环境的作用，会为维护世界和平和促进人类进步事业创造有利条件。因此，一切爱好和平的国家，对于霸权主义国家以侵略扩张为目的的战略及其可能对国际战略环境造成的严重影响，应保持高度警惕，并进行针锋相对的斗争，为争取和维护和平稳定的国际战略环境做出积极贡献。

当今世界，各种斗争错综复杂，风云变幻莫测，情况日新月异。这就要求战略指导者必须密切注视战略环境的发展变化，并根据这种变化的特点和规律，以及主客观条件的实际可能，适时调整自己的战略，以争取和维护有利于和平与发展的战略环境。

二、国际战略环境的历史演变

（一）世界战略格局的历史演变

世界战略格局是指对国际事务具有重要影响力的力量在一定历史时期内相互联系、相互作用而形成的较为稳定的力量结构。世界战略格局是世界政治格局、经济格局和军事格局的综合，统称“世界格局”。

世界战略格局的形成需要一定的条件。随着 15 世纪以后哥伦布等人的地理大发现，人类才逐渐开始有了世界意识。其后的划时代的工业革命，生产力获得极大解放，为资产阶级强国在世界上的扩张奠定了丰厚的物质基础。世界贸易迅速发展，资本主义的世界市场日趋成熟，国际分工日益明显，国际政治开始形成。伴随着几个欧洲强国在世界范围内的殖民扩张，欧洲就成了世界战略格局变化的中心地带，之后便形成了具有典型意义的世界战略格局。

第一个世界战略格局：均势格局（1815～1871 年）。它以拿破仑战争失败、维也纳会议召开为标志。当时世界上的重要战略力量是俄国、英国、普鲁士、奥地利和法国。拿破仑的失败导致欧洲列强重新建立一种政治军事的均势，俄国、英国、奥地利成为当时国际政治中的主导力量。各大列强都企图利用维也纳会议来达成自己的战略目标，最后形成了维也纳体系，其主要目的就是要防止法国的重新崛起。维也纳会议形成的均势格局虽然在较长的时期没有爆发新的战争，但由于维也纳会议没有解决列强之间的一些内在矛盾，因此到了 19 世纪 50 年代，这个均势格局就开始走向崩溃。

第二个世界战略格局：两大军事侵略集团抗争的格局（1871～1918年）。自19世纪60年代开始，普鲁士经过三次王朝战争，最终于1871年完成了德意志的民族统一，成为德意志帝国。德国的崛起粉碎了均势格局，使欧洲格局彻底改变，也使世界战略格局发生了变化，并导致帝国主义列强重新划分世界势力范围。第一次世界大战的爆发就是两大军事侵略集团导致的结果。

第三个世界战略格局：凡尔赛格局（1918～1939年）。第一次世界大战后，为了瓜分战败国德国、奥匈帝国和土耳其帝国的遗产，帝国主义列强召开了巴黎和会及华盛顿会议，形成了“凡尔赛—华盛顿体系”，成立了以战胜国为主导的国际联盟，加之第一个社会主义国家苏联的诞生，打破了帝国主义国家一统天下的局面。“凡尔赛—华盛顿体系”只是对战争结束后列强之间实力对比关系的一种暂时性维系，随着各大战略集团力量的变化，这种格局就被打破了。

（二）第二次世界大战以来的国际战略环境

第二次世界大战以来，国际战略环境发生了两次重大变化。

以第二次世界大战为标志所发生的第一次变化。第二次世界大战前，国际战略力量中心在欧洲，各大国之间基本达成均势，尽管欧洲列强之间的争夺成为影响国际战略环境的主要因素，但没有哪一个国家能够独霸世界。第二次世界大战德日战败、英法削弱，美国成为最大受益者。美国不仅牢牢占据世界头号经济大国的地位，军事上也迅速崛起，成为名副其实的超级大国。苏联虽然遭到重创，但在战争中表现出来的巨大实力和潜力，令世界为之震惊。建立在各国实力基础上的雅尔塔体制，对国际战略环境产生了深远影响。战后美苏在东欧国家政府组成问题上产生了尖锐分歧，在德国赔偿、中东等问题上美苏也各有图谋，世界上最大的资本主义国家和最大的社会主义国家之间的“冷战”开始了。以美苏为首分别成立的北约集团和华约集团，又掀开了东西方两大阵营之间的对抗。20世纪六七十年代，世界处于大动荡、大分化、大改组的阶段，苏联开始推行霸权主义政策，与美国争霸世界，并扩大了社会主义国家之间的矛盾，苏中关系恶化，社会主义阵营解体。同时，西欧、日本经济高速发展，政治上产生独立自主倾向。美苏力量逐渐达成平衡，双方互有攻守，美苏争霸成为世界动荡不安的根源。第三世界民族解放运动高涨，许多国家赢得独立，成为反对殖民主义、帝国主义和霸权主义的主要力量。20世纪80年代，美苏两国竞相增加军费开支，加强对武器装备质量优势的争夺。1983年，里根政府提出“战略防御计划”，建立反弹道导弹多层综合防御系统，使苏联的战略进攻和还击能力失去应有的效力。这一计划不仅使苏联经济几乎被拖垮，同时带动了美国的高新技术发展。苏联由于经济发展停滞，不得不实行收缩战略，使美苏争霸态势中呈现出美强苏弱的局面。随着1989年东欧剧变和1991年苏联解体，“冷战”宣告结束。

以“冷战”结束为标志所发生的第二次变化。东欧剧变、苏联解体，以美苏对抗为特征的两极格局不复存在，“冷战”时期美苏核对峙的局面成为历史，世界大战的危险大大降低，但局部战争和武装冲突仍然此起彼伏。旧的国际秩序解体，各战略力量开始新的分化组合，都在朝着建立有利于自己的新的国际秩序努力。美国成为唯一的超级大国，国际战略力量对比严重失衡。美国利用“一超”的国际地位，加紧建立和巩固全球霸权，企图长期主宰世界。欧洲进一步加强联合，一体化进程取得重大进展，在国际事务中的分量加重。中国迅速崛起，综合国力和国际影响力不断上升。俄罗斯、日本、印度等各国都在合纵连横，希望成为独立的一极，单极与多极的斗争相当尖锐。以经济、科技为重点的综合国力竞争成为国际斗争新焦点，各国都在利用国际局势相对缓和、科技迅猛发展的重要机遇，发展本国的综合国力，以使自己在未来的国际竞争中占据有利地位。

三、当前国际战略环境的主要特征

新世纪以来，世界发生了深刻而复杂的变化，但和平与发展仍然是时代主题。经济全球化、世界多极化深入发展，文化多样化、社会信息化持续推进，国际力量对比朝着有利于维护世界和平的方向发展，国际形势保持总体和平稳定的基本态势。与此同时，世界仍然很不安宁，霸权主义、强权政治和新干涉主义有所上升，局部动荡频繁发生，热点问题此起彼伏，传统与非传统安全挑战交织互动，国际军事领域竞争更趋激烈，国际安全问题的突发性、关联性、综合性明显上升。亚太地区日益成为世界经济发展和大国战略博弈的重要舞台，美国调整亚太安全战略，地区格局深刻调整。世界和平与发展面临着新考验和新挑战。具体来说，当前国际战略环境具有以下主要特征。

（一）局部战争成为主要战争形态

尽管发生世界大战的可能性越来越小，世界形势总体趋向缓和，但由民族、领土、资源等矛盾引发的各种武装冲突和局部战争呈现不断上升趋势，影响和平与发展的不确定因素在增加。各种分裂势力、恐怖势力和极端势力给国际社会不断带来危害，国际军控形势更加严峻，严重威胁着新世纪的人类安全。据不完全统计，2008 年全球局部战争和武装冲突仍然有 40 多起。此外，目前世界各地仍存在数十个重要的战争潜在热点。“稳而不定”将是构成新世纪国际安全形势的最基本特征。

（二）军事安全更加突出

以美国为代表的少数国家，近年来霸权主义、强权政治有所抬头，它们凭借其经济、科技和军事上的优势地位，在处理国际事务时威胁使用武力和直接进行干预的倾向明显增强，致使军事因素在国际事务和国际关系中的地位和作用有所回升，军事安全问题更加突出。例如美国，1991 年以伊拉克侵略科威特为借口发动海湾战争；1999 年以人权为借口发动科索沃战争；“9·11”事件发生后，以“反恐”的名义于 2001 年发动阿富汗战争；此后，在未经联合国授权的情况下，又借口伊拉克政府与国际恐怖主义组织有勾结以及违背联合国有关决议、试图制造和拥有大规模杀伤性武器，于 2003 年再次对伊拉克发动“先发制人”的大规模军事打击，等等，都是明显的例证。美国的上述行径，对国际安全形势的发展产生了越来越多的消极影响。今后一二十年，由于国际战略格局特别是国际力量对比难以发生根本性的改变，加之美国不会放弃其谋求“单极世界”的战略企图，国际安全形势仍将十分严峻，军事安全因素仍会是各国关注的重点。

（三）传统安全威胁某些方面有新发展

所谓“传统安全”，主要是指传统上公认的事关国家生死存亡的核心安全问题，它包括维护国家主权独立和领土完整、制止外来侵略、确保相对有利的与别国军事力量的对比态势及国际关系状态等。“冷战”结束后，传统安全威胁并未因两极对抗体制解体而消失，在某些方面甚至还有进一步的发展。一是“冷战”结束后频发的局部战争和冲突，严重影响了世界的和平与发展。卷入局部战争与冲突的地区日益增多，连“冷战”时期极少发生战争或武装冲突的欧洲，也几乎不间断地爆发各类局部战争或武装冲突。二是“冷战”结束后一度减缓的军备竞赛重新抬头，并向新的领域拓展。一些拥有强大军事力量的国家刻意追求绝对军事优势和绝对安全，甚至不惜违反直至撕毁国际条约，使军备发展突破限制，拓展到新的领域。三是大规模杀伤性武器扩散形势严峻。美国一直在努力发展新一代战略力量，力图提高其庞大的核武库实战效能。在美国的刺激下，其他核武器国家也以确保有效威慑为目标，加强新一代核武器的研发与部署。1998 年 5 月，印度和巴基斯坦相继进行核试验。2006 年和 2009 年，朝鲜又分别进行两次核试爆。这一切均表明，核武器扩散的态势十分严重。除此之外，生化武器扩散的前景也令人担心。四是“新干涉主义”盛行，发展中国家的主权和独立面临严峻挑战。“冷战”结束后，西方国家挟其在国际政治中的优势地位，恣意干涉发展中国家的内政，并为此提出了一整套“新干涉主义”理论，如“人权高于主权”、“人权无国界”、“人道主义干涉无国界”等。在“新干涉主义”的旗帜下，以美国为首的少数西方国家在国际关系中推行强权政治，粗暴干涉中小国家的内政，如遇抵制，则使用武力或以武力相威胁。

（四）非传统安全威胁对世界安全形势构成严重挑战

所谓“非传统安全”，是相对于传统安全而言的，主要是指在国家主权、领土完整、军控裁军等传统安全之外，关系到一国生存与发展的重大问题。近年来，相对于各种传统安全威胁，非传统安个威胁给人类社会带来的冲击和损失要大得多，影响也更为深远。它们的存在和进一步发展，正对各国国家安全构成日趋严重的挑战。非传统安全主要包括：恐怖主义、经济安全、气候变化、核扩散、信息安全、自然灾害、公共卫生安全、跨国犯罪等。如经济安全问题。2008 年 9 月 15 日，以美国第四大投行雷曼兄弟公司宣布破产为标志，于 2007 年 8 月爆发的美国次级住房抵押贷款危机最终演变成一场巨大的金融海啸，并迅速向世界各国蔓延，导致国际著名投资机构出现严重亏损，并引发全球范围内的信贷紧缩以及国际金融信贷市场出现剧烈动荡。受此影响，美国、欧盟和日本等世界主要经济体相继宣布经济陷入衰退，这直接导致许多新兴经济体遭遇外资撤出、出口锐减、市场信心消失、股票市场暴跌等重创。又如恐怖主义。恐怖主义当前正处于新的活跃期，发生在 2004 年 3 月的西班牙马德里爆炸案，2004 年 9 月的俄罗斯别斯兰惨剧，2005 年 7 月的英国伦敦地铁爆炸案，2008 年 11 月的印度孟买爆炸案，2011 年 2 月的俄罗斯莫斯科国际机场爆炸案等重大恐怖事件，再次给国际社会敲响了警钟：反恐形势依然严峻。

（五）世界新军事变革进程明显加快

随着世界新军事变革不断深化，打赢信息化战争成为各国关注的焦点。当前，在战略需求和技术革命的推动下，世界新军事变革正呈现出在更广范围内、更深层次上加速发展的趋势。伊拉克战争中，美军武器装备信息化水平和作战效能有了实质性提高，各种作战平台和武器系统实现了高度的信息化，并拥有空天地一体、完备的信息系统进行支援保障，因而能更加有效地发挥装备技术优势，以极小的代价夺取胜利。伊拉克战争使世界各国认识到，信息化战争正逐步取代工业时代的机械化战争，成为未来战争的基本形态，从而促使世界各主要国家逐步把建设信息化军队、打赢信息化战争作为军事斗争准备的主攻方向。世界新军事变革不断深化，必然对未来的国际战略环境的走向产生深远影响，使未来的国际战略环境充满了变数。

第二节　国际战略格局

一、国际战略格局概述

1. 国际战略格局的含义

国际战略格局是指国际社会中国际战略之间在一定历史时期内相互联系、相互作用而形成的具有全球性的、相对稳定的力量对比结构及基本概念。国际战略格局的形成是国际斗争和国际战略运作的结果。同时，新的国际战略格局一旦产生，又会对国际战略形势产生直接影响。因此，要从整体上把握国际斗争的基本情况和基本形势，揭示国际斗争的一般规律，就必须仔细研究国际战略格局。

2. 国际战略格局的构成要素

国际战略格局是国际斗争的直接产物和国际战略运用的必然结果，其构成要素是国际战略力量，而不是一般意义上的国际行为主体。国际战略力量是指在国际关系中能够独立地发挥作用，并对国际形势及国际战略的运用和发展具有巨大影响的国家（或国家集团）。国际行为主体也称为国际关系行为主体，是能够独立参与国际事务，并能独立行使国际权利、承担国际责任与义务的实体。

在国际舞台上存在着众多的国际行为主体，可分为两大类，即国家行为主体和非国家行为主体。国家行为主体是指主权国家，非国家行为主体是指国际组织、跨国公司、国际性运动等。国际战略力量与一般国际行为主体的主要区别在于其行为能力或对国际战略的影响力不同。任何国家或政治、经济实体，只要它在国际事务中具有独立的行为能力，就可以成为国际行为主体，就可以成为一般国际政治要素。但一个国际行为主体，只有当它的行为能力达到一定程度，能对国际战略的形成和发展以及对其他行为主体产生重大影响时，才能成为一种国际战略力量，并成为国际战略格局的构成要素。

国际战略力量的行为能力与其所拥有的政治、经济、军事实力或综合国力紧密相关。一个国家的力量或一个国家集团的力量是由多种力量要素构成的。第一个要素是政治力量，其主要包括政治稳定力、政治组织（协调）力、政治影响（号召）力；第二个要素是经济力量，其主要包括生产力、经济开发力、经济资源配置（利用）力及其储备力等；第三个要素是军事力量，其主要包括常备军力、后备军力、战争动员力等；第四个要素是科技力量，其主要包括科技发展力、科技成果应用转化力、科技创造发明力等；第五个要素是社会文化力量，其主要包括社会凝聚力、社会文明影响力、历史传统继承和发扬力等。这五个要素各有其作用和影响，只有将这些要素形成一个整体，并充分发挥其综合影响力，才能真正形成国际战略力量，并对国际战略格局产生应有的影响。正因为如此，当今世界各主要国家和国家集团都很注重发展综合国力（或综合集团力），并积极创造参与国际竞争的有利条件，以夺取战略优势。

在当今国际战略舞台上，能够成为国际战略力量，并成为国际战略格局的基本要素的是大国和国家集团。大国通常是指那些幅员辽阔，人口众多，拥有较强的经济、科技和军事实力，对国际事务和地区事务能够施加巨大影响的国家，也是指那些能够构成国际战略力量的主要国家。国家集团通常是以建立某种国际同盟关系的方式确定的。例如，第二次世界大战后建立的“北约”和“华约”两个政治、军事集团组织，就是当时世界上的两个国家集团。大国和国家集团在国际战略格局形成与发展的过程中发挥着重要的作用。在国家集团尚未出现之前，一些大国所建立起来的国际体系决定着一定时期的国际战略格局。在新旧格局交替的过渡时期，大国和国家集团是推动新的国际战略格局加速形成的重要力量，也是未来新格局得以建立的基本构成要素。正确认识这一要素的发展和变化，对于把握今后国际战略格局的演变趋势具有重要的指导意义。

3．国际战略格局的本质

在当今国际战略舞台上，国家与国家之间的关系最本质的是它们之间的力量对比关系。因此，国际战略格局的本质就是国际战略力量的对比关系。

国际战略力量对比是国际战略力量之间的一种实力对比以及由此而派生出来的影响力对比。在考察各种战略力量时，不仅要考察它们本身所具有的实力地位，而且还要考察它们在国际事务中实际发挥的作用和影响力。只有对这些因素进行综合分析，才能确定哪些是主导性力量，哪些是从属性力量，哪些是潜在性力量，从而最终形成正确的战略判断。例如，在第一次世界大战之前，当时的美国已经成为经济实力最强大的国家，但是由于当时的美国对外奉行孤立主义政策，因而并未成为全球性大国，其参与国际事务的行为能力和影响力反而不如当时的英国、法国、德国和俄国等，因此美国在当时的国际战略格局中并不占主导地位。在第二次世界大战之后，经过一段时期的经济复苏和建设，英国、法国、德国、意大利等国在经济、军事实力等方面均居欧洲其他国家前列，在世界上仍然具有一定的影响力，而且英国和法国还是联合国常任理事国，但是作为单独的国家，它们谁也不能成为独立的国际战略力量，只有在“北约”集团内发挥相应的作用，并在很大程度上受到美国的控制和制约。这种状况就决定了它们在两极世界格局中只能处于从属地位。

冷战结束后，随着欧盟的建立，联合起来的欧洲国家成为当今世界战略力量中心之一。此后，随着中国在经济、军事实力上的逐步提升，以及在当今世界战略舞台上的特殊地位和独立自主的对外政策，中国成为国际战略舞台上一支重要的战略力量。

4．国际战略格局的结构类型

国际战略格局的结构是指它所表现出的基本形态，主要包括国际政治、经济、军事关系在内的国际战略关系的表现形式，是国际战略力量对比的结构形态。国际战略格局的结构类型是根据格局的内部结构和外在形态进行分类的，据此可将国际战略格局分为单极格局、两极格局、多极格局和多元交叉格局四种基本类型。内部结构是指构成一定格局的战略力量的特征以及各种力量之间相互组合的状态；外在形态是指战略力量之间相互作用的形式与存在状态。

（1）单极格局。它是指某一个大国在国际战略格局中占据主导地位，形成一国独霸的局面。例如，历史上曾相继出现过葡萄牙、西班牙、荷兰、英国等国独霸世界的格局。

（2）两极格局。它是指两大战略力量之间的相互对立和相互斗争，对整个国际事务起着决定性影响的局面。这种类型的格局在历史上曾多次出现过，如第一次世界大战期间的同盟国和协约国，第二次世界大战期间的法西斯轴心国和反法西斯同盟国，第二次世界大战后初期的社会主义和资本主义两大阵营以及随后的美苏两极对抗，都是历史上的两极格局。通常，两极格局主要是指两大对立的国家集团，而不完全是两大国家之间或某个国家单独与另一个国家集团之间的对立。在两极格局之外总有不从属于两大集团的其他国家存在。

（3）多极格局。它是指多种战略力量既相对独立又相互联系，既相互合作又相互制约而形成的一种相对平衡的战略关系。在多极格局中，作为国际战略格局构成要素的战略力量，既可以是单个国家，也可以是国家集团。多极格局在 20 世纪 70 年代就已经出现端倪，如中国、美国、苏联、西欧及第三世界这五大力量竞相发展。冷战结束后，多极格局趋势出现更加强劲的发展势头。

（4）多元交叉格局。它是指由两极向多极或由多极向两极的过渡性格局。在这种格局状态下，存在着两大战略力量或多种战略力量之间的对立，这是格局的主导方面，同时也存在着独立于上述战略力量之外的其他战略力量。这些战略力量既在一定程度上受到现有格局中的支配力量的影响，又能够在国际事务中发挥自身的独特作用，从而构成国际战略格局中潜在的一极。例如，中国、俄罗斯既与其他战略力量保持着联系，同时又坚持自身的独立地位。

5．国际战略格局的基本特征

（1）国际战略格局是与时代的发展特征密切相关的。在同一时代条件下，国际战略格局的外在形态可能不同，但其内在本质是一样的，是反映一定历史条件下的战略力量对比关系。例如，在资本主义时代，无论格局的外在形态如何，反映的都是资本主义大国之间相互制约和相互争夺的关系。因此，要正确分析各个时期国际战略格局的特点，必须仔细把握时代发展的基本特征。

（2）国际战略格局是与世界经济格局相适应的。世界经济格局是指世界范围内各种经济力量之间相互关系的结构状态。世界经济的发展推动了国际社会的形成和发展，建立在世界经济体系基础上的国际战略格局，是经济因素在国际政治领域的反映。国际战略力量的形成与其所拥有的经济实力以及在经济格局中的地位紧密相关。一个国家或国家集团在国际社会中的行为能力和影响能力固然要取决于多种因素，但经济实力是其中最基本的并长期起作用的决定因素。

（3）国际战略格局是与一定形式的国际秩序相互关联和相互作用的。国际秩序主要是指由国际社会共同制定，并要求各国共同遵循的国际准则。国际秩序与国际战略格局一样，同属于国际关系范畴，两者有着直接的关联和影响。一定的国际秩序总是由在国际战略格局中居于主导地位的国家或国家集团制定的，或是在很大程度上受到这些国家意志的制约和影响。国际秩序一经建立，对国际战略格局会起到强制性的维护作用，甚至在旧格局解体的情况下，原有的国际秩序仍然会在一定范围和一定程度上继续产生影响。例如，第二次世界大战之前，国际秩序的本质特征是强权政治和殖民政治。第二次世界大战结束后，社会主义力量的逐步发展壮大和第三世界国家的兴起，有力地冲击了旧的国际秩序。然而，由于美苏争霸，以两极格局为背景的国际秩序仍然未摆脱强权政治和霸权主义的束缚。冷战结束后，国绕建立新的国际政治、经济秩序的斗争仍然很激烈。这种斗争不仅是国际战略格局加速向多极化发展的必然反应，而且对未来新格局的最终形成也会产生直接的影响。

（4）国际战略格局的不同层次间既相互影响又相对独立。国际战略格局按其范围大小进行分类，可分为世界格局和地区格局。这两个层次既有独立性又有关联性。独立性是指两个层次的战略格局都可以在一定条件下独立存在。关联性是指国际战略格局与地区战略格局的发展都在一定程度上影响着对方的发展。国际战略格局包含着地区战略格局，并在总体上决定着地区战略格局的发展走向；地区战略格局则是全球性斗争在地区的必然反映，同时又对国际战略格局的形成或转换产生影响。

二、冷战结束后国际战略格局的特点

步入21世纪，从总体上来说，虽然世界战略格局发生了复杂的变化，但和平与发展仍然是时代的主题。经济全球化、世界多极化深入发展，文化多样化、社会信息化持续发展，国际力量战略对比正朝着有利于维护世界和平的方向发展，国际形势保持总体和平与稳定的基本态势。与此同时，世界依旧很不安宁，霸权主义、强权政治和新干涉主义有所抬头，局部动荡频繁发生，热点问题此起彼伏，传统与非传统安全挑战交织互动，国际军事领域竞争更趋激烈，国际安全问题表现出明显的突发性、关联性和综合性。

另外，当前国际战略格局正处于由单极格局向多极格局发展的过程中，呈现出“一超多强，多元争极”的局面。“一超”是指美国，它是全球唯一的超级大国，无论是经济、科技和军事实力，还是国际影响力、文化扩散力，都是其他国家望尘莫及的。虽然美国的经济在连续十多年的增长后出现了一定程度的衰退，但它的竞争力和影响力仍然是最强的，处于“超强”或“超级”的地位。

“多强”是指一些综合国力较强的国家或国家集团，如欧盟、俄罗斯、中国、日本等。这些战略力量迅速发展，与美国的差距在逐步缩小，但它们的实力和地位都还不能与美国相提并论，还够不上真正的“极”。例如，欧盟作为一个高度一体化的政治经济集团，其经济实力、外交影响力以及独立防务建设等在冷战结束后有了较大发展。它与前殖民地国家还保持着密切联系，在南北关系中发挥着特殊的作用。特别是欧盟中的一些大国，具有较强的独立意识。在对伊拉克战争中，法国和德国两国均反对美国的战争政策。俄罗斯的实力和国际影响力虽然较苏联有所降低，但仍然拥有唯一能与美国抗衡的军事实力。近年来，俄罗斯正利用其巨大的能源储量和产量来影响世界格局，试图重振大国雄风，恢复世界强国的影响力。日本是世界第三经济大国，科技水平居世界前列，军事实力不断增强并逐步走出国门。日本和印度争取联合国安理会常任理事国席位的努力虽然屡遭失败，但它们迈向政治、军事大国的步伐不会停止。中国近年来经济发展非常迅速，综合国力不断提高，对周边和世界战略格局的影响力也越来越大。另外，一些其他发展中国家的实力也在不断壮大，正逐渐影响着国际战略格局。

纵观当今世界的国际战略格局现状，主要呈现出以下几个特点。

（1）国际局势总体趋向缓和，发生世界大战的可能性越来越小。但国际战略力量的对比严重失衡，国家之间的历史积怨深远，民族和宗教矛盾突出，资源纠纷不断增多，恐怖活动猖獗，大规模杀伤性武器扩散问题更加突出，局部战争和武装冲突时有发生。

（2）霸权主义依然存在，政治上的新干涉主义、军事上的先发制人和经济上的新殖民主义成为霸权主义的主要表现形式。

（3）大国之间在加强对话与合作的同时仍然在进行着较量，但较量的重点已经从冷战时期以军事力量为主，转向以经济、科技为基础，以军事为后盾的综合国力的较量。随着经济全球化发展进程加快，世界各国的经济联系越来越紧密，各国在经济上的交往大幅度增加，经济上的相互依存程度大大加深。经济因素在国际事务中的战略作用在不断上升，但军事手段作为解决国际争端的重要手段仍然被各国所重视。

（4）随着世界大战危险的进一步下降，地区武装冲突和局部战争对国际安全与稳定的影响相应地突出。许多有关民族、领土问题随着冷战的结束暴露出来；随着旧的世界战略格局的瓦解，会产生社会动荡，并造成局部力量真空、失衡及局势失控；部分地区由于长期处于经济贫困之中，又受到因世界战略格局变化而带来的西方政治思潮的冲击和外援减少等影响，引发了严重的社会动乱。特别值得关注的是，国际恐怖主义、民族分裂主义和宗教极端主义“三股恶势力”对国际安全与稳定的影响将更加突出。可以说，当前频繁发生的地区冲突主要是新旧战略格局转换时期国际政治秩序失调造成的。

（5）发达国家向世界一些重要地区大量倾销先进的常规武器装备，有可能对这些地区的和平与稳定产生不利的影响。

三、未来国际战略格局的发展趋势

进入 21 世纪，多极格局是国际战略格局发展的必然趋势，也是世界经济、政治发展的必然结果。世界格局多极化的过程并不是在苏联解体后开始的，在冷战期间两极格局的状态下就已经开始了多极化的潮流，并在冷战结束后得到了进一步加强。当前，世界战略格局总的趋势正朝着多极化方向发展。

1.“多极化”趋势正加速发展

（1）第三世界的形成对两极格局造成了极大冲击。第二次世界大战结束后，民族解放运动蓬勃高涨。“不结盟运动”和“77 国集团”的形成标志着第三世界的形成。第三世界以不结盟和区域组织为代表，逐渐成为国际舞台上的主角之一，极大地冲击了两极格局，使两极格局开始松动，并在世界战略格局中起着重要的制衡作用。

（2）两大阵营的破裂和分化加速了多极化趋势。随着经济的发展，国际政治力量出现了新的变化，中国、西欧和日本成为相对独立的力量，推动着多极化格局的发展。美国在世界经济、政治上形成“一超独霸”的局面既是两极体制被打破后的必然现象，又是一个终将被多极化体制所取代的暂时的历史过程。世界政治、经济发展的不平衡所导致的均衡化趋势，是世界战略格局中两极体制解体并最终走上多极化的根本动因。另外，世界战略格局的多极化趋势的发展有益于维护世界和平以及促进人类社会繁荣进步，可使世界各大力量彼此之间逐渐形成制约和制衡，有利于遏制霸权主义和强权政治，有利于推动建立公平合理的国际政治、经济新秩序，有利于实现世界各族人民构建和平、稳定、繁荣的新世界的美好追求。

由此可见，世界向“多极化”方向发展已经成为一个客观趋势，这既是历史的必然，也是时代的要求。

2．国际关系多重性

国际关系是指国家与国家之间建立起来的一种特殊社会关系，它主要包括政治、经济、军事、社会等关系。当前及今后国际关系的划分，不是按意识形态，也不是按单纯的地缘关系，而是按多边性、多重性质来划分。大国关系进一步趋向缓和，相互协调、相互合作的趋势加强。未来世界战略格局中主要国家的关系将日益复杂化，起主导作用的可能主要是美国、俄罗斯、日本、欧盟、中国这“五大力量中心”，其他一些重要的国际组织、区域集团和地区性大国也将发挥重要的作用。这些国家都在通过调整对外政策和战略关系来解决矛盾、纠纷、冲突，不再采用冷战时期的军事上对抗、政治上对立、经济上封锁等方式，更多地采用谈判、对话、妥协、折中的方式去寻求自己的有利地位。这种调整使得未来世界战略格局将呈现出新的特征：一是关系复杂化；二是集团松散化；三是外交多边化，四是合作区域化。

3．经济全球化的发展趋势决定了未来战略格局的发展

经济的发展水平决定了不同国家在国内政治和国际事务中采取不同的立场。经济全球化已经成为当今世界最主要的发展趋势之一，同时也加深了各国之间的相互依存关系。经济利益和经济安全问题已经成为影响国际局势和国际关系尤其是大国关系的最重要的因素。世界各国特别是各大国都以振兴经济、加强综合国力作为首要目标，特别是信息技术的应用和普及，不仅创造出了新的劳动工具，生产出了更多的产品，迫使人们到国外去寻找新的市场、寻求投资，而且为人类社会提供了更先进、更快捷的交往工具，保证了国家之间经常的相互联系和交往，这种情况再加上发达国家对落后国家能源和资源的依赖以及落后国家对发达国家技术的依赖，就使得当今世界各国相互依存度大大提高。这种情况在客观上不允许再恢复到与世界生产力发展水平不相适应的国家间敌对或大国对峙的国际关系格局，从而向着世界战略格局多极化发展的潮流继续前进。

4．中国综合国力稳步上升，在“多极格局”中的地位与作用越来越突出

中国是社会主义国家，也是最大的发展中国家。中国对世界的影响是多方面的，主要作用体现在以下三个方面。一是在反对霸权主义和强权政治上起制约作用。中国坚持和平共处五项原则，在外交上不断开拓进取，国际地位和作用明显增强，采取不与任何国家结盟，不干涉他国内政，坚决维护自己的独立和主权，同时也尊重他国的独立和主权的和平外交政策，致力于建立公平、公正、合理的国际新秩序，是反对霸权主义和维护世界和平的重要力量。二是在经济上发挥示范作用。中国经济持续保持快速增长，综合实力有了很大的提高，与世界经济的关系更加紧密。中国的发展与开放为世界商品和资金提供了广阔市场，为许多国家的企业创造性了商机，也为世界创造了众多的就业机会。三是在维护第三世界权益的斗争中发挥重要作用。在与第三世界关系方面，继续增强与第三世界的团结和合作，坚持走和平发展的道路，努力与世界各国平等互利合作，力求双赢，并积极加强区域合作，推动共同发展，不断为促进全球发展和繁荣做出重要贡献。作为第三世界国家的一员，中国始终把加强同发展中国家的团结和合作作为外交政策的一个基本立足点，在政治上增进互信、加强互助；在经济上按照平等互利、形式多样、共同发展的原则，与其他国家扩大互利合作；在外交方面，积极参加多边外交活动，在联合国和其他国际及区域性组织中发挥作用，广泛参加各种国际组织，积极开展多边外交，努力增进各国在各个领域特别是经济、贸易和技术等方面的互利合作。

5. 国际反恐斗争影响国际战略格局演变

“9·11”事件对国际战略格局产生了重大影响。国际恐怖主义与民族分裂主义和宗教极端主义相互勾结，滥打滥杀，严重威胁了地区和平与稳定。在反恐的旗帜下，大国关系分化组合，合作倾向加强。某超级大国以反恐为借口，将一些国家列入“邪恶轴心”、“支持恐怖主义国家”、“被奴役国家”和“失败国家”黑名单，肆意发动攻击，企图建立单极统治的世界战略格局，对国际安全构成重大威胁。这些在本质上都是南北矛盾激化的表现，是全球范围内贫富两极分化的必然结果。某超级大国以暴反恐和单边主义的做法必然导致激进势力采取以恐反霸、以暴抗暴的态度和恐怖主义的泛滥。

在 21 世纪初的十几年里，重大恐怖袭击事件相继发生，呈现出国际恐怖主义的一些新动向。例如，本土恐怖威胁国际化和国际恐怖威胁本土化恶性互动，小规模、低成本、“刀刀见血”的“微恐怖主义”兴起，网络恐怖给国际安全造成越来越大的危害，海盗成为威胁国际安全的顽疾……这些新动向都在使国际社会加强协调，加强反恐合作，调整反恐策略。同时，也使各国认识到国际反恐斗争任重道远，世界各国尤其是大国之间必须加强合作，缓和矛盾，调整部署，才能更好地应对这种复杂的情况。

第三节　我国周边安全环境

国家安全形势的发展变化，归根结底取决于国家自身的实力，也取决于国际政治经济格局的演变和调整。冷战后，国际政治经济格局发生了急剧变化。和平与发展仍然是当今时代的主题，和平问题没有解决，发展问题变得更加严重，南北差距愈来愈大。国际安全形势总体稳定的态势继续发展，但不稳定不确定因素也在不断增多，新挑战新威胁不断出现。当前，我国的发展已站在一个新的历史起点上。从国家安全形势上看，我国的和平发展道路既面临着前所未有的机遇，也面临着前所未有的挑战。

在总体缓和与局部动荡并行，经济安全与军事安全问题同在，机遇和挑战、困难与希望相辅相成的国际安全环境下，我国的周边安全也处在比较复杂、不断变化的时期，总的来说与缓和的国际大趋势相一致，但也面临着一些值得高度重视和认真对待的情况和问题，不排除发生较大动荡和曲折的可能性。

一、中国周边地区安全环境特点

（一）涉及范围不限于海陆邻国

中国周边地区不仅限于那些与中国有共同的陆上和海上边界的国家，还包括在地理上靠近中国并与中国有着密切关系的国家，如与中国没有共同边界的东南亚和中亚的其他国家。美国虽然不是我国的周边国家，但美国在东亚有着巨大的战略利益，美国对华政策对中国的安全环境影响最大。因此，“从地缘政治的角度看，美国是中国的邻国，而且是最大的邻国”。台湾是中国领土不可分割的一部分，本不属于中国的周边地区这个范畴，但台湾问题却是影响我国周边安全的一个十分重要的因素。“如果台独走出台湾，走向国际，尤其是与美国的反华分子相结合，使台湾问题国际化，那么情势可能变得相当复杂，危及亚太情势与稳定。”

（二）社会政治经济形态复杂

中国周边地区是世界上人口最密集，社会政治经济发展极不平衡，文化类型多元化存在，民族宗教问题，历史遗留问题较多的地区。在我国周边地区，世界上人口过亿的 10 个国家有 7 个是在这个地区。既有经济发达程度较高的日本和韩国、新加坡等新兴工业化国家，也有老挝、蒙古、孟加拉国、阿富汗等，经济发展有一定差距。此外，在社会政治经济制度上，既有社会主义国家，也有民主共和制国家和君主立宪制国家，佛教文明、儒家文明、伊斯兰文明和基督教文明等世界上几大文明体系都能在这个地区找到很多的支持者和信奉人群。

（三）影响因素多元

一是美国因素。亚太地区的大国关系状况，是影响 21 世纪初期中国周边安全环境的重大因素之一，其中，最大的不确定因素是中美关系。美国视中国为战略攻击对手，以各种手段不断强化对中国的遏制，直接威胁着我国国家安全。特别是美国插手台湾问题，使中美之间发生摩擦、冲突的可能性增大。

二是邻国因素。在地缘安全环境上，我国处于东亚中心，幅员广大，陆海兼备，边界线长，邻国众多。我国有世界上第二长的陆界，是世界上除俄罗斯外邻国最多的国家，而且强国颇多。地缘政治学家麦金德很早就提出，在国际竞争中，接壤国家越多越不利。尤其是我国周边地区热点、爆发点较多且突发性较强。比如，我国东临太平洋，西接中亚石油能源中心，南濒马六甲海峡，北与大国俄罗斯接壤，使我们极易陷入各种争端和利益冲突之中。又如，世界三大火药桶之一的南亚次大陆、构成当前世界热点问题的中东地区和东北亚地区，都在中国周边。还如，除中国之外，世界六个公开拥有核武器的国家中有四个是中国邻国或亚太大国，拥有核技术以及核生产能力的国家大多在中国周边。这些都直接影响到我国的安全形势。

三是民族分裂主义势力因素。当前和今后一个时期，一些敌对分裂势力内外勾连，不断进行捣乱破坏。

二、我国相对稳定的安全环境中存在着的不安全因素

1. 美国对我国安全环境有综合性影响

冷战结束后，美国称霸世界的野心进一步膨胀，以美国为首的西方世界仍然有一股企图遏制中国的逆流，反华势力顽固地坚持冷战思维，不愿意看到中国的富强和统一，竭力鼓吹“中国威胁论”。“9·11”事件后，在美国的政策定位中，中国是“一个正在崛起、发展方向不确定而且挑战美国在亚太地区目标和利益的国家”，在 2002 年的《核态势评估报告》中，美国更将中国列为可能打击的对象之一。美国对我国采用各种手段进行遏制。一是在政治上推行“西化”政策，屡屡以所谓人权为借口，干涉我国内政。在台湾问题上美国玩弄两面性，一方面，承认世界上只有一个中国；另一方面，暗中支持“台独”，继续向台湾出售先进的武器，同时公开支持达赖在美国的活动，极力阻挠我国统一大业。二是在军事上推行“进逼”政策，在亚太地区保持足够的军事实力存在，乘阿富汗战争之机在中亚长期驻军并建立情报站。三是在经济、外交等方面推行“遏制“政策。通过这些政策和手段，美国对我国安全环

境造成综合影响，成为我国安全环境的主要隐患。

2．周边热点地区发生突变的可能性不能排除

我国周边热点地区之一的朝鲜半岛形势的好坏直接关系到我国的安全与稳定。朝鲜半岛是我国各周边地区中军事力量最为密集的地区，由于南北双方的立场相差甚远，南北谈判举步维艰，南北双方军事部署近在咫尺，军事对峙的僵局很难打破。另外，“9•11”事件后，美国把朝鲜视为美全球反恐战争所要打击的目标之一，并将其列为“邪恶轴心”和“潜在的核打击目标国家”，使朝鲜半岛再次出现核危机。为解决朝鲜半岛核危机，由朝鲜、韩国、中国、美国、俄罗斯和日本组成了“六方会谈”机制，以和平方式可验证地实现朝鲜半岛无核化。从 2003 年 8 月 27 日举行第一轮“六方会谈”开始，到目前为止共举行了六次会谈，由于朝鲜半岛核问题涉及国家多，各国目标差异大，“六方会谈”面临重重阻力，但经过各方多轮艰难地沟通、协商和谈判，就推进朝鲜半岛无核化达成了一些共识，在艰难曲折的过程中取得了一定的进展。但是，朝鲜 2013 年 2 月进行了第三次核试验，使朝鲜半岛核危机再次升温，形势走向更加难以预测。因此，朝鲜半岛发生冲突或战争的可能性不能排除。一旦发生上述情况，我国的安全环境将受到重大影响。

我国周边热点的另一个地区是印度与巴基斯坦的对立。由于历史的原因，印度和巴基斯坦两国既存在怨恨和纠纷，还存在着领土争端。现在印巴两国仍陈重兵于边境，互相对峙，特别是两国争夺的焦点地区——克什米尔地区的武装冲突以及双方之间互相指责时有发生。另外，印巴两国都拥有核武器，在 1998 年 5 月都相继进行了多次核试验，两国核军备竞赛进一步加剧，在印巴矛盾恶化的情况下，极有可能发生冲突或战争。由于印巴都与我国毗邻而居，克什米尔地区又与我国接壤，一旦印巴发生冲突或战争，都会对我国的安全环境产生不利影响。

3．我国与邻国边界和海权争端的解决难度较大

我国在坚持“和平共处五项原则”基础上与世界各国发展友好关系，认真贯彻“与邻为善，以邻为伴”的外交方针，特别注重发展与邻国的睦邻友好关系，与所有邻国的关系得到不同程度改善。但我国与有的邻国还存在着边界争议及海洋权益的争议。从现实情况看，我国与邻国的边界争议及关于海洋权益的争议情况复杂，解决起来难度很大，这些争议始终是可能威胁我国边境和领海安全的不稳定因素。在陆地边界争议中，我国与印度之间陆地边界的争议领土约 12.55 万平方千米，至今没有得到实质性解决。在海洋权益争议中，我国与朝鲜、韩国之间关于黄海、东海大陆架划分，与日本之间关于东海大陆架划分和钓鱼岛归属，都存在着争议。我国的南海岛屿被侵占、海域被分割、资源被掠夺的情况十分严重，尤其是南沙群岛的争议，涉及国家多，这些国家除了与我国的主权要求有冲突外，彼此之间也存在着纷争，具体情况错综复杂。另外，随着西方一些大国等外部势力的积极介入，南海问题更趋于复杂化、国际化。因此，我国解决有关海洋权益的争议难度增大。

4．台湾海峡形势复杂

实现祖国统一，是包括台湾同胞在内的全体中国人民的根本意愿，是关系到国家命运和民族威望的大事。但是，在实现祖国统一的道路上，台湾方面特别是陈水扁上台后，不顾台湾及台湾人民的前途和命运，一意孤行地推行各种“台独”分裂活动，使台湾岛内的“台独”

势力恶性发展，在公然抛出“一边一国”论的同时，采取岛内“公民投票”的方式来决定台湾的“前途、命运和现状”，为未来台湾地区进一步的主权“公投”创造条件；采用卑劣手段推进“去中国化”和“宪政改造工程”的实施；花费巨额经费，增强“以武抗统”的实力，在分裂道路上越走越远，把海峡两岸关系推到危险边沿。另外，台湾个别势力借助西方一些大国的势力，坚持拒绝两岸进行政治谈判的顽固立场，坚决反对“和平统一，一国两制”的主张，积极推进“两个中国，一中一台”的分裂政策，企图使台湾问题国际化，使海峡两岸关系更加复杂化。马英九在接受媒体采访和公共场合时表示：“我不会去搞‘两国论’或‘法理台独’。”目前海峡两岸在海基会和海协会的积极磋商下，海峡两岸实现了“三通”和“直航”，两岸经贸和人员往来交流日益增加。因此，马英九上台后在一定程度上使“民进党”制造的两岸紧张关系得到缓解。从本质上看，马英九上台后海峡两岸局势将由紧张转向缓和，两岸关系向正常化方向发展，但解决台湾问题，实现祖国统一大业的道路仍将曲折复杂。

【思考与练习】

1．简述国防战略环境的历史演变过程。
2．当前国防战略环境的重要特征是什么？
3．什么叫国防战备格局？
4．未来国际战略格局发展趋势是什么？
5．中国周边地区安全环境有什么特点？
6．结合当前世界战略格局，谈谈增强国家安全常识的重要性。

第四章　军事高技术

【学习目标】

1. 了解军事高技术的概念，发展趋势及对现代战争的影响。
2. 熟悉高技术在军事上的应用范围。
3. 掌握高技术与新军事变革的关系，激发学习科学技术热情。

科学技术特别是军事高技术的发展，正在军事领域引发一场深刻的变革。从近期几场局部战争中可以看出，现代战争已进入信息时代，战场对抗已经成为高技术武器装备的较量，谁拥有军事高技术，谁就能占据更大的战争主动权，为获取战争胜利奠定物质技术基础。只有了解高技术的发展情况，熟悉高技术在军事上的应用，理解高技术武器装备对现代作战带来的巨大影响，才可能在高技术战争中掌握主动权，进而立于不败之地。

第一节　军事高技术概述

一、军事高技术概念

高技术是建立在现代科学技术全面发展基础上，处于当代科学技术前沿的，对提高生产力、促进社会文明、增强国防实力起先导作用的技术群。军事高技术，是建立在现代科学技术成就基础上，处于当代科学技术前沿，对武器装备发展起巨大推动作用的那部分高技术的总称。高技术的发展不但对整个科学技术进步和经济发展产生深远的影响，而且导致军事技术日益走向高技术化。

军事高技术的范围十分广泛，通常将其分为六大技术群：①信息技术群，包括微电子、光电子、计算机、自动化、卫星通信和光纤通信技术等，是当代和未来科学技术的先导；②新材料技术群，包括信息材料、能源材料、结构材料和功能材料技术等，是高技术及其产业发展的物质基础；③新能源技术群，包括核能、太阳能、风能、地热能、海洋能和生物能技术等，是维持和发展社会生产和生活的动力源泉；④生物技术群，包括基因工程、细胞工程、酶工程和发酵工程技术等，是解决人类粮食、能源和医药难题的有效手段；⑤海洋开发技术群，包括海水淡化、海水提铀、海底采矿以及海底工程建设技术等，是开发利用海洋资源的新手段；⑥航天技术群，包括航天器的制造、发射和测控技术，航天遥感、空间通信以及空间工业技术等，是当代科技发展的象征，对传统技术具有渗透性并能带动其发展。

从军事高技术与武器装备的关系出发，军事高技术可分为两大类：①支撑武器装备发展的基础技术，主要包括微电子技术、光电子技术、计算机技术、新材料技术、高性能推进与动力技术、仿真技术、先进制造技术等；②直接用于武器装备并使之具有某种特定功能的应用技术，主要包括精确制导技术、伪装与隐身技术、侦察监视技术、信息战技术、指挥控制系统技术、军事航天技术、核化生武器技术、新概念武器技术等。

军事高技术既有高技术的共同特征，又有其自身的特点。军事高技术与一般技术相比，具有高智力、高投入、高竞争、高风险、高效益、高保密、高速度七大特点。

二、高技术武器装备

高技术武器装备是指那些采用了高技术，且作战效能较之传统武器装备有质的飞跃的武器、武器系统和军事技术装备。军事高技术的发展极大地提高了武器装备的作战效能，倍增了武器装备的杀伤效能、综合作战能力、自动化水平和生存能力，还提高了武器装备的全天时、全天候的作战能力，以及武器装备的可靠性和维修性，使武器装备发生了划时代的重大变化。高技术武器装备的产生，反映了一个国家整体高技术的水平。

高技术的开发及其在军事上的应用，对武器装备、军事战略、军队编制和作战样式等都有重大的影响。高技术的最新成果运用于军事领域，研制出许多新武器，提高了武器装备的战术技术性能，缩短了更新换代的周期。随着微电子、光电子、自动化、新材料等高技术的发展，精确制导武器、激光武器、隐身武器等高技术武器相继出现并投入实战使用，大大提高了作战效能。军事战略的制定及其变革，与科学技术特别是高技术的发展水平密切相关。导弹核武器的迅速发展，曾使“核武器制胜论”和“核威慑战略”在相当长一段时间内成为美国和苏联军事思想和军事战略的基础。随着航天技术、电子技术、激光技术等高技术的发展，美国制订了“星球大战计划”。军事技术特别是军用高技术的发展，对军队体制的变革有巨大的推动作用。军队的总体构成将向总员额减少，技术军兵种和专业技术人员不断增加的趋势发展。火箭、导弹等高技术的发展，导致导弹部队的出现，许多国家组建了防空导弹部队和战略导弹部队。随着军事航天技术的发展，特别是航天飞机的出现，美国建立了航天司令部，苏联也组建了类似的机构。高技术的发展和各种高技术兵器运用到战场上，使作战样式发生了重大的变化。电子战、空袭战、导弹战等新的作战样式，在战争中发挥了重要作用。

高技术的发展及其在军事上的应用，还将对作战指挥、军事训练、后勤保障等产生深远的影响。随着高技术武器装备数量的增多和指挥自动化程度的提高，对军人的素质提出了更高的要求，军队官兵要具有较高的科学技术水平、军事知识和技能，才能充分发挥先进武器装备的威力。现代战争在很大程度上已表现为高技术的较量，高技术已成为战争中制胜的重要因素。

三、军事高技术对现代战争的影响

随着高技术的发展及其在军事领域的广泛应用，已经对现代战争行动产生了巨大的影响。其可概括为“五化”，即侦察立体化、指挥控制智能化、反应快速化、打击精确化、防护综合化。

（一）侦察立体化

侦察立体化，通俗地讲就是“眼观六路，耳听八方”。在未来战争中，新型信息化装备将使战场更透明，可实现全球感知，实时进行远程指挥控制。从大洋深处到茫茫太空，布满了天罗地网式的侦察监视系统。水下的声呐，能够偷偷寻找军舰和潜艇的踪迹；地面的传感器，能够警惕地注视人员与车辆的动静；空中的侦察飞机，能够同时监视高空、低空、地面、海上的各种活动目标。比如美军 E-3A 预警机当飞行高度为 9 千米时，可以探测到 500～650 千米远的高空目标、300～400 千米远的低空目标和 270 千米远的巡航导弹。间谍卫星侦察效果更加显著。比如同样一架视角为 20°的照相机，装在 3 千米高的侦察机上，一张照片可以拍摄 1 平方千米面积的地面；装在 300 千米高的侦察卫星上，一幅照片可囊括 1 万平方千米的范围。如果把侦察卫星定位到地球同步轨道上，则一颗卫星就能同时“看到”太平洋两岸，监视地球表面 42%的面积。

在未来战争中，“侦察—判断—决策—行动”的回路越来越短。信息化装备的广泛使用，使得争夺信息优势成为高技术战争的首要任务。侦察能力的差异性，决定了交战双方的不对称性。特别是战略信息战，如核战争一样具有大规模毁灭性作用，将成为新的威慑手段。

（二）指挥控制智能化

现代军事高技术的发展和应用，使武器装备的射程、威力、精度都几乎达到各自的极限。交战双方的差别，在很大程度上取决于其对作战力量的指挥控制水平上。在战役和战术级，信息战的表现样式是以电子战为核心的指挥控制战，夺取制信息权的核心是使拥有信息密集型武器的部队取得信息能力的优势。

未来战争，以计算机为核心的网络将把所有的通信系统、探测装置和武器系统联成一体，作战将从“以平台为中心”转向以“网络为中心”。如美海军网络中心战的网络结构由三个互相链接的部分组成，即探测装置网络、交战网络和信息传输网络。网络中心战的体系分为三级：第一级战术级，网络用户数量在 24 个之内，信息传输时间为零点几秒。信息精度达到武器控制级；第二级为战区级，网络用户数量在 500 个之内，信息传输时间为秒级，精度达到部队的控制所需的要求；第三级为战略级，网络用户数量在 1000 个之内，信息传输时间为分钟级，精度达到部队的协同所需的要求。各级指挥官利用网络交换大量信息，感知整个战场的态势，阐述指挥意图，制订作战计划，解决各种问题。网络中心战特点是提高了部队的指挥速度，建立了对战场空间的持续的完备的态势感知。

（三）反应快速化

“兵贵神速”历来为兵家所追求，但传统武器装备因受技术条件限制，常常“欲速则不达”。高技术武器装备在现代战争中应用，才使“兵贵神速”成真，实现了机动快、反应快、打击快和转移快。

高技术武器从发现目标到攻击目标的反应时间也大为缩短。当前，计算机控制的火控系统，能在 96 秒内操纵 4 门火炮摧毁 12 个分离的目标，而传统武器，摧毁这些目标需要 2 个小时。在信息化战争中，“被发现就意味着被命中”。对于现代防空系统的反应时间，那更是以秒计时。如美国的“爱国者”、俄罗斯的 C-300 地空导弹系统的反应时间为 15～20 秒，我国的“红旗”系列地空导弹的反应时间已达到 15 秒内。在未来战争中，时间因素将变得越来越重要，越来越强调战争准备的及时性、战争指挥控制的实时性、战争行动的突然性，战争从旷日持久向速战速决演变，战争的进程将大大缩短。

（四）打击精确化

精确打击武器和精确的信息支援系统有机结合，使得精确打击成为战争的重要样式。攻击精度越来越高、距离越来越远。精确打击在现代战争中的地位日益重要。统计显示，越南战争中，所用精确制导弹药占总弹药数的比例仅为 0.02%，海湾战争为 8%，科索沃战争为 35%，阿富汗战争为 56%，伊拉克战争达 68%。目前，一种新的作战样式——“精确战”。正在登上战争舞台，它要求精确探测目标，精确攻击日标，精确摧毁目标，精确毁伤评估。

（五）防护综合化

“保存自己，消灭敌人”是一切战争的共同原则。由于现代侦察、监视和探测手段具有全方位、全频谱、全天候、全时域的特点，进攻一方如果不能有效地保护自己，就可能出现“发难者先遭难”的结局。现在，当一架战斗机在重要地区 300 米以上高度飞行时，可能受到 800～900 部雷达的照射，其中，可能有 300～400 部雷达以 600～700 个不同频率的波束进行搜索，有 30～40 部雷达跟踪飞机。如果再加上光电探测设备的威胁，战场电磁环境必将更加复杂。这对飞机、导弹等进攻性武器是一个严峻的挑战。在这种情况下，防护的地位显得特别重要。海湾战争中，美军 F-117A 飞机大出风头且无一损伤，其奥妙之处，便是借助于外形设计和表面涂料，有效地实现了隐身要求，其雷达反射面只有 0.1 平方米，和一顶钢盔差不多。除了隐身技术外，先进伪装、预警告警、致盲致眩、施放诱饵、加固装甲、防电磁脉冲等，也都成了现代武器装备的防护手段。对于武器装备处于相对劣势的一方而言，搞好防护和伪装隐蔽，直接关系到胜败与存亡。科索沃战争中，南斯拉夫人民和军队敢打善藏，在北约进行的 78 天的空袭轰炸中，巧妙地保存了自己的军事实力。由此可见，那种认为“高技术侦察监视手段发展了，伪装隐蔽没有意义了”的观点是错误的。

军事高技术的发展给现代战争带来的新变化还远远不止这些。随着新军事革命的兴起及在全球范围内的迅速拓展，未来战争还将出现更多新的变化。

第二节　高技术在军事上的应用

高技术的运用使武器装备在五个方面发生了质的飞跃：一是武器的毁伤效能剧增；二是突防能力增强；三是侦察监视能力扩展；四是自动化水平大幅度提高；五是机动能力更强。

一、精确制导技术

（一）精确制导技术概述

精确制导技术简称制导技术，是指按照一定规律控制武器的飞行方向、姿态、高度和速度，引导其战斗部准确攻击目标的军用技术。精确制导技术的应用主要体现在两类武器上：一是精确制导武器，主要有战术导弹、制导炸弹、制导炮弹和制导鱼雷等；二是战略导弹。这两类武器对现代战争都产生了巨大的影响，特别是前者，已成为高技术条件下局部战争的主战武器之一，是武器发展史上的一个重要的里程碑。精确制导技术是精确制导武器的关键技术，它支持精确制导武器的远距离高精度作战、夜间作战、全天候作战、复杂战场环境下作战。精确制导技术是20世纪70年代初提出来的。精确制导技术是利用自身获取或外部输入的目标区信息，探测、识别和跟踪目标，导引和控制导弹弹药命中目标或目标要害部位的制导技术。精确制导技术涉及多个专业技术领域，是一项综合多种现代高新技术的应用技术。精确制导技术按照不同的控制和导引方式进行分类，可分为自主式制导、寻的式制导、遥控式制导和复合式制导等。

1．自主式制导

自主式制导是引导指令由弹上制导系统按照预先拟定的飞行方案控制导弹飞向目标，制导系统与目标、指挥站不发生任何联系的制导。惯性制导、方案制导、地形匹配制导和星光制导等都属于自主式制导。自主式制导由于与目标及指挥站不发生联系，因而隐蔽性好、抗干扰能力强，导弹的射程远、制导精度高。但飞行弹道不能改变的特征，使之只能用于攻击固定目标或预定区域的弹道导弹、巡航导弹。

2．寻的式制导

寻的式制导又称自寻的制导、自动导引制导、自动瞄准制导，它是利用导弹上的设备接收来自目标辐射或反射的能量，靠弹上探测设备测量目标与导弹相对运动的技术参数，并将这些技术参数变换成引导指令信号，使导弹飞向目标。寻的式制导按有无照射目标的能源和这种能源所处的地点进行分类，可分为主动寻的制导、半主动寻的制导和被动寻的制导等。寻的式制导的最大特点是：精度非常高，但是它的作用距离较近，识别敌我能力较差。

（1）主动寻的制导。它是照射目标的能源在导弹上。当弹上的导引头接收到来自目标的反射信号后，导弹会自动跟踪并攻击目标。它具有“发射后不用管”的优点，能从任何角度攻击目标，命中精度较高，缺点是易受干扰。例如，法国的亚音速近程掠海飞行的“飞鱼”反舰导弹，在自主控制段结束后，末段就采用单脉冲雷达寻的制导。它的导引头由天线、发射机、接收机、角跟踪和距离跟踪设备、电源以及天线罩等组成。

（2）半主动寻的制导。它是照射目标的能源不在导弹上。当弹上导引头接收到来自导弹发射点或其他（地面、水面、空中）方向照射到目标上的折射或反射信号后，导弹会自动跟踪并攻击目标。这种制导可减少弹上设备，增大飞行距离，但不能自主寻的，而且制导站易受敌人攻击。因此，其主要用于攻击空中目标。例如，中国的HQ-61中、低空地空导弹就是采用半主动雷达寻的制导。

（3）被动寻的制导。它是靠感受来自目标的能量进行制导的。当弹上导引头接收到来自目标的辐射波信号后，导弹会自动跟踪并攻击目标。美国的“响尾蛇”系列空对空导弹，绝大多数采用的就是被动红外寻的制导。

3．遥控式制导

遥控式制导是由设在导弹以外的地面、水面或空中的制导站控制导弹飞向目标的制导技术。制导站的主要功能是跟踪目标和导弹，测量其运动参数，形成制导指令或控制导引波束。遥控式制导有多种，根据所用装置的特点进行分类，可分为有线指令制导、无线电指令制导和波束制导等。波束制导是主要用于地对空、舰对空、空对空和空对地导弹攻击活动目标的武器系统。

例如，采用有线制导的反坦克导弹在导弹发射后，其尾部拖着一条长长的导线，操作员通过观测导弹与目标的相对位置，形成制导指令，通过操纵控制盒把制导指令通过导线传送到弹上，弹上接收设备以收到的制导指令为依据，在弹上经过信号变换和功率放大等环节处理后操纵执行指令，并控制导弹飞行路线，最终使反坦克导弹命中目标。

遥控制导的特点是：导弹受控于指令站，因此弹道可以随目标的运动而改变，适合攻击运动目标。但是这种制导方式比较容易受干扰，且有线制导受导线长度和强度的限制，作用距离较近。

4．复合式制导

复合式制导是在一种武器中采用两种或两种以上制导方式组合而成的制导技术。先进的精确制导武器系统往往采用复合制导技术，即在同一武器系统的不同飞行段，不同的地理和气候条件下采用不同的制导方式，扬其所长，避其所短，组成复合式精确制导系统，以实现更准确的制导。常用的复合制导技术有：自主式制导+寻的式制导、自主式制导+指令式制导、自主式制导+指令式制导+寻的式制导、指令式制导+寻的式制导等。这些复合制导技术在地对空、空对地、地对地战术导弹中均被采用。除上述分类方法外，制导技术还可根据所用物理量的特性进行分类，如无线电制导、红外制导、激光制导、雷达制导、电视制导等。复合式制导系统结构比较复杂，体积大，设备比较昂贵，制造成本较高。

例如，美国的“先进巡航导弹”在飞行的前半段采用惯性导航+地形匹配制导，在飞行末段采用主动雷达寻的制导，就是一种典型的复合制导。

（二）精确制导武器概述

精确制导武器是对采用高精度制导系统，直接命中概率很高的导弹、制导炮弹和制导炸弹等武器的统称。它通常采用非核弹头，用于打击坦克、装甲车、飞机、舰艇、雷达、指挥控制通信中心、桥梁和武器库等点目标。世界上第一枚初级制导的巡航导弹是纳粹德国在二战中研制成功的 V-1 型导弹。20 世纪 70 年代中期，美国在越南战争中大量使用了精确制导炸弹。由于它具有精确的制导装置，在战场上取得了惊人的作战效果，因而引起人们的极大注意。目前，现代战争最常使用的精确制导武器主要有防空导弹、反坦克导弹、反辐射导弹、空空导弹、地地战术弹道导弹、巡航导弹、激光制导炸弹、制导炮弹、制导炸弹、制导地雷等。

1．精确制导武器的特点

精确制导武器优点突出，但弱点也很明显，其主要特点可以概括为以下四条。

（1）命中精度高，可有效摧毁点状目标。命中概率高是精确制导武器名称的根本由来，也是精确制导武器最基本的特征。一些有代表性的精确制导武器的命中概率可达 80%以上，激光制导炸弹和电视制导炸弹，其圆概率偏差约在 2 米以内。例如，海湾战争中，美国空军在 100 千米外向伊拉克的一个水电站发射了两枚“斯拉姆”空对地导弹，结果是两枚导弹先后从同一个洞穿入发电厂，彻底摧毁了目标。

（2）作战效能好。精确制导武器虽然技术较一般武器复杂，制造成本高，但由于精确制导武器具有较高的直接命中概率，因而它的作战效能好、经济效益高。同无制导的武器相比，精确制导武器在完成同一作战任务时，其弹药消耗量小，所需作战费用远远低于常规弹药。

（3）射程远。由于精确制导武器装备了发动机等动力装置，因此其射程大大提高。例如，以前的飞机在进行空战时大都使用航炮，有效射击距离最多几千米。而现代空战主要使用空对空导弹，射程最远能打到200千米，完全是超视距攻击。

（4）可实施非接触打击，减少有生力量损失。

精确制导武器也有其弱点，如它对目标的侦察定位要求高；其电子系统易遭干扰破坏，容易受不良战场环境影响；技术复杂，保障维护难度大；全天候作战能力差等。

2．精确制导武器未来发展趋势

当前，精确制导武器的发展几乎融入了当今信息时代所有最新的科学技术，特别是以信息技术为核心的高技术发展成果。世界一些地区的武装冲突中几乎到处都有精确制导武器的身影，它正在将人类战争推向一个新的历史阶段。然而，精确制导武器并没有发展到顶峰，主要军事大国都在总结经验教训，力争进一步改进。

（1）系列化。一是精确制导武器在使用范围方面系列化，如反坦克导弹形成了近程单兵携带型和中、远程车载式及机载型体系。美军“空地一体”的空中反装甲作战中安排了三个梯次的火力：4千米以内用AH-1S“眼镜蛇”直升机发射陶式导弹；5千米左右用AH-64“阿帕奇”直升机发射“地狱火”导弹；距离远时由空军的A-10攻击机发射“小牛”导弹。二是同类精确制导武器系列化，如防空导弹已经形成了便携式、低空近程、中高空远程的系列。三是精确制导武器自身形成了不同型号的家族系列，如美军“宝石路”空地炸弹的导引头已经发展了三代，空军的“响尾蛇”导弹发展改进了11个型号，“小牛”发展了7个型号，并广泛采用了电视、激光、红外三种制导技术。

（2）智能化。目前，精确制导武器仍不如想象的那样命中率非常高，但精确制导武器提高其智能化水平后则可进一步提高其命中率。

（3）远程化。目前，国外正在发展各种远射程的精确制导武器，其主要目的之一就是提高发射平台的生存概率。例如，美军正在研制“联合防区外发射武器”，并计划将现有的“陆军战术导弹系统”（ATACMS）的射程提高到150～250千米，同时改进现有的“战斧”巡航导弹，增加射程，并采用GPS辅助制导等。

（4）隐身化。为提高精确制导武器的突防能力，隐身化是重要途径。例如，美国正在研制的“联合直接攻击弹药”（JDAM）和“三军防区外攻击导弹”（TSSAM）等。然而，法国专家等认为，提高精确制导武器突防能力，与其花很大力量研究隐身措施，还不如采用现有的超音速攻击，使对方防御系统来不及反应，同样可以达到提高生存能力的目的。因此，提高精确制导武器攻击速度也成为一大发展方向。

（5）通用化。即对一种导弹进行改进，使其适应其他各种作战任务需要。当前通用化的渠道至少有三种。第一个渠道是将精确制导某个分子系统改装成按模块化制导，如美国的“陆军战术导弹系统”（ATACMS）为攻击不同目标，可以携带反装甲、攻击硬目标、反跑道弹头、地雷、反软目标弹药等几种弹头中的任何一种。第二个渠道是将一种导弹经过改造后，满足另一种作战任务要求。如美国的“麻雀”空空导弹，经过加装高度表，改造弹翼，重新设计发射装置，就成了“海麻雀”航空导弹。第三个渠道是同一种导弹经改进后，可由不同平台搭载，但仍完成同一种任务。例如“飞鱼”导弹和“战斧”巡航导弹均可航载，也可以由潜艇发射。大批导弹经过改进后，战斗力水平均产生了新的飞跃。

总之，精确制导武器已成为高技术战争的主要兵器，对现代作战的战略战术、兵力兵器对比乃至战争结局都产生了至关重要的作用和影响。

二、伪装与隐身技术

随着电子信息技术高速发展及其在军事领域中的广泛应用，战场军事侦察的技术手段已经实现了高技术化。精确制导武器的广泛应用，意味着战场目标“发现即可命中”，这就促使了反侦察技术的发展。现代战争中，伪装和隐身技术作为高技术反侦察手段已成为战场重要组成部分。

（一）伪装技术概述

伪装就是进行隐真示假，为欺骗或迷惑对方所采取的各种隐蔽措施。它是军队战斗保障的一项重要内容。伪装的基本原理是减小目标与背景在可见光、红外、微波等电磁波波段的散射或辐射特性上的差别，以隐蔽真实目标或降低目标的可探测性特征，模拟或扩大目标与背景的这些差别，以构成假目标欺骗敌方。

伪装自古就为兵家所重视。《孙子兵法》中指出：“兵者，诡道也。故能而示之不能，用而示之不用，近而示之远，远而示之近。”这是关于在战争中如何运用伪装的最早论述。在古代战争中，曾有许多实施伪装的成功战例。例如，中国春秋时期的平阴之战、战国时期的即墨之战。到了近现代，伪装得到进一步的广泛运用，成为保障军队作战必不可少的战斗措施。在第二次世界大战的诺曼底登陆战、朝鲜战争、第四次中东战争、马岛战争、海湾战争、科索沃战争等高技术战争中，伪装在新的技术基础上得到广泛运用，采用的隐蔽、佯动、设置假目标、施放烟幕和兵器隐身等技术措施发挥了很大作用。

伪装的技术措施主要有：天然伪装、迷彩伪装、植物伪装、人工遮障伪装、烟幕伪装、假目标伪装、灯火及音响伪装等。

伪装的分类方法基本上有两种：一是按军事伪装的运用范围进行分类，可分为战略伪装、战役伪装、战术伪装；二是按伪装所对付的侦察器材进行分类，可以分为反雷达侦察伪装、反可见光及红外侦察伪装、反声测伪装。

现代军事伪装有很强的综合性，所涉及的学科包括光学、电学、声学、热学、化学、植物学、仿生学、材料学等。针对高技术侦察的特点，现代伪装技术主要包括防光学侦察伪装、防雷达侦察伪装和防红外侦察伪装等。

（二）隐身技术概述

隐身技术又称隐形技术或低可探测技术，是改变武器装备等目标的可探测信息特征，使敌方探测系统不易发现或发现距离缩短的综合性技术。隐身技术是传统伪装技术的一种应用和延伸，是将流体力学、材料学、电子学、光学、声学、热学等领域的技术融汇一身。目前，隐身技术在武器和作战平台中得到了广泛的应用，如各种隐身飞机、隐身导弹、隐身坦克、隐身装甲车、隐身火炮、隐身水雷、隐身舰艇等。隐身技术包括主动（有源）隐身技术和被动（无源）隐身技术两大类。

1. 隐身技术的发展过程

目前，隐身技术及其武器系统的发展经历了探索阶段、发展阶段、应用阶段。

（1）探索阶段（20 世纪 70 年代以前）。飞机一出现，人们就试图降低它的可见光特征信号，后来，重点转变为反雷达探测。在第二次世界大战中，德国、日本、美国和英国都曾尝试降低飞机的雷达特征信号。德国潜艇的通气管还采用过能够吸收雷达波的涂料。20 世纪 60 年代中期以后，一体化防空系统效能得到很大提高，提高飞机生存能力的重要性和迫切性变得异常突出。在这种需求下，西方国家研究出了一些战术和技术对抗措施，并研制出 U-2、A-12、YF-12、SR-71、D-21 等具有一定隐形能力的飞机。但由于缺少提高生存能力的系统方法，更缺少支撑隐形的先进技术，所以还没有出现真正的隐形武器系统。

（2）发展阶段（20 世纪 70 年代～90 年代初）。在采用降低特征信号以提高飞机生存能力的强烈需求推动下，提出了研制以降低雷达截面为主要目标的、实用的、真正的隐形飞机的要求。由于基础理论以及计算机、电子、控制、材料技术的进步，以减小雷达截面为主要目标的实用的第一代隐形飞机——F-117A“夜鹰”于 1975 年问世。美空军于 1981 年开始发展第二代隐形飞机——B-2 隐形轰炸机。

此外，F-16C、F/A-18C/D、B-1B 等也采用了部分隐形技术，隐形技术还被推广到各种导弹、直升机、无人机、水面舰艇当中。潜艇的噪声以每 10 年降低 10～20dB 的速度下降，世界上最好的核潜艇的噪声已经降低到 90～100dB，低于海洋环境噪声（115dB）。

（3）应用阶段（20 世纪 90 年代以后）。第二代隐形飞机研制成功后，曾多次参加军事行动，取得显著战果。随后美国开始研制第三代隐形飞机。目前，美国已和西方国家已将隐形技术向导弹、舰艇、直升机、战车，甚至弹药、地面设备、服装和机场等领域进行推广和移植。

2．隐身技术实现的途径

隐身技术实现的途径主要是隐身外形技术、隐身结构技术和隐身材料技术等。

（1）隐身外形技术。外形是目标暴露的主要特征，现代兵器对外表形状处理得如何，将直接影响其防可见光和雷达侦察的效果。目前，对武器装备的外形设计是以防雷达侦察为主，兼顾对付可见光侦察。

①反雷达探测隐身技术。通俗地说，就是尽量使雷达接收不到回波，从而实现隐身效果。雷达散射截面积是目标散射雷达信号强弱的衡量指标。因此，要想缩小雷达散射截面积，必须在武器装备的外形设计上把减小雷达反射截面积作为武器系统隐身的重要措施。在武器装备外形设计时，应避免出现任何边缘、棱角、尖端、缺口等垂直相交的面，并将这部位设计成锐缘或弯曲缘，以抑制强天线型反射和谐振反射。

②反可见光探测隐身技术。在可见光侦察条件下，目标的可见性除与目标与背景间的颜色差别、目标与背景间的距离、照明条件、大气透明状况等一系列因素有关外，目标的可见尺寸越小越难辨认，目标的外表形状越不规则，则外形轮廓也越不清楚。因此，隐身兵器的外形设计，必须考虑到尽量减小目标的外形尺寸。

（2）隐身结构技术。兵器结构的隐身，是以整体结构和局部结构为对象，探索其组合规律和合理形式，达到减小目标特征暴露为目的。现代兵器的结构非常复杂，为了防光、声、电、热、磁的探测，与之相匹配的各种隐身结构技术则应用而生。

①反雷达隐身结构技术。它主要包括：合理设计发动机进气和排气系统；减小辐射源数量，尽量消除外露突起部分；采用遮挡结构；为缩小兵器尺寸，采用高密度燃油及适应这种

燃油的发动机等。

②反红外隐身结构技术。它主要是通过改造红外辐射源来抑制目标的红外辐射。其技术措施包括：采用散发热量较小的发动机；改进发动机结构，改进发动机喷管的设计；采用闭合环路冷却的环境控制系统，用以降低载荷设备的工作温度等。

③反电子隐身结构技术。它主要包括减少无线电设备；采用低截获概率技术改进电子设备；减小电缆的电磁辐射；避免电子设备天线的被动反射等。

④反可见光隐身结构技术。它主要包括控制目标的亮度和颜色；控制目标发动机喷口的火焰和烟迹信号；控制目标照明和信标灯火；控制目标运动构件的闪光信号等。

⑤反声波隐身结构技术。它主要包括改进发动机和辅助机的设计；采用减振和隔声装置；减小螺旋桨运动对介质的扰动噪声；合理进行目标整体设计等。

（3）隐身材料技术。在兵器隐身化的发展过程中，隐身材料占有极为重要的地位。它是隐身兵器不可缺少的物质基础。隐身材料技术是隐身技术的关键技术。目前，成功研发的隐身材料主要有吸波与透波材料、吸热与隔热材料、吸声与阻尼声材料等。

①吸波与透波材料。当目标体或其蒙皮采用吸波、透波材料制造时，则照射其上的雷达波会有部分被吸收或被透过，从而减小雷达回波强度，可达到目标隐身目的。

②吸热与隔热材料。吸热材料是指那些热容量较大或能将热能转换成其他能量的材料。用于隐身兵器的吸热材料，由于热容量大、升高温度所需吸收的热量就较多，目标向外辐射红外线就少；另外，材料又能将部分热量转换成其他形式的能量，也可使目标向外辐射红外的强度减弱。

③吸声与阻尼声材料。声音来源于物体的振动。为了降低被声呐等探测设备发现的可能性，提高其隐蔽性，兵器在设计、制造时都必须采用高性能的吸声、阻尼声材料。

3．隐身兵器概述

隐身兵器是把隐身技术应用于武器装备上而形成的新式武器，它可以是对原来不具备隐身能力的武器装备的改进，也可以是新设计、新研制的武器。

（1）隐身飞机。它是研制最早、发展最快、隐身技术含量最高的隐身兵器，其发展经历了利用单一技术对飞机进行局部隐身和运用综合技术对飞机进行全面隐身两个阶段。已研制成功的隐身飞机主要有：SR-71 隐身战略轰炸机、F-117A 隐身战斗轰炸机、B1-B 隐身战略轰炸机、B-2 隐身战略轰炸机等。其中，F-117A 和 B-2 两种飞机的隐身性能最具代表性。

（2）隐身导弹。目前，已研制成功的导弹只有美国的隐身战略巡航导弹和隐身战术导弹。隐身战略巡航导弹即 AGM-86B 和 AGM-139 两种型号。隐身战术导弹也有两个型号，即空中发射的 AGM-137 型和地面发射的 MGM-137 型。

（3）隐形舰船。隐身舰船概念是近年来提出的，它由于各种侦察系统、红外寻的反舰导弹、新一代鱼雷和水雷迅速发展，要求降低舰船可探测概率的结果。

隐身舰艇采用的隐形措施主要有：减少雷达反射截面，改进舰体及上层建筑形状，使用吸波、透波材料，采用尾流隐蔽技术，千方百计地降低噪声辐射，抑制红外辐射，控制电磁特征。近年来，研制比较成熟的有英国的 23 型护卫舰、美国的“阿利·伯克”级导弹驱逐舰等。而高隐身性能的舰船用于战场已初显身手，如美国海军正在研制 SSN-21“海狼”隐身潜艇和掠海航行的非金属双船体的隐身舰船等。

三、侦察监视技术

情报是军事指挥和作战的基础。在高技术战争中，发现就意味着要遭受打击，遭受打击就意味着被摧毁。由此可见，在现代战争中，侦察监视技术的地位是非常重要的。为确保获取可靠的情报，各国军队都高度重视发展侦察监视新技术。从一些国家侦察技术发展的现状可以发现，由于高技术的广泛应用，正在使现代侦察监视装备及其应用进入一个新的发展阶段。

（一）侦察监视技术概述

侦察是军队为获取军事斗争特别是战争所需敌方或有关战区的情况而采取的措施，是实施正确指挥、取得作战胜利的重要保障。侦察的目的是及时获取指挥员下定决心和指挥作战所需的准确情报。

侦察监视技术是指发现、识别、监视、跟踪目标并对目标进行定位所采用的技术。现代侦察与监视系统是根据现代战争的需要，把各种高新技术设备有机结合起来，以实现各种侦察目的的情报保障系统。

发现是依据目标与周围背景的某些不连续性，将目标提取出来，确定某个地方有目标。

识别是确定目标的真假和区分真目标的类型。

监视是严密注视目标的动静，通常是隐蔽地实现。

跟踪是对目标进行连续的和不间断的监视。

定位是按照一定的精度探测和确定出目标的位置，即方位、高度和距离。

自然界中任何实物目标及其所产生的现象总会有一定的特征，并与其所处的背景有差异。目标与背景之间的任何差异，如外貌形状差异，或在声、光、电、磁、热、力学等物理特性方面的差异，都可直接由人的感官或借助一些技术手段加以区别，这就是目标可以被探测到的基本依据。侦察监视系统就是根据目标的特征信息（包括声、光、电、磁、热、力学等）来完成侦察监视任务的。

（二）现代侦察监视技术系统

现代侦察监视技术已成为军事高技术的一个重要领域，成为由多种技术组成的庞大、复杂和多样化的技术体系。目前，现代侦察监视技术可分为地（水）面侦察监视技术、水下侦察监视技术、空中侦察监视技术和空间侦察监视技术四个系统。

（1）地（水）面侦察监视技术。它是指在陆地（水上）进行的侦察与监视。其主要手段除传统的光学侦察外，还有无线电通信侦察、雷达侦察、地面传达侦察等。

（2）水下侦察监视技术。它是指利用水下侦察设备探测水下各种目标。水下侦察设备分为水声探测设备和非声探测设备。目前，水下激光探测处于探索阶段。

（3）空中侦察监视技术。它是指利用航空器在环绕地球的大气空间时，对敌方军队及其活动、阵地、地形等情况进行的侦察与监视，具有灵活、机动、准确和针对性强的特点。

（4）空间侦察监视技术。它是指利用航天器的光电遥感器和无线电接收机等侦察设备获取情报的技术。它的特点是轨道高、发现目标快、侦察范围广，可以长期反复地监视全球，也可定期或连续地监视某一区域。它不受国界和地理条件的限制。

现代侦察设备器材或侦察探测系统有可见光、微波、红外、声学侦察探测设备，并可部署在地面、海上、水下和空中、太空。利用高性能的侦察探测系统可进行全时域、大空域及覆盖全侦察与监视，可迅速、准确、全面掌握敌方情况。

（三）现代侦察监视技术的分类

现代侦察监视技术有多种分类方法，按照侦察监视技术装备平台的活动空间范围进行分类，可分为地面侦察监视技术、水面（下）侦察监视技术、空中侦察监视技术、航天侦察监视技术；按照侦察监视任务的范围进行分类，可分为战略侦察监视技术、战役侦察监视技术和战术侦察监视技术；按照侦察监视所采取的手段进行分类，可分为照相侦察监视技术、雷达侦察监视技术、水声侦察监视技术、无线电通信侦察监视技术等；按照实现探测和识别的技术原理进行分类，可分为光学侦察监视技术、电子侦察监视技术、声学侦察监视技术等。

（四）高技术侦察监视的特点

1．空间多维化

现代侦察监视技术已经达到了陆、海、空、天、电五位一体和各种气候、气象条件下全方位、全时段、多领域的侦察监视能力，形成了运用无线电、光电、水声、传感等多种技术手段在太空、天空、地面（水面）以及水下（地下）等各个区域对各种目标实施不间断的立体的综合性侦察和监视。这个大体系中，各种侦察技术及其相关的平台可根据需要和各自的特点和优势，通过科学、合理的组合，互相取长补短，互为补充，互相印证，以获得准确的、完整的情报。

2．传递实时化

情报的价值首先取决于时效性。现代高技术的侦察监视手段与通信手段的发展，使得获取情报、传递情报和处理情报的速度得到了空前的提高，在很多情况下几乎达到了情报获取、传递、处理、利用之间的零时差。海湾战争中，美国使用“锁眼”KH-11 照相侦察卫星拍摄战场地物图像，经卫星转换器变成数字信号后，立即传送到华盛顿国家判读中心，还原成高分辨率（0.15～0.3 米）地面图像，供情报人员判读，全部过程可在 1.5h 内完成。

3．手段多样化

现代高技术战争最根本的是以信息为主导的战争，单靠某一种侦察监视手段是难以完成情报保障任务的。因此，必须依靠诸军兵种的所有侦察力量，综合运用各种侦察监视技术手段，形成多范围、多层次、多功能的立体侦察监视能力，才能满足部队作战需要。目前，各国侦察监视技术正向系统化方向发展。这种系统能把可见光、红外、夜视、电视、激光、雷达等各种侦察监视技术有机地组合起来，形成功能齐备、远近结合的综合侦察监视系统。例如，美国的“锁眼”KH-12 照相侦察卫星，既能目标成像，又能侦测各种电磁波信号；美军的“升降式目标侦察系统”在 M113 型装甲输送车上装有战场侦察雷达、红外、电视、激光测距机/目标指示器，以及射频干扰仪，可对目标的多种频段信息进行侦察定位，为作战行动提供全面的情报侦察保障。

4．信息精确化

目前，高技术侦察监视的可靠性、分辨力得到空前的提高。在较高的空间和较远的距离上，以及各种不良的视觉条件下，仍然可较清楚、完整地获取目标的各种情报信息。例如，美国的 E-3A 预警机携带的监视雷达，在无明显杂波的条件下可分辨出时速为 1.8 千米的海上目标，甚至可辨认出潜艇的潜望镜和通气孔，侦察卫星成像分辨率已达 1 米以内，有的甚至达到了 0.1 米。此外，有的侦察卫星的合成孔径成像雷达还能在不良气候和夜暗条件下，跟踪海上目标和地面车辆，发现隐蔽的武器和地下设施。

5．情报与作战一体化

具有高技术武器装备的部队，基本上实现了情报、指挥与控制、攻击一体化。将侦察到的信息，通过自动化指挥系统加以处理，并迅速传递给打击系统，向敌方发动进攻，在许多方面基本实现了侦察监视与打击之间的零时差。例如，在海湾战争中，预警卫星将所得到的伊拉克发射的“飞毛腿”导弹的各种参数，立刻传输给北美防空司令部的大型分析系统，经过分析计算把结果反馈到海湾前线的“爱国者”导弹系统，期间只需几十秒，做到了边发现边摧毁的效果；海洋监视卫星一旦发现敌舰，立即就可给己方舰艇、导弹指示攻击目标。

（五）现代侦察监视技术手段

现代侦察监视技术的基本原理是：利用多种媒介传感器，探测目标的红外线、光波、声波、应力（震动）波、无线电波等物理特征信息，从而发现目标并监视其行动。各种侦察监视器材装备搭载不同的作战平台，就形成了对战场侦察监视的不同手段。

1．照相侦察监视技术

照相侦察监视技术是运用照相机摄取目标图像，获取情报资料的一种侦察监视技术。该技术系统包括照相机、胶卷、洗印放大设备和判读设备。照相侦察监视技术可用于地面、空中。如果将照相侦察监视技术系统放置在卫星上，还可以实施航天侦察。照相侦察监视技术系统的性能参数主要是照片分辨率和地面分辨率。

目前，照相侦察监视技术可分为可见光照相侦察、红外照相侦察、多光谱照相侦察和激光扫描照相侦察四种。

2．雷达侦察监视技术

雷达侦察监视技术是利用雷达发现、跟踪、定位和识别目标，获取目标信息（如位置、运动速度）的一种侦察监视技术。它的优点是探测距离远，探测速度快，即时性强，不受天时限制，精度高，并能自动搜索跟踪目标，使用附属设备可以识别敌我。缺点是容易受到电磁干扰等。

目前，雷达侦察监视技术主要有预警雷达、中近程对空侦察雷达、炮位侦察雷达和战场侦察雷达四种。

3．传感器侦察监视技术

传感器是一种检测装置，能感受到被测量的信息，并能将感受到的信息按一定规律变换成为电信号或其他所需形式的信息输出，以满足信息的传输、处理、存储、显示、记录和控制等要求。它是实现地面侦察监视和水下侦察监视的重要装置。用于侦察监视技术中的传感器可分为地面传感器和水下传感器两大类。

（1）地面传感器。它是一种能够对地面目标所引起的战场环境的物理变化进行探测的小型侦察设备。地面传感器能够适应各种环境，全天候、全时段、被动地侦察敌人地面目标活动，或者在己方要地担任警戒任务。地面传感器结构简单，便于携带和埋伏，容易伪装，而且布置简单。目前，地面传感器主要有震动传感器、声响传感器、磁性传感器、红外传感器、应变电缆传感器等。

（2）水下传感器。它主要是“声呐”。声呐是一种接收水中声波的装置，主要用于对水中目标的搜索、测定、识别和跟踪，也可用于水声对抗、水下通信、导航和对水下武器（如鱼雷、水雷等）的制导或控制。声呐属于声学定位范畴，其工作原理是利用声波在水下的传播特性，通过电声转换和信息处理，完成水下探测和通信任务的电子设备。声呐有主动式声呐和被动式声呐两种类型，是水下侦察监视的最重要的一种装置。

声呐是各国海军进行水下侦察监视的主要技术手段，可用于对水下目标进行探测、分类、定位和跟踪；进行水下通信和导航，保障舰艇、反潜飞机和反潜直升机的战术机动和水中武器的使用。此外，声呐技术还广泛用于鱼雷制导、水雷引信以及水下作业、水文测量和海底地质地貌的勘测等。

4. 无线电通信侦察监视技术

无线电通信侦察监视技术是使用无线电收信器材，截收和破译敌方无线电通信信号，查明敌方无线电通信设备的配置、使用及其战术技术性能，判明敌方编成、部署、指挥关系和行动企图的一种侦察监视技术。无线电通信侦察监视技术具有侦察距离远，速度快，工作隐蔽，受环境、地形、气候等自然条件影响小等特点。

目前，无线电通信侦察监视技术主要有无线电通信侦听和无线电通信测向两种。

5. 其他侦察监视技术

其他侦察监视技术主要是指战场窃听侦察、战场电视侦察、炮位声测侦察等。

（1）战场窃听侦察。它是以偷听敌方语音来获取情报的一种侦察技术。其基本样式可分为声音窃听、电话窃听和激光窃听。

（2）战场电视侦察。它是利用电视技术获取图像情报的一种侦察技术。其特点是音像共存，形象直观，情报传递速度快、传播面广、时效性强，可搭载各种平台实现立体侦察。

（3）炮位声测侦察。它是利用声音探测装置发现敌方正在发射的炮兵阵地，确定其位置以引导我方炮兵或火箭兵以火力进行压制或摧毁的一种侦察技术。

四、电子对抗技术

随着科学技术的发展，军队的电子化程度得到迅速提高，专门用于电子对抗的飞机、舰艇、卫星以及用来摧毁雷达等装置的反辐射导弹相继出现，使电子对抗的地位和作用大大提高，电子对抗逐渐以一种直接用于攻防的作战手段，活跃在现代化战争的舞台上。

（一）电子对抗技术概述

电子对抗技术，简单地说是直接应用于信息对抗的各种技术的总称。电子对抗又称电子战、电子斗争，是指敌我双方利用电子设备武器或器材所进行的电磁斗争。它是军用信息技术的一个分支和现代军事高技术之一。由于军队广泛应用先进的电子技术和装备进行战场侦察、目标监视、作战指挥、通信联络、武器控制与制导，从而大大提高了作战能力和快速反应能力。电子对抗的目的在于削弱或破坏敌方而同时又保护己方的这种能力，为掌握战场主动权，夺取战役、战斗的胜利创造有利条件。未来随着电子技术在军事上的广泛应用，电子对抗将成为对抗敌方自动化指挥系统和武器控制系统的重要手段，它将以一种“软杀伤”为主要特点的新战法贯穿于现代战争的全过程中。

电子对抗在美国及北约国家称为“电子战”，在俄罗斯称为“电子斗争”。电子对抗的基本手段是电子侦察与反侦察、电子干扰与反干扰、反辐射摧毁与反摧毁。电子对抗的主要内容包括电子侦察、电子进攻和电子防御。

美军作战纲要指出：“电子战是一种无形而又现实的战斗，是战斗力诸要素之一，是一种可与火力、机动力相媲美的新型战斗力。”电子战是高技术战争的三大支柱之一。电子战的基本作战任务就是降低敌方精确制导武器的命中精度，瓦解敌方C3I系统整体作战的高效性。

电子对抗的实质就是敌我双方为争夺电磁频谱的控制权（即制电磁权）所展开的斗争。制电磁权，如同制空权、制海权，是指在一定的时空范围内对电磁频谱的控制权。夺取了制电磁权就意味着己方能自由使用电磁频谱，不受对方的电磁威胁；同时剥夺了对方自由使用电磁频谱的权利。制电磁权有其时空性。在总体上处于相对劣势的一方，并不是一筹莫展，如果科学指挥，合理集中力量，可在某一时域或地域内夺取局部的制电磁权。

（二）电子对抗技术的分类

电子对抗技术从用途范围来说，可分为电子对抗侦察技术、电子干扰技术、电子防御技术和反辐射摧毁技术等；从频域上来说，可分为声学电子对抗、射频电子对抗和光学电子对抗（光电对抗）三个领域；从空间上来说，可分为地面电子对抗、海上电子对抗、空中电子对抗、空间电子对抗和水下电子对抗；从使用的装备来说，可分为无线电通信电子对抗、雷达电子对抗、光电电子对抗和C3I系统电子对抗等技术等。

其中，电子对抗侦察技术包括对敌方电磁辐射信号的截获、测量、信号处理、识别、威胁判断，以及对辐射源测向、定位等技术；电子干扰技术包括有源干扰技术和无源干扰技术；电子防御技术包括各种反电子侦察、反电子干扰和抗反辐射摧毁等技术；反辐射摧毁技术包括对辐射源精确定位技术和导引技术等。

（三）电子对抗技术的特点

（1）电子对抗技术范围广。它有许多技术分支，而且是一个多学科综合技术，包括射频电子对抗、光电电子对抗、声电电子对抗等。

（2）电子对抗技术贯穿战争全过程。

（3）电子对抗技术具有软硬杀伤的双重战斗力。“软杀伤”是指能有效地阻止敌方正常使用电子设备的作战效能；“硬杀伤”就是使用反辐射武器摧毁敌方的电子设备。

（4）电子对抗技术组织、实施相对复杂。战场空间电磁环境复杂，电磁信号繁多、变化无常，因此快速搜索、跟踪和自动实施干扰都是复杂的。

（四）电子对抗技术的作用

（1）能获得重要的军事情报。通过电子侦察，可以获取敌方无线电通信的内容，查明敌方电子设备的有关技术参数以及兵器属性、类别、数量和配置位置等情报，从而可以判断敌方的兵力部署和行动企图。

（2）破坏敌方的作战指挥系统。无线电通信是军队作战指挥的主要手段。在陆海空三军协同作战、坦克集群突防、飞机或舰艇编队行动、空降作战、海上登陆作战以及军队被围时，无线电通信是唯一的通信手段。有效地干扰、欺骗或摧毁敌人的无线电通信设备，可使其联络中断、指挥瘫痪，严重削弱敌军的战斗力。

（3）破坏敌方的电子防御系统，掩护己方突防武器的攻击行动。

（4）对重要目标进行防御。在机场、桥梁、指挥所等重要目标附近部署雷达干扰设备，可以干扰敌方轰炸机的轰炸瞄准雷达，使其炸弹失去准确性；可以干扰导弹的雷达制导系统，使导弹失控。

（五）电子战的主要手段及原理

1．雷达电子战

雷达电子战是指与敌雷达及雷达制导导弹系统和火控系统做斗争、相对抗的各种战术、技术措施的总称。随着雷达在军事上的应用，雷达电子战于 1942 年 9 月首次在美国海军战役中应用。雷达电子战是利用专门的无线电电子设备或器材对敌方的雷达设备进行斗争，以阻止敌雷达获得电磁信息，减弱和破坏敌武器系统的效能和威力，同时保护自己的雷达等电子设备及武器系统在敌干扰条件下仍能正常发挥效能和威力。

雷达电子战的基本工作原理：雷达是通过发射探测脉冲并接收被照射目标的回波来发现目标的。根据这一原理，雷达对抗装备可以破坏敌方雷达对目标信息的获取。而且，雷达对抗装备可在远距离截获敌方雷达发出的电磁信号，侦察敌方雷达的技术参数，提取敌方雷达的“指纹”，并视情况引导各种方式的干扰或实施摧毁。

对敌方雷达的电子进攻和对己方雷达的电子防御，构成了雷达电子战体系。近年来发展起来的光电电子战和水声电子战都是雷达电子战的一个新技术分支，是雷达电子战的延伸。

雷达电子战的主要技术分类有雷达侦察、雷达干扰和反辐射摧毁。雷达电子战可在空间、空中、地面、海上和水下进行，它们构成了一个立体的作战网络。

2．通信电子战

通信电子战是指为破坏和降低敌方通信系统工作的有效性、可靠性，保障我方通信的有效性和可靠性而采取的战术、技术措施的总称。通信电子战是在第二次世界大战中兴起的，它是通信领域的电子对抗，是敌对双方利用普通的无线电通信设备及专门的通信对抗设备。在无线电通信领域内进行的电磁斗争，其目的在于截获敌方无线电通信情报，阻碍或削弱敌方的无线电通信，保障己方无线电通信设备能正常工作。

目前，通信电子战主要由通信侦察、通信干扰和通信电子防御三大部分组成。

3．光电电子战

光电电子战是利用光电设备或器材，通过光波传输的作用，截获、识别敌方正在工作的光电辐射源信息，并采取各种手段削弱以致破坏其光电设备的效能，同时保证己方光电设备正常发挥效能的技术措施和其他措施的总称。

光电电子战包括光电侦察与反侦察、光电干扰与反干扰、光电制导与反制导、光电隐身与反隐身、光电摧毁与反摧毁几个方面。光电威胁是全方位的、全天候的威胁。世界上光电制导的导弹、炸弹、炮弹已有 100 多种，美国正在研制的红外制导导弹有 30 多种，红外成像制导导弹 20 多种，激光制导武器 20 多种。

五、航天技术

（一）航天技术概述

航天技术又称空间技术，是一项探索、开发和利用太空以及地球以外天体的综合性工程技术，也是一个国家现代技术综合发展水平的重要标志。军事航天技术是把航天技术应用于军事领域，为军事目的进入太空和开发利用太空的一门综合性工程技术，是军事技术的一个组成部分。

航天技术包括航天器技术、航天运载器技术、航天测控技术三大组成部分。

（1）航天器技术。航天器是在太空沿一定轨道运行并执行一定任务的飞行器，也称空间飞行器。航天器可分为无人航天器和载人航天器两大类。

无人航天器包括人造地球卫星和空间探测器等。其中，人造地球卫星按用途进行分类，可分为科学卫星、应用卫星和技术试验卫星；空间探测器按探测目标进行分类，可分为月球探测器、行星（如金星、火星、水星、土星等）探测器和星际探测器等。

载人航天器按飞行和工作方式进行分类，可分为载人飞船、空间站和航天飞机等。其中，载人飞船可分为卫星式载人飞船、登月式载人飞船和行星际载人飞船等；空间站可分为单一式空间站和组合式空间站。

（2）航天运载器技术。航天运载器技术是航天技术的基础。要想把各种航天器送到太空，必须利用航天运载器的推力克服地球引力和空气阻力，而航天运载器技术的发展为各种航天器提供了强大的动力装置。目前常用的航天运载器有运载火箭和航天飞机。

运载火箭主要由动力系统、控制系统、箭体与仪器、仪表系统组成。为了使航天器获得飞出地球所需要的速度，靠单级运载火箭的推力目前难以达到。为此，人们发展了多级运载火箭。多级运载火箭由几个能独立工作的火箭沿轴向串联组成。

（3）航天测控技术。航天测控技术是对飞行中的运载火箭及航天器进行跟踪测量、监视和控制的技术。为了保证火箭正常飞行和航天器在轨道上正常工作，除了火箭和航天器上载有测控设备外，还必须在地面建立测控（包括通信）系统。地面测控系统由分布全球各地的测控台、站及测量船组成。航天测控系统主要包括：光学跟踪测量系统、无线电跟踪测量系统、遥测系统、实时数据处理系统、遥控系统、通信系统等。

（二）航天技术在军事上的应用

航天技术的发展使军事侦察、通信、测绘、导航、定位、预警、监视和气象预报等能力得到空前提高。目前，航天技术在军事上的应用大致可分为航天监视、航天支援、航天作战以及航天勤务保障四个方面。

（1）航天监视。它是指充分利用航天器监视范围大、不受国界和地理条件限制、可定期重复监视某个地区、可以较快地获得其他手段难以得到的情报等优势，通过航天器上的各种侦察探测设备对目标进行监视，主要包括照相侦察、电子侦察、导弹预警、海洋监视和核爆炸探测等。

（2）航天支援。它是指利用军事航天技术，支援地面和空中军事活动以增强军事力量的效能，包括军事通信、军事气象观测、军事导航和测地等。以上两个方面均已得到广泛应用，并且随着微电子技术、计算机技术、传感器技术等发展，其能力在不断提高。

（3）航天作战。它是指利用航天器载激光、粒子束、微波束等定向能武器或动能武器，攻击、摧毁对方的航天器及弹道导弹等目标，或者由载人航天器的机械臂、太空机器人或航天员，直接破坏或擒获敌方的军用航天器。这一方面的技术尚处于初期研究和试验阶段，已能做到利用截击卫星接近对方卫星，采取自爆或撞击方式达到攻击、摧毁对方卫星的目的。

（4）航天勤务保障。它是指在太空利用航天器实施检测、维修，加注推进剂，更换仪器设备、备用件以及其他消耗器材，组装、建造军用航天器等的活动。这一方面的技术目前尚处于探索阶段。

（三）军用航天器简介

随着军事航天技术的迅猛发展及其对现代战争的重要影响，世界各国更加重视军事航天系统与反系统的研制，特别是美国率先发展并决意部署国家导弹防御（NMD）系统，将不可避免地把航天技术的发展推向一个新阶段。目前，常用的军用航天器主要有军用卫星、空间武器类航天器、军用载人航天器等。

1. 军用卫星

军用卫星是对专门用于各种军事目的的人造地球卫星的统称，它是发射数量最多的一类卫星，现已达6000多颗，约占世界各国航天器发射数量的2/3。军用卫星按用途可分为侦察卫星、通信卫星、导航卫星、测地卫星、气象卫星等。

（1）侦察卫星。它是用于获取军事情报的人造地球卫星，其优点是侦察面积大、范围广、速度快、直观效果好，可定期或连续监视特定地区，不受国界和地理条件限制，生存能力强，能取得其他手段难以获得的情报，不仅对军事，而且对政治、经济和外交等均有重要作用。根据任务和侦察设备进行分类，侦察卫星通常可分为照相侦察卫星、电子侦察卫星、导弹预警卫星、海洋监视卫星和核爆炸探测卫星等。

（2）通信卫星。它是用作无线电通信中继站的人造地球卫星，是卫星通信系统的空间部分。它转发无线电信号，实现地球站之间或地球站与航天器之间的通信。与一般通信方式相比，卫星通信具有通信距离远、传输容量大、覆盖区域广、通信质量好、经济效益高、机动性和生存能力强等优点，因而在军事通信中有举足轻重的作用。

（3）导航卫星。它是从卫星上连续发射无线电信号，为地面、海洋、空中和空间用户导航定位的人造地球卫星。利用卫星来导航或定位，具有精度高、全天候、能覆盖全球和用户设备简单等优点，在军用和民用上均有极其重要的意义。“北斗”卫星导航系统是中国研发的全球卫星导航系统，与美国的GPS、俄罗斯的“格罗纳斯”、欧盟的“伽利略”系统并称全球四大卫星导航系统。

（4）测地卫星。它是专门用于大地测量的人造地球卫星。其任务是测量地面点位坐标、地球形体和地球引力场参数。

（5）气象卫星。它是从外层空间对地球及其大气层进行气象观测的人造地球卫星。形象地说，它是一个无人太空气象站，是获取军事气象情况的重要手段，对全球天气监视和天气预报业务均有十分重要的作用。气象卫星主要有两种类型，即极地轨道的近地气象卫星和同步轨道上的静止气象卫星。这两类卫星大都是军用与民用相结合，但也有专门的军用气象卫星系统。

2．空间武器类航天器

空间武器类航天器也称天基武器系统，主要是指攻击敌方航天器用的卫星及卫星平台，如反卫星卫星、反卫星及反弹道导弹动能武器平台和定向能武器平台等。其中，反卫星卫星可摧毁、破坏对我方有威胁的敌方卫星，或使敌方人造卫星失效。在反卫星卫星上装设跟踪识别装置和杀伤武器，可使其具有一定的机动变轨能力，以识别、接近并摧毁敌方卫星。

3．军用载人航天器

载人航天器包括载人飞船、空间站、航天飞机和正在研究中的单级火箭式空天飞机。

（1）载人飞船。它是能保证宇航员在空间轨道上生活和工作以执行航天任务并返回地面的航天器。它的运行时间有限，仅能一次性使用，可独立进行航天活动，也可以作为往返于地面和空间站之间的“渡船”，还能与空间站或其他航天器在轨道上对接后进行联合飞行。载人飞船能够担负的军事使命主要有：作为地面与空间站的军事运输工具，可向空间站运送各种军事补给物资以及接送人员和进行空间救护；试验新的军用航天设备；用于特定目标的侦察与观察等。

（2）空间站。它是大型、绕地球轨道做较长时间航行的载入航天器，是多用途的空间基地。空间站的建立标志着载人航天技术发展进入一个新阶段。

中国“天宫一号”与“神舟九号”飞船的载人交会对接为中国“空间站”的搭建奠定了坚实的基础，掀开了极具突破性的一章。中国计划在2014年发射太空站的核心舱，然后以核心舱为基础，再对接实验舱、货运飞船。预计中国的空间站整个重量大约是60吨，其中，核心舱约20吨，还有两个实验舱、载人飞船、货运飞船。

（3）航天飞机。航天飞机又称为太空梭或太空穿梭机，是一种往返于地面和近地轨道之间，运送有效载荷并完成特定任务的有人驾驶空间飞行器。它兼有航空和航天两种本领，具有航天器和运载器双重功能，并可多次重复使用。航天飞机比火箭、卫星和飞船具有更多的优点和更多的用途，在军事上也有巨大的应用潜力。航天飞机既能像火箭一样垂直起飞，像太空飞船一样在轨道上运行，又能像飞机一样水平着陆。航天飞机实际上是一个由轨道器、外贮箱和固体助推器组成的往返航天器系统，但人们通常把其中的轨道器称为航天飞机。轨道器是航天飞机的核心部分，是整个航天飞机系统中唯一可载人、可重复使用的部分。

（四）军事航天技术对现代战争的影响

军事航天技术的发展极大地拓展了现代战场的空域，使现代战场由“陆、海、空”三位一体发展为“陆、海、空、天”四位一体，使太空成为现代战争新的“制高点”。目前，军事航天技术对现代战争的影响主要表现在以下几方面。

1．极大地增强了军事侦察能力和军事指挥控制能力

部署在空间轨道上的各种军事空间系统（包括照相侦察卫星、电子侦察卫星、导航卫星、预警卫星、通信卫星等），可以居高临下，全时域、全空域、全天候地监视和掌握地面、海上和空中战场所发生的一切变化，为军事指挥员不断实时获取并提供所需的有关敌方军事目

标、军队部署与调动、军队武器装备的数量和性能等各方面的重要情报，从而保证作战方案的正确制订及对整个作战过程实施正确的指挥。在高技术战争中，如果没有军事航天器提供情报和传输信息，军事指挥员就难以根据瞬息变化的战场形势做出正确的决策，实施有效的作战指挥。目前，太空已成为现代战场新的重要组成部分，军事航天技术已成为现代军事技术不可或缺的组成部分和决定战争胜负的重要因素之一。可以说，谁掌握有先进的航天技术，谁就能控制太空，谁就能在战争中拥有主动权，也就更具有军事优势。

2．有效地提高了武器装备的作战效能

利用军事空间系统可以为火炮、导航、飞机、舰艇提供敌方目标的精确坐标，并为我方武器装备进行导航，引导它们准确攻击和摧毁敌方目标，甚至还可通过空间系统的侦察对作战效果进行评估。

3．对建立以信息技术为基础的数字化部队和数字化战场发挥关键作用

信息技术的军事应用、数字化部队的建立和数字化战场的出现，一刻也离不开军事航天技术。所谓数字化部队和数字化战场，其物质基础是从单兵武器到弹药、火炮、坦克、直升机、作战飞机、军舰及指挥技术器材等，都要装备数字化的处理与传输设备或装置，它们都需要各种军事侦察卫星和通信卫星提供和传输数字化的战场信息，即使是一个小分队，甚至是单兵，都必须携带并使用卫星终端。如果没有军事空间系统的支持，不但数字化部队的规模极小，数字化战场的覆盖范围有限，而且根本不可能通过地面的通信网络将它们连接成一个有机的整体，也就不可能实时、准确、可靠地获取战场信息。由此可见，军事航天技术对于未来的军队建设、作战指挥、武器装备及战场的信息化、数字化、自动化都起着关键的作用，它在很大程度上决定着未来军事革命的特点和历程。

4．促使战场进一步向空间延伸

随着军事航天技术的发展，“天军”和“天战”已经不再仅仅是人们议论的话题，而是已经实实在在地走进了战略指挥员的指挥台面。

目前，“天军”已经担负着侦察、预警、指挥、导航、通信、控制以及搜集军事气象资料等任务。随着航天技术的发展，在可见的未来，太空中的空间站不但可以是住人的军营和天军的军事基地，还可以作为太空指挥所、太空武器的试验基地、太空航天器和太空武器的修理所，以及用来装备定向能武器、摧毁敌方的军用卫星和导弹。

建立了“天军”，就必然有“天战”。目前，美国和欧洲已初步建立起了弹道导弹防御系统，俄罗斯已经建立了“天军”部队——航天兵。可以预见，随着太空争夺的日趋激烈和航天技术的发展，战场也将进一步向空间延伸。

第三节　核化生武器和新概念武器

自从 20 世纪出现了核武器、化学武器、生物武器（以下简称核化生武器）之后，这种大规模杀伤武器的威胁就一直笼罩着全人类。近百年的战争史告诉我们，核化生武器作为战争的一种手段，其发生和发展是不以人的意志为转移的，在一定历史阶段内，它不会轻易退出战争舞台。随着高新技术大量运用于武器装备的研制，一种全新的武器——新概念武器又登上了战争舞台。

一、核化生武器概述

（一）核武器概述

1. 基本概念

核武器是利用爆炸性核反应释放出的能量，造成大规模杀伤破坏作用的武器。核武器又称原子武器，包括原子弹、氢弹和中子弹等。核武器的威力是用“TNT 当量”表示的。当量就是指核爆炸时放出的能量相当于多少重量的 TNT 炸药爆炸时放出的能量。例如，当量为 2 万吨的原子弹，就是指这颗原子弹爆炸时放出的能量相当于 2 万吨 TNT 炸药爆炸时放出的能量。第二次世界大战期间，美国出于政治目的将两颗原子弹分别投向日本的广岛和长崎，造成广岛伤亡约 14 万人、长崎伤亡约 9．5 万人的人间惨剧。从此，人类多了一种恐惧，地球多了一份威胁。此后，苏联、英国、法国、中国、印度和巴基斯坦都相继研制成功核武器，并进行了核爆炸试验。据报道，在 20 世纪 80 年代核弹头数量达到 6 万多枚，可以摧毁地球 25 次。

进入 21 世纪，美、俄仍以核武器作为其军事战略的基石，拒不承担不首先使用核武器的义务。而且随着核技术的发展，核武器正在向多样化、小型化方向发展，核武器的威胁依然笼罩着全人类。

2. 核武器的爆炸方式

核武器的爆炸方式用比高表示。比高就是实际爆炸高度（米）与爆炸当量（千吨）立方根的比值。比高小于 0 的爆炸，称为地下（水下）爆炸，一般用于破坏地下目标。比高等于或大于 0 但小于 60 的爆炸称为地面（水面）爆炸，主要用于破坏地面和浅地下的坚固目标。比高大于 60 的爆炸，称为空中爆炸（简称空爆）。空中爆炸又分为低空爆炸、中空爆炸、高空爆炸和超高空爆炸。核武器在空中和地面爆炸时，会依次出现闪光、火球和蘑菇状烟云，在一定范围内还能听到核爆炸的巨大响声。核武器在地下爆炸时，通常看不见闪光和火球，在一定距离内能感觉到强烈的地震。

3. 核武器的杀伤破坏因素

核武器能于爆炸瞬间产生光辐射、冲击波、早期核辐射、核电磁脉冲和放射性沾染。

（1）光辐射。光辐射是核爆炸时从火球中放出的光和热。其传播和普通光线一样，是以光速直线传播，可透过透明物体，也可被不透明的物体遮挡吸收和反射。

（2）冲击波。冲击波是核爆炸产生的高速高压气波。它是由高温高压火球猛烈的膨胀，急剧地压缩周围空气而形成的。

（3）早期核辐射。早期核辐射就是核爆炸最初几十秒内放出的丙种射线和中子流。丙种射线和中子流能贯穿人身，引起机体组织的原子电离，产生放射病。

（4）核电磁脉冲。核电磁脉冲就是核爆炸时产生的电磁脉冲。这种电磁脉冲很像雷击产生的电磁脉冲，会对无线电接收机造成干扰，严重时会使机器损坏。

（5）放射性沾染。放射性沾染是核爆炸时产生的放射性物质对地面、人员、空气、水和物体所造成的沾染。放射性物质主要有核裂碎片、感生放射性物质、未裂变的核装料。放射性沾染受高空风的影响，分爆区、云迹区两类。爆区是指爆心投影点附近一定距离内的沾染区，区内放射性沾染不规则。云迹区是指蘑菇云飘落后形成的沾染区，范围可达极远。

（二）化学武器概述

1．基本概念

战争中用来毒害人、畜的化学物质，叫作毒剂。装有毒剂的各种炮弹、炸弹、火箭弹、导弹、毒烟罐、手榴弹、地雷和布（喷）洒器等，统称化学武器。

首次大规模使用化学武器是在第一次世界大战初期，1915 年 4 月 22 日，德军与英法联军在伊普雷地区对峙，德军以突然袭击的方式，向英法联军的阵地施放了 180 吨氯气，使英法联军 15 000 人中毒。其中，5000 人死亡，5000 人被俘。此后，化学战在第一次世界大战中全面展开，许多交战国家相继使用了化学武器。第二次世界大战中，日军在侵华战争中曾大量使用毒剂，先后在我国 13 个省的 81 个县镇地区，使用毒剂 2000 余次，造成我伤亡 20 余万人。第二次世界大战后，美军在侵朝战争中，使用毒剂 200 多次，造成中朝军民较大伤亡。美军在侵略越南战争中，把越南作为化学武器的试验场，使用毒剂 7000 吨，植物杀伤剂 13 万吨，中毒军民达 150 多万人。苏军入侵阿富汗、越南人侵柬埔寨、两伊战争等战争中都使用了化学武器。

2．化学武器的杀伤特点

杀伤范围大，毒剂能使较大范围的空气或地面染毒，染毒空气能随风扩散到一定的地域。伤害途径多，化学武器能造成空气、地面、物体、水源、食物等染毒，人员吸入染毒空气，皮肤、黏膜（或伤口）接触了毒液滴，误食了染毒的水或食物都会引起中毒。持续时间长，化学武器的杀伤作用持续时间较长。

3．毒剂的战斗性能

目前，各军事强国装备的毒剂约有 6 类 14 种。

（1）神经性毒剂。神经性毒剂是破坏神经系统正常功能的毒剂，主要有沙林、梭曼、塔崩、维埃克斯。中毒后迅速出现流口水、流汗、流泪，瞳孔缩小、呼吸道收缩、胃肠道收缩、肌肉收缩，最后导致呼吸停止而死亡。

（2）全身中毒性毒剂。全身中毒性毒剂是破坏组织细胞氧化功能，使全身缺氧的毒剂，主要有氢氰酸、氯化氰。如氢氰酸，主要通过呼吸道吸入而中毒，中毒后迅速出现口舌麻木、头痛头晕、呼吸困难、眼球突出、瞳孔散大、皮肤呈红色、强烈抽筋、角弓反张等症状。若不及时抢救，会因心跳停止而死亡。

（3）糜烂性毒剂。糜烂性毒剂是使细胞坏死、组织溃烂的毒剂，主要有芥子气、路易氏气、芥路混合毒剂。如芥子气，皮肤染毒后，经 2～6 小时潜伏期，染毒处红肿、痒痛，开始起珍珠状小水泡，后来连成大水泡，而后溃烂数月不好。

（4）失能性毒剂。失能性毒剂是使人的思维和运动机能发生障碍，暂时失去战斗能力的毒剂，主要有毕兹。它通过呼吸道进入人体后，半小时后即出现头晕、心跳加快、瞳孔散大、精神错乱，严重者身体瘫痪。

（5）窒息性毒剂。窒息性毒剂是伤害肺部使人缺氧窒息的毒剂，主要有光气。光气通过呼吸器官进入人体伤害肺部，引起肺水肿，使肺吸不进氧气也排不出二氧化碳，造成剧烈咳嗽、缺氧窒息，或因肺水肿而死亡。

（6）刺激剂。刺激剂是直接刺激眼睛、上呼吸道和皮肤的一类化学物质，又称控制剂，主要有苯氯乙酮、亚当氏气、西埃斯、西阿尔。如苯氯乙酮，主要呈烟状使空气染毒，也可呈粉状使地面染毒，主要刺激眼睛、引起流泪，浓度高时皮肤刺痒、辣痛。

（三）生物武器概述

1．基本概念

在战争中用来伤害人、畜，毁坏农作物的致病微生物及其所产生的毒素统称为生物战剂。装有生物战剂的炸弹、导弹弹头和气溶胶发生器、布洒器等各种施放装置称为生物武器。

最早的一次细菌战发生在1346年，鞑靼人围攻克米亚半岛卡法城的热那亚人，三年不克，便把死于鼠疫的尸体投入城内，结果使全城鼠疫流行，后来又蔓延到整个欧洲，流行达8年，死亡人数高达2500万，约占当时欧洲人口的三分之一。第二次世界大战期间日本、德国、美国、英国、加拿大、苏联都研制了大量的生物武器。日本帝国主义从1930年起，在我国东北建设研制细菌武器的基地，掌管这个基地等设施的731部队曾大量培养鼠疫、霍乱、伤寒、炭疽等细菌。1940年至1943年，日军曾多次向山东、湖南、浙江等地大量使用细菌武器，给中国人民造成了极大的灾难。1952年美国在朝鲜和我国东北地区多次使用了生物武器。

2．生物战剂的伤害特点

（1）致病力强，污染范围广。吸入一个普氏立克次体就能使人患病，吸入0.003毫克甲型肉毒素即可致死。

（2）伤害途径多。生物战剂通常能通过吸入、误食（饮）和皮肤接触三种途径侵入人体。

（3）具有传染性。有的生物战剂如鼠疫、天花、霍乱和斑疹伤寒等，有很强的传染性，个别人发病后如不及时采取防疫措施，能很快形成大面积传染流行。

（4）危害作用时间长。生物战剂气溶胶的危害时间通常为数小时，条件适宜时时间更长，鼠疫杆菌在背阴处可存活数周，炭疽杆菌芽孢在土壤中能存活几十年。

（5）没有立即杀伤作用。生物战剂从侵入人体到发病，短者数小时，长者十几天，其发病时间长短主要取决于战剂的种类和侵入的剂量等。

3．生物战剂的分类及性能

生物战剂的种类很多，大致可分为6类28种。

（1）细菌类。主要有鼠疫杆菌、霍乱弧菌、炭疽杆菌、类鼻疽杆菌、野兔热杆菌、布氏杆菌、军团杆菌等。

（2）病毒类。主要有天花病毒、黄热病毒、委内瑞拉马脑炎病毒、东方马脑炎病毒、西方马脑炎病毒、森林脑炎病毒、裂谷热病毒、登革病毒、拉沙病毒等。

（3）立克次体类。主要有Q热立克次体、立氏立克次体、普氏立克次体等。

（4）衣原体类。主要有鸟疫（鹦鹉热）衣原体等。

（5）毒素类。主要有肉毒杆菌毒素、葡萄球菌肠毒素等。

（6）真菌类。主要有球孢子菌、荚膜组织孢浆菌等。

二、21 世纪核化生武器威胁形势与走向

（一）大规模使用核化生武器的威胁降低

在 20 世纪的后五十多年里，两个超级大国共生产核弹头 12 万枚，大规模使用核武器的危险笼罩着全人类。但冷战结束后，美国失去了主要对手，俄罗斯国力和地位下降，美、俄均已采取适度规模的核战略，正谈判进一步控制和削减核武器事宜。虽然他们进一步提高核武器质量的政策不会改变，但总体上削减核武器数量的趋势不会逆转。加之双方都认识到核战争将导致两败俱伤，核大战的危险越来越小。

化学、生物武器历来为多数国家和人民所反对。为此，国际社会于 1972 年签署了《禁止生物武器公约》、1993 年签署了《禁止化学武器公约》。由于两个公约限制了化学、生物武器的生产、储存和使用，并已建立或准备建立核查机制，像 20 世纪那样大规模使用化学、生物武器的威胁也可能减少。

（二）核化生武器扩散更加严重，威胁源头呈多元化趋势

冷战结束后，由于苏联解体，俄罗斯国力减弱，研制核化生武器的人才、技术大量流失。美国文件指出，“现在从国际黑市上可以买到核专家、核材料和核技术资料，甚至可能买到核武器。”另据国际原子能机构称：“在过去的 10 年里，全世界共发生了 375 起核走私案件。”1998 年，俄罗斯安全委员会前官员承认，苏联曾制造手提箱式的小型核武器，每件当量为 1000 吨，重量 60～100 磅（27.22～45.36 千克），1997 年发现 132 枚中有 48 枚不知去向。时至今日，一般化学、生物武器技术几乎已无秘可言。与此同时，拥有核反应堆及核电站的国家被认为是具有核能力的国家。至 2000 年年底，世界上有 32 个国家和地区已建核电站 459 座，至目前，又至少增加上百座。世界核工业的发展将使更多的国家具有核能力，核威胁将具有更广泛、更庞大的物质基础。

（三）由于技术和战略环境的变化，使用核化生武器的可能性不能排除

1．技术发展为使用核化生武器提供了方便

美、俄等国正在发展小型和微型核武器，这类武器可对特定目标进行摧毁性打击而不产生附带效应。有专家评论认为，这是 21 世纪核武器发展的一个重要趋势。一些国家也在探索“第四代”核武器的研制，企图利用正—反物质湮灭过程释放的能量（反物质弹）或核同质异能素释放的能量（核同质异能素弹）进行破坏和杀伤。它不会产生剩余核辐射，是一类高度小型化、低当量（1～1000 吨）的武器，可能不被视为大规模毁伤性武器。

化学、生物武器本身就是一个广泛的范畴。在长期的化学军控与裁军谈判中，究竟哪些武器算化学武器而应被禁止发展和使用，一直是有争议的。像控爆剂、植物杀伤剂等有毒化学品由于毒性较小，不是公约禁止的重点，使用时的政治风险较小，未来作战中可能得到广泛应用。

2．局部战争为使用核化生武器提供了舞台

在 20 世纪 90 年代的局部战争和武装冲突中，指控使用化学武器的事件频繁发生。最为

集中的是1992～1995年的波黑内战，波黑的塞尔维亚族、穆斯林、克罗地亚族三方相互指责对方使用了化学武器。1993年，在美军与索马里武装派别的直接冲突中，美军使用了辣椒油树脂，为在武装冲突中使用低毒性毒剂开了一个不光彩的先例。1994年爆发的俄罗斯车臣战争中，已经证明车臣分裂武装多次使用了化学、放射性武器。

3．军事政策和打击手段的调整将使使用核化生武器的方式多样化

一是出台有限使用核武器政策。21世纪美军可能有限使用核武器，这已经不是外界的判断，而是见诸美国官方的政策。2002年1月美国国防部提交的《核态势审议报告》，指出了美国可能实施核打击的7个国家，即：中国、俄罗斯、朝鲜、伊朗、伊拉克、利比亚、叙利亚。而实施核打击的理由，第一，摧毁非核武器难以奏效的目标；第二，对核武器和生物、化学武器进攻的报复等，这种情况说明美国的冷战思维根深蒂固。

二是广泛使用刺激性毒剂及非致命性武器。刺激性毒剂在和平时期平定暴乱时称为控爆剂。国际公约明文规定：不得使用控爆剂作为一种作战方法。但美国对此作了保留。在21世纪的局部战争和武装冲突中，刺激剂一类的化学武器可能被广泛应用。另外，美国等西方国家正致力于发展新概念和非致命性武器，这类武器也可能被广泛应用。

三是打击核化设施，引发核化危害。在最近的几场战争中，利用常规武器打击核化设施，引发核化危害，已成为美军等惯用的作战手段。

三、新概念武器

（一）新概念武器概述

新概念武器是指工作原理和杀伤机理与传统武器不同、可大幅度提高作战效能的一类新型武器装备。这种新型武器装备在设计思想、系统结构、材料应用、工艺制造、高技术含量、部署方式、毁伤效果等方面都不同于传统武器，是武器装备体系中的创新性武器。一旦新概念武器大量投入实战使用，将对未来高技术战争带来极大影响。

新概念武器的种类很多，如代表定向能武器的激光武器、高功率微波武器、粒子束武器，代表动能武器的电磁炮、电热炮武器及其微型射弹，以及非致命武器、微小型化武器、气象武器、基因武器、反物质武器、暗物质武器和新型化学武器等。这些新概念武器少部分已部署使用，但大部分还处于探索研究、原理试验、演示验证等阶段。随着技术的不断发展与进步，到2020年前后，像激光武器、高功率微波武器、电炮武器、非致命武器、微小型化武器，以及技术基础较好、经济上可承受的其他一些新概念武器将逐步成熟，并可能投入实战使用。

（二）几种主要的新概念武器

1．激光武器

激光武器是一种利用沿一定方向发射的激光束来攻击目标的定向能武器，具备射程远、方向性好、能量集中、速度快、命中精度高、抗电子干扰能力强等特点，可用来攻击空间卫星平台、弹道导弹、战术导弹及飞机等目标，也可用来使武器系统及作战人员致盲。激光武器可分为破坏目标壳体为主的硬杀伤高能激光武器，以及以反传感器和反人员为主的软杀伤低能激光武器。

2．高功率微波武器

高功率微波武器又叫射频武器，是利用强能量的微波源向目标定向发射高功率脉冲调制的高功率微波极窄波束能量，干扰或毁坏目标上的电子设备以及杀伤作战人员。高功率微波武器辐射频率为 1～30GHz，输出峰值功率一般在 1GW 瓦以上，个别的可达 10GW。高功率微波武器的主要攻击目标是雷达、通信系统、计算机、制导系统以及车辆、舰船、飞机和导弹中的电子元器件，像激光武器一样，也具备硬杀伤和软杀伤两种功能。当微波能量很强或极强时，可作为硬杀伤武器，直接摧毁敌方武器装备，致死敌方作战人员。当微波能量较弱时，可作为软杀伤武器或非致命武器使用，干扰电子设备，使作战人员失去战斗力。

3．电炮武器

电炮武器是一种充分利用电磁能和电热能发射微小型制导或非制导射弹的动能武器，主要用于反飞机、反导弹和反卫星等，属硬杀伤武器装备。电炮武器主要包括电磁炮和电热炮，既可发射霰弹式的非制导弹丸，也可发射可自主寻的的制导型射弹。目前军事强国电磁轨道炮和电热化学炮发展步伐较快，大气层外和大气层内轻型射弹也取得了很大的进展。

4．非致命性武器

非致命性武器是指利用光、声、电磁、化学及计算机病毒等手段，使敌方武器装备或人员失去正常战斗力的一类新型武器，如声波武器、非致命化学战剂、低能激光武器、高功率微波武器、非致命弹药、计算机病毒等。这类武器的共性是对人员只杀伤不致死，使其致盲、致残或瘫痪，对装备和资源不造成大规模的毁坏，但使其失灵或失去作用，为己方争取有利时机和主动权，同时减少因攻击行动带来的附带破坏效应，提高攻击的可控性。

5．微小型武器装备

微小型武器装备源于微电子、纳米技术和微机电系统的发展。其突出的特点是微小型化、价格便宜、“进出”自如、难以发现、多数量大范围部署性强、数量与多功能结合性好以及清除与消灭难，可广泛应用于微型侦察与监视、微型导航与制导、微型侵入与攻击。如微型侦察机器人可做成昆虫或蚂蚁般大小，潜入敌方戒备森严的指挥中心窃取情报，也可探测侦察敌方的核、生、化武器发展情况及其储藏地。昆虫式地雷在被空投到被攻击目标附近后，能自主猎寻目标并实施破坏。利用纳米技术和微机电系统制造的纳米卫星，重量不足 0.1 千克，可用一枚火箭发射数百颗或上千颗，在空间中组成天基纳米卫星网，提高对地监视能力和天基卫星网生存能力。

【思考与练习】

1．什么叫军事高技术？
2．精确制导武器的特点是什么？
3．高技术侦察监视的特点有哪些？
4．简述电子战的主要手段及原理。
5．什么叫核武器？
6．新概念武器主要有哪些？

第五章　信息化战争

【学习目标】

1. 了解信息化战争概念和基本作战样式。
2. 掌握信息化战争基本特征和发展趋势。
3. 掌握信息化战争对国防建设的要求相关知识。

20世纪90年代初，一场以美国为首的多国部队打击伊拉克军队的海湾战争向人们提出了战争的“信息化”这一重大命题。随后又相继发生的科索沃战争、阿富汗战争和伊拉克战争，逐步孕育了一个全新的战争形态——信息化战争。为适应战争形态新的发展变化，中央军委确立了推进中国特色的军事变革，建设信息化军队，打赢信息化战争，实现军队建设由半机械化、机械化向信息化跨越式发展的战略决策。因此，正确认识信息化战争产生的动因，把握信息化战争的基本特征和发展趋势，明确信息化战争对国防建设提出的新要求，积极推进中国特色的新军事变革，是摆在我们面前的一项紧迫而重要的任务。

第一节　信息化战争概述

一、信息化战争的基本概念

信息化战争作为一种全新的战争形态，目前尚无准确的定义和规范的解释。我国著名科学家钱学森认为，信息化战争是以信息为基础的战争。他指出，远程核武器的巨大破坏力，再加上现在高度发展的信息技术，就形成了现阶段和即将到来的战争形式——核威慑下的信息化战争。军事科学院作战条令部编著的《信息化作战理论学习指南》一书对信息化战争的解释是：信息化战争是人类社会进入信息化时代后，交战双方依托信息化战场，以信息化军队为主要作战力量，以信息化武器装备为主要作战手段而进行的战争行为，是由信息时代战争形势、军事力量状态和主导兵器的技术形态等决定的战争动因、性质、规模等整体的表现形态。根据钱学森对信息化战争的提法和军事科学院作战条令部对信息化战争内涵的解释，目前军事学术界一般认为，信息化战争是指发生在信息时代，以信息为基础并以信息化武器装备为主要战争工具和作战手段，以系统集成和信息控制为主导，在全维空间内通过精确打击、实时控制、信息攻防等方式进行的瘫痪和震慑作战。简要地说，广泛使用信息技术及其物化的武器装备，通过夺取信息优势和制信息权取得胜利而进行的战争，就可称之为信息化战争。

二、信息化战争的萌生与发展

信息化战争与人类其他社会活动一样，也要经历一个从萌生、发展到成熟的过程。

（一）第一台电子计算机问世，标志着信息化战争开始萌芽

人类在认识和改造世界的过程中，经历了多次信息革命。理论界一般认为，迄今为止，人类社会已经发生了5次信息革命。第一次信息革命以语言的产生为标志，它标志着人类反映、接收、传递、交流和分析加工处理信息的能力有了一个质的飞跃。第二次信息革命以文字创造为标志，它促进了信息的大量积累和广泛传播，加强了人们的社会交往，增强了人类改造自然、发展生产的能力，扩大了人们的社会活动范围与规模，这是一次信息载体和传播手段的重要革命。第三次信息革命以印刷和造纸术的发明为标志，它使人类知识的积累和传播突破了历史、时空和地域，使信息可以广泛传播于世界的各个角落，对科学技术的推广、文化教育的进步、社会事业的发展产生了极其深远的影响，为人类进入近代文明奠定了基础，是一次信息记载和传播手段更深远的革命。第四次信息革命以无线电技术的发明为标志，它作为人类最早利用电能传播信息的创举，是信息由物质传播转化为电传播的一次新的革命，它进一步缩小了人类交流信息的时空界限，任何人和机构要想控制信息的传播已不太可能。然而，到了以微电子技术与现代通信技术和计算机的结合为标志的第五次信息革命，才是现代意义上的信息革命。计算机不仅用于经济，同时也用于国防，推动着作战体系向信息化发展。20世纪50年代人类社会开始信息化进程之后，很自然地把军队带人了信息化发展的道路；到20世纪60年代，美国军队就开始重视信息的作用，只是没有明确提出信息化建设的概念；到20世纪70年代中期，美军在信息、空间监视、远程导弹等方面已完成了一系列革新。这标志着机械化战争向信息化战争转变。

（二）海湾战争是信息化战争的萌生期

1991 年发生的海湾战争，被普遍视为信息化战争的雏形，美军国防部甚至称其为第一场信息战争，认定海湾战争是人类社会刚刚进入信息时代的第一次信息战争。但从战争手段及战争体系特征看，海湾战争仍然是一场由高技术支撑的机械化战争，因而它只能归入信息化战争的萌生期，不能称为信息化战争。对此可从以下三个方面分析。

（1）从社会信息化技术应用背景看，当时应用的主要还是单项信息技术，网络化程度还很低，社会的信息化程度也不高。

（2）从美军信息化进程看，美军自海湾战争后才真正全面开始信息化方面的建设工作。

（3）从信息战理论发展看，当时还没有真正意义上的信息战理论做指导。海湾战争前期，美军信息战理论尚处于自发性的学术研究之中，并未形成系统的理论，因而也不可能用信息战理论指导海湾战争。美军信息战理论真正的发展是受海湾战争的“刺激”之后，其军队信息化的全面建设也开始于海湾战争之后。

（三）科索沃战争是信息化战争进入成熟期的开端

科索沃战争发生于1999年3月24日至6月10日。将这场战争视为信息化战争进入成熟期的开端，是由社会信息化和军队信息化发展的程度决定的。

20 世纪末，全球社会信息化进入了成熟期。社会信息化的迅猛发展开始于 20 世纪 90 年代中期。这场新的信息革命是以数字化多媒体集成和互联网络等技术综合而成的信息化浪潮，网络技术是主要标志，它把全球信息化推向更新、更广、更高的境界。到 90 年代末，人类社会开始全面进入信息社会。2000 年 7 月，西方 7 国及俄罗斯国家元首在日本冲绳召开信息化首脑会议，颁布了《全球信息社会冲绳宪章》，宪章中将人类社会正式称为“信息社会”。由此可见，科索沃战争是在全球信息社会已经到来的情况下爆发的一场战争。在这场战争中，信息作战和信息化武器装备发挥了以下主导作用。

（1）依托信息优势实施的远程、中程和近程精确打击成为基本手段。精确制导弹药的使用由海湾战争时的 8%上升到 35%，而摧毁的目标却占南联盟被毁目标总数的 74%。使用弹药的种类包括联合直接攻击弹药、联合防区外武器、“战斧”巡航导弹、常规空射巡航导弹、GBU-37 钻地弹等安装有卫星导航与地理坐标复合制导装置的新型精确制导武器。可见，在信息化弹药的使用上，与海湾战争相比已经发生了质的变化。

（2）成功地使用了 C4ISR 系统实施战区外战役指挥与战区内战术控制相结合的作战指挥（C4ISR 系统在我国称为指挥信息系统，是指以计算机网络为核心，具有指挥控制、侦察情报等功能的军事信息系统。C4 表示 Command——指挥、Control——控制、Communication——通信、Computer——计算机，I 表示 Intelligence——情报，S 表示 Surveillance——监视，R 表示 Reconnaissance——侦察）。北约驻欧洲部队总司令克拉克在远离战区千余公里的布鲁塞尔北约总部，运用 C4ISR 系统对相距遥远的各种打击力量实施了实时指挥与协调。空袭中首次使用了“初期联合空战中心能力系统”、“北约综合数据传输系统”和“海上指挥控制系统”等。由于先进指挥控制系统的使用，大大提高了北约部队尤其是美军指挥控制系统的可靠性和生存能力。

（3）交战双方广泛实施信息对抗。科索沃战争被视为世界第一场交战双方都广泛实施信息战的战争。北约方面广泛实施了战略、战役、战术级信息作战。包括战前制造舆论攻势，严密控制战时报道，集中打击对方的传媒设施，高频度实施心理战宣传，实施多种方式的综合侦察监视；保持战场高度透明，以精确制导武器实施“斩首”作战，大量实施电子战，充分利用战场信息系统实施毁伤评估，对南联盟实施全方位信息封锁等等。南联盟方面则针锋相对，利用既有技术条件，以民心士气的激励对抗心理攻击，以传统手段与高技术手段相对抗，采取多种方式实施网络战，有效削弱了多国部队的信息攻击。

在此次战争中，信息化武器运用之普遍，作用之突出，方法之灵活，效果之显著，都是海湾战争无法比拟的。信息主导在战争全过程中真正得到了体现。因此，将科索沃战争视为信息化战争走向成熟的开始，是有足够的理论和实践根据的。

（四）信息化战争的发展

信息化战争的发展过程是从低级到高级逐步推进、逐步发展的。作为一种标志，它最终要形成以数字化作战单元和数字通信、网络链接和智能支持为一体的战争形态，这是信息化战争的最终形态。按信息要素的发展阶段，信息化战争战场作战将经历作战单元和信息传输的数字化，作战体系的网络化和作战体系及战争全过程的智能化三个不同阶段，在各阶段有不同的技术形态和相应的作战方法。其整个发展模式是数字化、网络化、智能化三个阶段“阶梯性递进，随伴性开发，镶嵌性完善”，即在前一阶段的形成期，就酝酿着后一阶段的技术与作战方法。

1．数字化

数字化就是将各种文字、图形、图像、声音等信息首先转为“0”和“1”二进制数序形式的数字电信号，经计算机编码处理，由数字信息设备传送到用户后，再由计算机还原成所需要的文字、图形、图像、声音、数据或控制指令的信息处理过程。在军事体系中，数字化是信息化的必备条件。利用这一技术改造非数字化作战单元，或研制开发数字化作战单元，使各作战单元具有接入系统的功能。这是实现系统化的基础。在军事领域，数字技术在计算机、通信系统、软件系统、传感器系统、定位系统和模拟系统等多方面广泛应用，使战争中武器的控制能力显著增强，反应速度明显加快，精确度大幅度提高，从而把战争推向了精确作战的新时代。这即是信息化战争发展的第一阶段，时间上大致从 1959 年美国第一台野战数字化炮兵计算机问世到海湾战争结束。

2．网络化

海湾战争之后，随着作战体系的日益复杂，数字技术与网络技术进行实质性结合已成为战争实践的迫切需要。在这种背景下，美军正式启动了网络化发展的进程，由此也把信息化战争推向网络化的新阶段。

网络化，简单说就是利用信息技术和计算机技术，把若干个数字化作战单元连成网络，实现局部的一体化，通常称之为局域网。它是信息化的结构形态和物质基础，是实现系统化的中间环节和必备条件。随着网络系统集成程度的提高，各局域网之间的“篱笆”在不断被拆除，越来越深入地融入更大的系统，即通过对众多作战子系统实施综合集成，实现各数字化单元之间到子系统的无缝链接和信息顺畅流动，形成一体化的作战体系，从而最大限度地发挥所有作战力量的整体效能。1993 年，美军作战部队共有 1849 种大型作战指挥信息系统，59 个数据中心，154 个大型局域网络。而到 2000 年时已分别减到 770 个、16 个和 59 个。从这里可以看出，子系统不断扩大、局域网数量逐步减少，是目前网络化的子系统的发展过程和趋势。网络化的最终结果是实现整体作战体系的网络一体化，美军专家称之为“系统中的系统”。届时，战争的对抗将真正变成交战双方体系与体系、系统与系统的对抗。

3．智能化

1992 年，美国国防部开始推行“勇士”C4I 计划，计划用 18 年的时间，即到 2010 年建成一体化 C4ISR 系统和“全球信息化”，信息化战争将进入网络化阶段。在那之后，信息化战争将开始向智能化阶段迈进。届时，战争将趋于自动化和无人化。按美国预计，2010 年，美军执行纵深攻击任务的飞机将有 1/3 无人化；2015 年，美军地面战斗车辆中将有 1/3 是无人战车；2050 年，美军将不再有有人驾驶的作战飞机。

在智能化阶段，战争双方主要打的是创意。拥有优势的一方，将依托数字网络化智能战争体系，在任何时间，从任一空间，使用最便捷、最有效的手段，向已经确定攻击的任何目标实施高度精确的可控性、智能化、自动化的打击，同时能有效地保护己方的安全。这种自有战争以来人类对战争的最高追求，将随着智能化战争的到来而实现。认识到这种发展状况，将有助于我们更准确地认识和把握信息化战争，从而有计划有步骤地进行信息化战争的准备。

三、信息化战争的基本作战样式

作战样式是战争形态的具体表现，有什么样的战争形态就必然会出现与之相适应的作战样式。信息化战争的基本作战样式和过去传统战争的作战样式不同。传统战争的作战样式可以表现为阵地战、运动战、游击战、闪击战等各种作战样式，但集中到一点，它们都是侧重于以物质力量为中心展开的作战行动。而信息化战争则是以信息的获取权、控制权和使用权为核心进行的争夺，由此使信息化战争的作战样式将更加异彩纷呈。

（一）制信息权争夺战

制信息权争夺战是运用多种手段以夺取一定时空范围内战场信息控制权为目的的作战。在信息化战争中，及时掌握制信息权成为作战行动的前提，是战斗力的倍增器。作战中要掌握战场的主动权进而实现行动的自由，首先必须夺取战场的制信息权。因此，制信息权争夺战将是未来信息化战争中的基本作战样式之一。

（二）指挥中枢瘫痪战

指挥中枢瘫痪战是在信息化战争的战场环境中，以指挥决策者为主体，以破坏和瘫痪敌战场认识系统、信息处理系统和指挥控制系统为主要作战目标，综合运用以信息技术为核心的武器装备、作战系统和作战手段，剥夺敌战场信息获取权、控制权和使用权，使敌决策者和指挥机关难以下定正确的决心和进行有效的作战指挥。

（三）战争结构破坏战

战争结构破坏战是着眼战争全局，综合运用各种作战方法和手段，从破坏敌维系整体作战能力的系统与联系入手，通过设谋用巧、避实就虚，打击敌方作战协调行动的关节，造成敌方作战力量结构的紊乱和作战行动程序结构的脱节，致使敌方整体作战能力迅速降低，进而集中力量各个击破，达到瓦解、歼灭敌军的目的。

（四）心理系统瓦解战

心理系统瓦解战是信息化战争中的重要作战样式之一。它是以改变个体和群体心理状态为目标，运用各种形态的信息媒介，从认识、情绪和意志上打击瓦解敌人的一种作战样式。它着眼于对人的精神上、心理上的征服，利用人在对抗环境中的心理变化规律，通过大量的信息传递，干扰破坏敌方的决策过程和决策结果，瓦解敌方士气，削弱其抵抗意志，使其做出错误的决定，放弃抵抗、逃避战斗乃至缴械投降，从而不战而胜。

（五）战争潜力削弱战

战争潜力是指在一定时期内，国家或政治集团通过动员能够用于扩充武装力量，满足战争需要的一切物质力量和精神力量的总称。具体地讲，就是经过战时动员能为战争服务或使用的人力、物力、精神和科学技术等诸多因素构成的潜在的军事实力，它寓于国家综合国力之中。战争潜力削弱战就是综合运用硬摧毁与软杀伤手段，削弱对方为战争服务或使用的人力、物力、精神和科学技术等诸多因素构成的潜在的战争力量，破坏对方将战争潜力转化为战争实力的转换机制，动摇对方的战争基础，使对方无法继续进行战争，从而达到迅速战胜对方的目的。

第二节　信息化战争的基本特征

信息化战争是一种新型战争形态，既不同于农业时代的冷兵器战争形态，也不同于工业时代的热兵器战争形态，它属于知识经济、信息时代的高技术战争形态，也是相对于机械化战争的未来战争形态。当前世界范围内正在进行的新军事变革，其实质就是要把工业时代的机械化军事形态改造成信息时代的信息化军事形态，与信息化军事形态相对应的基本战争形态就是信息化战争。较之其他战争形态，信息化战争呈现出鲜明的时代特征。

一、信息资源主导化

信息对战争影响的关键是要准确获得战场信息并把信息及时用于决策和控制。机械化战争，起主导作用的是物质和能量，打的主要是“钢铁仗”和“火力仗”。在信息化战争中，信息是核心资源，是决定战争胜负的关键因素。信息化战争是以争夺战场“制信息权”为主要行动的战争。信息成为部队战斗力的核心要素。

在未来战争中，对信息的争夺将发挥核心作用，可能会取代以往冲突中对地理位置的争夺。攻城掠地已经成为机械化战争的历史，在信息化战争中，地理目标将日趋贬值，信息资源将急剧升值。制信息权必然成为凌驾制空权、制海权和制陆权之上的战场对抗的制高点。拥有信息资源，握有信息优势，是取得战争胜利的先决条件。

急剧升值的信息资源，决定了争夺制信息权的斗争将在全时空进行，决定了战争中交战双方将倾全力去争夺“信息优势”。海湾战争，争夺信息优势的斗争，贯穿于战争全过程，渗透于所有作战空间。美军利用世界上最先进的计算机系统提供的大型智能平台和 C4ISR 指挥信息系统，完成了超大容量信息处理，赢得了战场信息优势。在科索沃战争和阿富汗战争中，由于美军夺取和保持了全时空的信息优势，因而以很小的代价夺取了战争的胜利。战争的实践，不仅使人们越来越充分地认识到物质、能量和信息在战争中的作用将发生革命性变化，而且使人们清晰地看到了信息、信息系统和信息化武器装备的巨大作用，感受到了未来信息化战争的无限前景。传统的火力、防护力和机动力仍是战斗力的重要组成部分，但已经不处在核心位置，取而代之的是信息系统和信息化武器装备系统。

二、武器装备信息化

科学技术在军事领域的运用，尤其物化为战争的“手臂”，是引起战争形态发生深刻变革的根本原因。工业时代的战争，以机械化武器装备为物质基础。而信息时代的战争，则是以信息化武器装备系统为物质基础。“信息化的”武器装备系统，又是以计算机技术为核心、以信息技术为基础的一体化的武器装备系统。其构成主要包括信息武器、单兵数字化装备和 C4ISR 系统。

信息武器系统，包括软杀伤型信息武器和硬杀伤型信息武器。

软杀伤型信息武器，是指以计算机病毒武器为代表的网络攻击型信息武器和以电子战武器为代表的电子攻击型信息武器。这类武器已在海湾战争中开始使用。硬杀伤型信息武器，主要是指精确制导武器和各种信息化作战平台。信息化作战平台，装有大量的电子信息传感设备，并与 C4ISR 系统联网。它们集侦察、干扰、欺骗和打击功能于一体，既可实施战场探测，为精确打击和各种战场行动提供目标信息，还可实施信息攻防作战，是信息化战争的重要物质基础。

单兵数字化装备，是指士兵在数字化战场上使用的个人装备，也称信息士兵系统（它由单兵计算机和无线电分系统、综合头盔分系统、武器分系统、综合人体防护分系统和电源分系统 5 个部分组成）。信息化的士兵装备，既是战场网络系统的一个终端，也是基本的作战单元，具有人机一体化的远程传感能力、攻击和生存能力，能够实时实地为炮兵和执行空地作战任务的飞机提供数字化的目标信息。阿富汗战争中，美空军准确无误地对地面目标实施攻击，就是得益于特种作战部队装备的信息士兵系统将整个战场数字化网络连为一体，为其提供了及时准确的目标数据。单兵数字化装备的出现和运用，意味着陆军作战效能将出现革命性变化。

C4ISR 系统，是战场指挥、控制、通信、计算机、情报、监视和侦察系统的简称，它把作战指挥控制的各个要素、各个作战单元黏合在一起，是军队发挥整体效能的“神经和大脑”。在信息化战争中，C4ISR 系统是敌对双方的主要作战目标，围绕 C4ISR 系统展开的攻击和防护成为战争的重要作战行动。海湾战争具有划时代的意义。在人类战争史上，它是工业时代向信息时代过渡时期发生的一场战争，尽管还称不上完整意义上的信息化战争，但是它所显示的信息化战争的特征，在以后的科索沃战争、阿富汗战争、伊拉克战争中，已经表现得十分清楚。

三、作战空间多维化

作战空间随着科学技术和武器装备的发展逐渐呈现日益拓展的趋向。人类战争历史上，由于飞机的问世和航空技术的发展，作战空间发生了第一次革命性变化。由陆海平面战场发展为陆海空三维的立体战场。机械化战争中，交战的舞台主要是在陆、海、空等物理空间展开，重点是在陆地、海洋和空中进行。而信息化战争中，虽然活动的依托仍然离不开物理空间，但决定战争胜负的因素主要取决于信息空间，主要包括网络空间、电磁空间和心理空间。高技术局部战争的实践表明，信息化战争的作战空间明显拓展，呈现出陆、海、空、天、电等多维一体化趋势。信息化战争作战空间的这种多维性和复杂性，打破了传统的作战空间概念。

首先，物理空间超大无限。第一次世界大战中，决定战争胜负的马恩河战役、亚眠战役，战场范围仅有数百至数千平方千米。第二次世界大战中，决定战争胜负的维斯瓦河奥德河战役、柏林战役、诺曼底战役，战场范围也不过数万或数十万平方千米。而海湾战争，战场空间急剧扩展，东起波斯湾、西至地中海、南到红海、北达土耳其，总面积达到 1400 万平方千米。阿富汗战争，其作战规模远不及海湾战争和科索沃战争，但其作战空间范围要远比海湾战争和科索沃战争大得多。美军在空中部署有各种侦察、预警飞机，全方位、全时段监视对方的所有行动。在外层空间利用多颗卫星组成太空侦测网，全面监视、搜寻塔利班和拉登的动向。随着军事信息技术的高速发展，未来信息化战争的作战空间将在目前陆、海、空、天的基础上进一步拓展。

其次，信息空间多维广阔。信息空间是一个全新的概念，它包括电磁空间、网络空间和心理空间，渗透于陆、海、空、天各个战场领域。由于信息和信息流“无疆无界”，使得信息作战的领域大大突破了传统的战场界限，是一个超大无形、领域广阔的作战空间。

电磁空间是信息空间的重要组成部分。电磁战场被称作继陆、海、空、天之后的“第五维战场”，是信息化战争的重要作战空间。

网络空间是人类进入信息社会的必然产物。信息时代的一个明显标志是计算机和计算机网络技术的广泛应用。目前，国际互联网络将全世界170多个国家和地区的计算机网络连为一体。信息高速公路在全球范围内逐步建成，时空的概念正在急剧缩小。网络空间的出现，使地理上的距离概念和国家之间的地理分界线将在信息对抗中失去意义，凡是与网络空间相联系的目标都可能遭到攻击。

心理空间特别是决策者的思维空间是信息化战争的重要作战空间。心理是控制和决定人的行为的重要因素，心理空间的对抗备受各国军队的重视。美军不仅编有心理战部队，而且正在研制“噪声仿真器”、“电子啸叫器”等专用心理战武器。美军在近期几场局部战争中都采取了军事打击与攻心并举的方针，成功地实施了心理战。战争的实践证明，心理空间作为信息作战空间的一个重要组成部分已体现得非常明显。

四、作战节奏快速化

时间是战争的基本要素。随着计算机、电子通信、卫星技术和信息化武器装备的发展，信息化战争的作战节奏和作战速度将比机械化战争大大提高，持续时间明显缩短，呈现迅疾短暂快速化的特征。促使战争时间迅疾短促的主要因素有以下三个。

（1）战场信息流动加快，作战周期缩短。信息时代，数字信息技术广泛运用于战场侦察监测设备和信息快速传输网络，实现了信息的实时获取、实时传输、实时处理，使得信息流动速度空前加快，空间因素贬值，时间急剧增值，作战行动得以快速进行。在网络化的战场上，尽管基本作战程序和信息的流程没有发生根本变化，同样要经过发现目标、进行决策、下达指令、部队行动等环节，但这几乎都是实时同步进行的。

（2）战争的突然性增大，时效明显提高。信息化战争中，各种信息武器具有快速的作战能力，使得作战行动的速度加快，时效性明显提高。

（3）广泛实施精确作战，毁伤效能剧增。海湾战争中，多国部队发射的精确制导弹药，虽然只占发射弹药总量的9%，却摧毁了约68%的重要目标。精确打击直接指向敌人的战争重心，迅速而致命，这必然使得作战时间短促，战争持续时间大为缩短。

此外，数字化战场的建立、部队机动能力的提高、受经济能力和战争目的的制约等，都是促使作战时间迅疾短促，战争进程日趋缩短的重要原因。

五、作战要素一体化

信息化战争，一是作战力量一体化。通过信息网络和信息技术，可以将处于不同空间位置的各种作战能力联结成一个有机整体，形成一体化作战力量。二是作战行动一体化。信息化战争中的主要作战样式，是两个以上的军种按照总的意图和统一计划，在联合指挥机构的统一指挥下共同进行的联合作战，其作战行动具有一体化的特征。三是作战指挥一体化。信息化战争中，集指挥、控制、通信、计算机、火力、情报、侦察和监视于一体的 C4ISR 系统，为作战指挥提供了准确的战场情报、快速的通信联络、科学的辅助决策、实时的反馈监控，从而使树状的指挥体制逐渐被扁平的网络化指挥体制代替，使作战指挥实现了一体化。四是综合保障一体化。保障军队为遂行作战任务而采取的作战保障、后勤保障、装备保障、政治工作保障等各项保障措施实现一体化。

六、作战指挥扁平化

机械化战争的指挥体制，主要以作战部队多层次纵向传递信息的树状指挥体制为主。这种指挥控制网络就像大工业生产按行业、按流水线建立的控制体系一样，其特征是金字塔状，下面大上面小，所有来自前线的敌我双方的情报信息，必须逐级向上汇报，上级的指示精神和命令也按照这样的树状模式逐级下达到前线或基层，是一种典型的逐级指挥方式。信息化战争的指挥体制，趋向作战单元与指挥控制中心横向传递信息的“扁平网络化”结构。在纵向上，从最高指挥机构到基层分队所形成的逐级控制关系虽仍然存在，但是，单兵数字化指挥控制系统成了指挥体系的最小层次。在横向上，各指挥系统间的横向联系更加紧密，它不仅包括平地指挥机构之间的联系，还包含非同一层次间指挥机构的横向联系；不仅包括不同军兵种各层次指挥机构的联系，还包括同一军兵种平行指挥层次指挥机构间的联系。指挥控制近乎实时，效率大大提升。

七、作战行动精确化

信息化战争中，在多层次、全方位、全时空的情报、侦察和监视网络的支持下，使用大量的精确制导武器，使各种作战行动的精确化程度越来越高。一是精确侦察、定位控制。精确侦察、定位和控制是实现精确打击的前提和基础。二是精确打击。精确打击是信息化战争精确化的核心内容，它是靠提高命中精度保证作战效果，而不是通过增加弹药投射的数量增强作战效果。三是精确保障，就是充分运用以信息技术为核心的高技术手段，精细而准确地筹划、实施保障，高效运用保障力量，使保障的时间、空间、数量和质量要求尽可能达到精确的程度，最大限度地节约保障资源。

第三节　信息化战争的发展趋势

作为一种崭新的战争形态，信息化战争尚在发展之中，但传统的战争格局已经被打破，并呈现出扩大化的趋势，即信息化战争的战争目的、战争行动、战争层次、战争主体都发生了变化。从战争形态自身发展的规律和信息化军事变革发展的趋势来看，未来信息化战争的发展趋势主要体现在以下几个方面。

一、战争空间透明化

“战争迷雾”一直是困扰战争指挥官的一大难题，但对实施信息战的数字化部队来说，战争却是透明的。在未来的信息化战争中，战争侦查手段将囊括空间感知技术、空中感知技术、地（海）面感知技术等各个领域。前线的传感器、太空的卫星将不停地把各种情报传输给计算机，并把这些情报的图像画面实时地显示在指挥所的显示屏上。所有己方战斗人员均可同时获得这些图像，从而对敌我双方的位置、态度，以及集结、运动的情况都看得一清二楚。

目前，美军等发达国家的军队正在大力建设数字化战场，其目的就是使战场透明化。实现战争数字化后，可把情报从战区、军、师司令部等单位以数字形式传输给旅、营、连乃至单个战斗车辆或单兵，使各级指挥官和战斗人员实现信息共享。当然，战场透明是相对的，只要是战争就不可能绝对透明。但是，由于侦察技术的发展和识别战场虚伪能力的提高，战场透明的天平总体上是倒向信息技术优势一方的。

二、作战行动实时化

信息化战争作战行动的实时化是指部队能够实时获得战场信息，实时做出决策，实时采取行动，实时完成打击。在传统战争中，作战的时效性并不突出，信息的“生命周期”相对比较长。例如，农业时代的战争，前方的信息几天后才能传给后方，但仍然具有重要价值，将帅据此仍然可以做出有效的作战决策；在机械化战争中，信息的时效性大大缩短，几小时或者几分钟后，原来的信息就可能失效；在信息化战争中，几分钟前有效的信息，转眼间就可能变成零价值的东西。因此，运用先进的信息技术，大大缩短了从搜索、跟踪到识别、分发、攻击这一“杀伤链”的周期。美军从发现目标到实施打击的整个周期，从海湾战争时的24小时，科索沃的2个小时，缩短到伊拉克战争时的10分钟以内。在海湾战争中，美军把空中任务指令传给有关作战部队需要十几分钟，甚至几十分钟，现在仅需要5秒。在阿富汗战争中，“实时召唤、立体打击”成为美军对基地组织的主要作战方式之一。可以预见，在未来的信息化战争中，随着战场感知能力的提高，发现目标随即意味着目标将被消灭就要成为现实，信息化作战行动的实时化将更加突出。

三、打击目标精确化

从某种程度上，未来信息化战争实质上就是精确化战争。其主要特点就是精确化的目标控制、精确化的火力控制、精确化的打击强度控制。精确化的目标控制是指精选敌人的重心和要害作为打击目标，把附带损伤控制在最低程度。精确化的火力控制是指根据不同的目标性质，以及目标周围的军事与非军事目标的情况，确定各种精确打击火力的运用问题，实现巡航导弹、空地导弹、地地导弹、联合直接攻击弹药、防区外打击武器的最佳搭配，获得最理想的打击效果。精确化的打击强度控制是根据作战需要控制精确打击的规模和程度，避免打击力度的不足或打击规模失控。在近期的几场信息化局部战争中，精确化打击不仅降低了战争风险，而且减少了战争消耗，大大提高了作战效费比。随着C4ISRK（这里的K表示Kill，即杀伤）系统和战争信息化体系的日趋完善，军队的侦察预警精确、机动定位精确、智慧协调精确、信息传递精确、毁伤评估精确等方面的能力将得到极大提高，将导致精确作战成为未来信息化战争的基本理念。

四、力量运用高效化

传统的武器系统有一个共同特点，这就是他们的杀伤力来自有形的、物理的、化学的、机械的能量。而信息化武器系统则完全不同，它不仅是物质和能量的结合体，而且是以信息为武器的三人基本要素之一。这种构成要素的变化决定了信息化武器杀伤机理的变化。信息化武器除了具有传统的、有形的、物理的、化学的、机械的杀伤力以外，还具有独特的信息力。信息力的功能主要是杀伤力、整合力、信息打击力。它不仅追求武器打击能量的增加，而且还追求打击精确、打击效能的提高。信息化武器实现了由粗放式能量释放向聚能式能量释放的转变，极大地提高了武器的效能，使作战力量的运用能够实现高效化。在未来的信息化战争中，大量信息化武器和新概念武器的运用，将使战争具有亚核的威力。

五、作战手段智能化

未来的信息化战争作战手段智能化主要体现在以下两个方面。一是指挥控制手段的高度自动化和智能化。未来的 C4ISRK 系统将真正实现侦察监视、情报搜集、通信联络、指挥控制和打击杀伤的无缝连接，成为指挥与控制作战信息的“高速公路”，可以高度自动化地确保指挥官近实时地感知战场，定下决心，协调和控制部队及武器平台的作战与打击行动，使作战行动实现高度的自动化和智能化。二是大量智能化武器系统和作战及保障平台将装备部队并投入作战，使整个作战过程从侦察监视、感知战场态势、获取情报并处理和传输、定下决心、发出指令、实施打击、毁伤评估等环节，都能够实现高度的自动化和智能化。另外，未来的信息化战争既存在传统对抗领域里的激烈对抗，也存在智能化领域里的激烈对抗，甚至是以智能化领域里的对抗为主。例如，知识、信息和思维这些智能化的范畴，既可能是作战所使用的手段，也可能是作战中要打击的目标。因此，在智能化领域中将会发生大量直接对抗的作战行动，如直接打击对方的 C4ISRK 系统、破坏对方的决策程序等。

六、制胜机制发生变革

信息技术革命导致的信息化军事变革，不但改变了战争形态、战场形态、军队结构和作战方式，而且也必将改变战争的制胜机理。如果撇开政治因素，以往的战争制胜机理大致有两大规律：一是强胜弱败，二是火力和机动力制胜。而信息化战争的制胜规律，除了这两条外，还有以下一些新的制胜规律。

1. 信息制胜规律

在信息化战争中，信息优势取代火力、机动力成为衡量双方力量优劣的首要标志，成为整体作战和高效作战的前提和制胜基础，从信息优势中谋求整体对抗优势，成为信息化战争制胜的根本途径。信息优势对作战过程和结局最根本的影响在于强化整体作战能力，即通过形成信息优势、决策优势、竞争优势和全谱优势，使拥有信息优势的一方最终赢得战争胜利。

2. 整体制胜规律

从近期几场高技术局部战争来看，无论战争规模大小，国家战略力量都是能否赢得信息化战争胜利的基础。只有把国家的战略能力与军事打击能力相结合，把政治、经济、外交、科技、文化领域的斗争与战争作战相结合，才能赢得未来信息化战争的胜利。

3．虚拟主导现实规律

20 世纪下半叶以来，人类军事活动领域开始从陆、海、空“老三维”进入宇宙空间、信息空间和心理空间（美军认为是认知空间）“新三维”。这就打破了传统实体战争空间的约束，使人类的作战方式和战争形态发生了巨大变化。由宇宙空间、信息空间和心理空间构成的没有国界的无限、无影、无形空间，被称之为虚拟空间或虚拟领土。在信息时代，一个国家政治、经济、科技、文化、军事的安全，不再仅仅局限于陆、海、空这些现实领土上，而在很大程度上取决于是否有能力夺取和管理好“虚拟领土”。如果一个国家不能拥有“制虚拟领土权”，那么其保护传统领土的能力就值得怀疑。因此，“制虚拟领土权”是新的军事制高点，未来谁控制了更多的“虚拟领土”，谁就拥有更多的主动权。

4．人机融合规律

信息化战争是人机一体的战争，人的智能与武器的性能融为一体，赋予武器以智慧和灵性。在信息化战争中，智慧艺术和军事谋略主要实现在战前的作战运筹和作战的战略性交战中，甚至被融入人机交互系统、专家知识库系统和武器智能制导系统中。也就是说，人的智能既向战争过程中延伸了，也向战争之前位移了。在信息化战争中，如果人的“头脑”和“电脑”不能有效连接和沟通，不能实现有效的人机融合，那么人就没有办法进行战争思维，更没有办法实施指挥控制。因此，未来的信息化战争将是人机融合共同制胜，谁违背了这一规律，谁就会失败。

5．体系对抗规律

信息化战争的基本特点是信息主导和体系对抗。因此，着眼于夺取以制信息权为主的综合制权，实施高度自主灵活的体系破击，是信息化战争制胜的基本机理，也是打赢信息化战争的基本途径。

七、网络战将成为战略级战争样式

1997 年，美国海军提出了网络中心战概念，后被美军国防部接受。2002 年 8 月，美国前国防部长拉姆斯菲尔德向美国国会提交了《网络中心战》报告，全面详细地阐述了网络中心战的定义、实质、应用前景、现状及发展规划。从此，美军已经把发展网络中心战能力作为《2020 联合构想》提出的夺取信息优势和决策优势、实现军队转型、提高联合作战能力的主要手段之一。2010 年 5 月 17 日，美军公布了《网络空间国际战略报告》，首次清晰地制定了美国针对网络安全的全盘国际政策，将网络安全提升到与经济安全和军事安全同等重要的位置，并扬言不惜用武力护网，非同寻常地表达了美国对网络空间斗争的高度重视。美国甚至还将最高等级的网络入侵视作“战争行为”。美国国防部于 2010 年 5 月 21 日还宣布，为了打击敌对国家和黑客的网络攻击，筹备近一年的“网络司令部”正式启动，该司令部位于马里兰州的米德基地，以网络防御作战为主要任务，有大约 1000 人组成。网络司令部隶属于美国战略司令部。2011 年 2 月 8 日美国军方发表了《国家军事战略》，“网络战”和亚太地区成为美军关注的新战略重点。英国政府也将国家的网络政策从“防御性”转为“攻击性”。日本防卫省决定，要建立一支初期人数约 60 人的专门的“网络安全防卫队”，以防备黑客攻击，加强保护机密信息的能力。中国国防部于 2011 年 5 月宣布，中国已经建立了一支“网络蓝军”，由部队已有人员构成，网络战是常规部队的训练科目之一，目的是提高部队的网络安全防护水平。

从美国等国家的网络实践来看，网络战大致可以归结为网络情报、网络阻瘫、网络防御、网络心理、网电一体等五种作战样式。以往各国主要是将网络战作为信息化战争的重要作战方式，而未来，网络战将上升为一种战略级的作战样式甚至是战争样式，对于维护国家网络安全甚至是整个国家的安全和发展都具有重大的战略意义。尽管从全球范围来看，当前只有少数发达国家的军队有打击网络中心战的能力，但是网络站作为未来信息化战争的一种战略级作战样式，无疑具有巨大的作战潜能和战略价值。而且美国等国家将“网络战”视为战争行为，强调要用导弹等战争方式来打赢“网络战”，无疑给世界的和平与安全带来了巨大的威胁。

第四节　信息化战争对国防建设的要求

人们以什么样的方式生产，就以什么样的方式制胜。农业时代以冷兵器和体能制胜；工业时代以机械化兵器和技能制胜；信息时代以计算机、网络和智能制胜。机械化战争中军队的机动能力空前提高，火力空前增强，战争的规模也空前扩大。新的制胜因素成为钢铁产量，火炮口径，飞机、舰艇和坦克的数量及操作这些钢铁兵器的勇士们的技能。20 世纪后半叶起，由计算机、通信卫星和全球网络带来的生产方式的改变导致战争方式的彻底改变。1991 年的海湾战争，从机械化战争的标准看，伊军与美军的装备差距不是很大，但瞬间一边倒的结局让全世界看到了信息优势所带来的全新的战争制胜要素。此后进行的科索沃战争、阿富汗战争、伊拉克战争则一而再、再而三地证明了这一点。

新的制胜因素的出现，必然给国防建设提出一系列的挑战。这种挑战表现为制信息权成为超越制空权、制海权的新的制高点；信息技术优势导致战场全维领域的透明，夜战、电子战、侦察与反侦察成为贯穿战争始终的要领；信息化推动军事组织结构不断创新，指挥机构趋向简捷，陆、海、空三军的区分趋向模糊。无论是机械制胜还是信息制胜，说到底都是物化了的人的综合素质的较量。没有高素质的军人，既打不赢机械化战争，更打不赢信息化战争。

面对信息化所带来的这场变革，我们应当看到这既是挑战，更是历史的机遇。我们必须提高认识，更新观念，创新思维，竭尽全力，加速以武器装备和人才队伍为核心的军队信息化建设，以打赢未来的信息化战争，实现伟大祖国的和平统一，实现中华民族的伟大复兴。

一、人才培养是重点

培养能够适应信息作战要求和从事信息作战的人才，是信息化军队建设的重要内容。从某种意义上说，信息作战是具有高科技知识信息化战争对国防建设的要求知识的人才较量，我军必须把培养人才作为作战准备的基础工程，作为刻不容缓的战略性任务。

在信息作战中，信息的获取、传递、处理、控制和利用，都要通过人去做，计算机也要人去操作和控制。还是毛泽东说得对：“武器是战争的重要因素，但不是决定的因素，决定的因素是人不是物。”无论信息化武器如何发展，其威力如何巨大，人是战争的决定因素这一真理是不会改变的。因为在人与武器相结合的统一体中，人始终处于主导地位，武器则处于从属地位。信息化武器的发展，只不过是人的能力的延伸，丝毫也没有降低人的因素的作用。相反，武器装备越是信息化，对人的素质要求也越高，人的因素就越重要。美国国防部关于海湾战争致国会的最后报告中指出：“高质量的人才是美军第一需要。没有能干的、富有主动精神的青年男女，单靠技术本身是起不到决定性作用的，优秀的领导和高质量的训练是战备的基本素质。只有训练有素，部队才能对自己、领导人和武器装备充满信心。”

在信息作战中，对人才素质提出了新要求，并不是什么人都可以成为夺取信息作战胜利的决定因素。对信息作战理论和信息技术知之甚少的人，是无法取得信息作战胜利的。

适应信息作战需要，不仅要普遍提高全体军人的素质，而且要下大力培养关键人才。信息作战需要的关键人才，主要包括中、高级指挥人才，信息网络管理人才和高层次科技人才，中、高级尤其是高级指挥员，必须是具备扎实信息知识和驾驭信息作战能力，具有高技术谋略意识，善于利用信息技术组织指挥作战的复合型人才；信息网络系统组织指挥人才，是信息网络系统的具体组织者、指挥者，他们应当是既通晓信息技术、熟悉信息技术装备和信息网络，又精通信息作战特点和战法，有较强组织指挥能力的指技合一型人才；高层次信息科技人才，是信息作战各类信息技术手段的设计者、管理者，他们必须通晓信息作战特点、战法与技术保障的要求，善于利用信息技术手段支撑信息侦察、信息进攻和信息防御作战。能使己方信息技术手段效能得到最大限度的发挥。

信息作战及数字化部队建设需要的人才，既包括一般军事人才的共性要求，也包括体现与信息作战相适应的特殊要求。这些特殊要求主要包括：在人才类型结构上，应着力建设好指挥控制、信息系统管理、信息技术运用、信息装备维护保障等各类人才队伍；在人才培养格式上，应注重人才的科技性、通用性、综合性、超前性特征；在人才素质要求上，应熟悉信息作战理论，掌握高科技知识，熟练运用信息网络系统和信息化武器系统；在人才文化层次上，应注重高学历复合型人才培养。这些要求具体体现在政治思想素质、科学文化素质、军事专业素质、开拓创新素质、身体心理素质等方面。

二、加大国防研发力度

现代化国防的关键在于军队的现代化，而军队的现代化在当今世界越来越倾向于信息化。以信息技术为核心的新军事革命正在引起军事领域的深刻变革，这场变革的实质是工业社会的机械化军事形态向信息社会的信息化军事形态转变。伴随这一历史性转变。军队信息化成为加速实现军队现代化的重要手段，同时也成为军队现代化建设的重要内容。

军用信息技术在军队信息化建设中起着十分关键的基础作用。在主要发达国家的国防关键技术中，军用信息技术占据了主导地位。如 1992 年 7 月美国国防部《国防科学技术计划》确定的到 2005 年要实现的 11 项国防关键技术领域中，有 8 项属于军用信息技术，所占比例高达 72.7%。我国应制定以信息技术为核心的国防关键基础技术发展计划项目，瞄准世界最先进水平，抓好前瞻性研究，加大对关键技术研究与开发的投资。在军用信息技术应用研究上，应围绕提高武器装备的信息技术含量，加快武器装备体系信息化、智能化、一体化建设。

军队信息化建设需要强大的经济实力做后盾，在有限军费条件下（2000 年，我国国防预算约为145亿美元，而美国为2983亿美元，俄罗斯为290亿美元，日本为156亿美元），需要采取适当的经费倾斜政策。一是加速发展高速军用信息网络。重点加强主要战略方向的通信与指挥自动化建设，加速全军指挥自动化系统的网络化和一体化建设，以形成有效的战场预警、监视、指挥、控制、管理体系。二是加强重点装备建设。应突出指挥自动化系统、精确制导武器、电子战装备、数字化装备等重点装备建设；围绕高效能、多功能、通用化、模块化、一体化、高可靠性和可维修性的要求，抓好现有装备的信息化改造；重视新概念武器的超前研制与发展，争取有所作为。三是加快后勤信息化建设。抓紧后勤信息化装备、后勤指挥自动化、后勤信息化保障手段建设，提高后勤保障社会化、可视化、精确化水平。四是提高军事教育训练信息化水平。应更新教育训练内容，加强信息战战役、战术训练；加强信息战训练基地建设；加速实现教育训练手段的模拟化。五是加强军事信息资源战略管理。应抓好信息资源的标准化建设，在统一软件规范和硬件标准、统一规划和设计各类计算机管理信息系统的基础上，实现计算机联网和资源共享。

三、优化编制体制

在高技术条件下，军队作为执行政治任务的武装集团的根本职能并没有改变，通过信息、化加速提升现代作战能力成为军队建设的必然要求，也是国防建设的重中之重。坚持精兵、合成、提高效能、平战结合的原则，优化军队的编制体制。军队的编制体制是联结人与武器的纽带。编制体制科学合理，才能最大限度地发挥人和武器的作用，提高整体作战效能。我们的方针是，建设好一支精干的常备军，同时大力加强后备力量建设。常备军按照精兵、合成、提高效能、平战结合的原则进行编组。

一要保持适度的军队规模。从国际战略形势和我国周边环境看，在当前和今后一个时期发生举国迎敌的全面战争不大可能，我国安全面临的主要威胁是局部战争。但我国幅员广大，地形复杂，陆海疆界长，交通不发达，军队现代化水平还不高，现在保持200多万军队是必要的、适宜的。

二要优先发展海军、空军，加强技术兵种的建设。我国是一个濒海大国，有数百万平方公里领海、内水、大陆架和专属经济区等应归我管辖的海域，有长达1.8万公里的海岸线，有6500多个大小岛屿。海洋与中华民族的生存与发展息息相关。为了保卫我国的海洋权益，应当建设一支强大的海军。另外在现代条件下，无论海上还是陆上作战，都离不开空军的支援。因此，我们要把海、空军现代化建设摆到优先的地位。陆军要重视加强炮兵、装甲兵、陆航兵、工程兵、防化兵等兵种部队的建设，适当调整陆军各兵种部队的结构比例。战略导弹部队要精干、高效。

三要搞好各军兵种部队的科学编组。作战部队的编组应高度合成，突击与掩护、支援兵力、战斗保障、勤务保障、技术保障与后勤保障兵力，都要齐全配套，使其具有较强的独立作战能力。平时编在一起训练，战时才能协调一致地完成任务。当然，各级部队的作战功能不同，其合成程度应有所区别。各个方向的军事地理环境和作战任务不同，编制也应具有多样性。

四要精简机关，充实部队。机构重叠，机关臃肿，人浮于事，不仅指挥不灵，效率不高，还会产生“文山会海”等官僚主义和形式主义的东西，导致部队工作的忙乱。经过多次精简整编。高级机关臃肿的状况有很大改变，但仍要防止机构再次膨胀。部队一定要充实，齐装满员。

四、创新军事理论

以海湾战争为开端，未来高技术战争对军队信息化的强大牵引作用正日益展现其轮廓。战略、战役、战术界限模糊，以纵深精确打击为核心的非线式作战将成为基本的作战模式——高技术武器装备的大量使用，战场的高度透明，军事打击形式的多元化，纵深精确打击的一步到位，使战争进程呈现非线式即非程序化作战的特点，战争行动在达成战术目的的同时，往往也达成了战役甚至战略目的。只有提高军队的信息化水平，才能适应新的作战模式的要求。

知识军事时代的到来，必然引发军事领域里的深刻变革。未来战争胜负的天平将不容置疑地偏向那些勇于创新和不断进取的军队。而军事领域的创新与发展，首先取决于能否在理论上有所突破。因而，准确把握军事理论创新的发展趋向和规律，对取得未来军事发展的战略主动权具有重要意义。

首先，必须具有前瞻性与系统性。新世纪，军事技术的高速发展，对军事理论的前瞻性提出更高的要求。这就如同行车时，速度越快越要向前看一样，没有一定的前瞻眼光，创新就会成为一句空话。当然，理论创新要求前瞻，也必须虑及系统。由于新军事技术发展日益强调系统全面，战略、战役、战术等军事实践层次日益模糊融合，军事理论创新只有综合配套，强调系统性，整体性，才能合上军事技术或军事实践发展的节拍，才能对来自各方面的挑战做出有力反应，才不至于使创新单单流于形式或说教。如今，美、俄等军事强国正加紧研究规划2020年军事斗争部署，并对2050年的军事斗争准备提出具体目标与要求，甚至对2050 年的单兵装备，以及战役战术动作、作战原则等都进行了大胆预测。其理论创新的前瞻度与系统性，值得我们学习借鉴。

其次，要正确对待历史与未来。毫无疑问，未来战争是过去及现在战争的延续与发展。军事理论创新，必须建立在历史和现实积淀的基础上。只有善于继承人类历史上优秀的军事理论遗产，善于依据现实军事实践与理论的发展成果，才能站得更高、望得更远、想得更深。正如克劳塞维茨所言："战例是人类战争史上极其辉煌与悲壮的记载，但是对于未来战争的指挥艺术而言，像是一幅日渐褪色的油画。"也就是说，如果故步自封、自我陶醉，上一场战争成功的经验，很可能就是下一场战争失败的教训。因此，如果仅用过去（现在）的战争经验来指导未来，那就是欺骗未来，欺骗自己。尤其是在军事科学技术飞速发展的今天，军事理论创新成果的步伐大大加快，同时生命期也在大大缩短，今天的真理明天就可能成为谬误。在这种情况下，要创新军事理论，就不能故步自封、因循守旧，而要以新的观念、新的视角. 从时代的前沿和制高点来审视历史、现实和未来的军事实践与理论，从而把握军事理论创新的基本规律，找到军事理论创新的正确途径。

军事理论创新的关键在于提供思路并应用于实践。列宁说："能发现问题是最大的发现。"不可否认，在这个军事理论激荡变革的年代，能提出和发现问题本身，就是一种开创。但要强调的是，军事理论创新的真实含义，并非指随意提出一些新概念、新名词、新问题，关键是看其能否给出解决问题的思路与途径、方法与手段，看能否在未来军事实践中得到应用。创新不能停留在口头和书面上，重要的是思路上的构建和行动上的体现。不能提供具体思路，无法应用于实践的新理论、新思想、新观念，不仅无益于军事理论的创新，还会搅乱军事理论发展的正常步伐。

五、完善动员机制

现代化的国防仅仅依靠军队是远远不够的，过去的历史告诉我们，最强大的力量来自于人民。正是清醒地认识到这一点，党在“十一五”计划中明确提出要通过提高并加强各级各部门的国防动员能力。

针对“十一五”计划提出的“增强国防动员能力”，我们可以发现，目前，在社会上有为数不少的人对国防和军队的重视严重不足。只有和平环境才能保证经济发展，但一些人国防观念逐渐淡薄。特别是各级领导干部的国防观念如何，会影响到国防和军队建设。各级政府在制订发展规划时应充分考虑国防、军队的需要，而人大应尽快出台《国防动员法》，使“十一五”期间经济发展为国防和军队建设预留“接口”，有法可依。

（一）平战转换机制

平战转换机制是把民用科技支前潜力迅速转化为战场上现实战斗力的运行方式。要实现这个转换，各级国防科技动员办公室要根据国家有关法律和条例，制定和细化有关“民用科技军事用途开发制度”、“应急科技人员支前和物资准备制度”及“专业技术对口支前人员和设备演练制度”等，规定与军事科技相关的企业和科研单位（院校、研究所）战时有参战、支前任务。建立科技人才储备基地，进行跟踪管理，实现开发、储备到战时支前一体化。有计划、有目的地到技术兵征集区征召适用科技支前人员入伍，退伍后充当专业技术分队的骨干力量。同时，抓好重点大学“国防生”的培养和训练。

（二）军地协调机制

要按照《国防法》有关国防职权和军地协调要求，建立和完善军地各级领导联席会议制度，及时互通情报，定期召开军地有关部门、单位参加的国防科技动员专题会议，必要时可实行联合办公。加强专业技术分队和有关人员的培训，组织模拟近似实战的科技支前演练。强化军地的科技支前管理，共同探讨对台军事斗争中科技动员的特点和规律。在“服从战场，兼顾市场”的原则下，协调国防科技动员工作中的需和供的关系。及时解决国防科技动员支前工作中遇到的问题，提高国防科技动员的质量，做到相互支持、协同一致，努力把国防科技动员工作做好。

（三）激励补偿机制

在市场经济条件下，为了保护和调动人民群众科技支前的积极性，必须建立和完善激励补偿机制。一方面，对在国防科技支前中做出突出贡献的应及时给予政治奖励和精神激励，以激发他们热爱祖国、维护统一的强烈政治责任感和高昂支前热情；另一方面，对在军事斗争中被征用的科技人员、设备和成果等，应给予一定价值补偿。当然，对不同所有制、不同类型的国防科技资源，应采取不同的补偿原则和方法。补偿的标准，可参照国际租赁、资产管理、知识产权等有关法规，同时考虑军事行动的特殊性，制定相关条例加以规范。

（四）监督约束机制

国防科技动员必须充分发挥行政监督、法律监督、舆论监督的作用，建立和完善监督约束机制。各级人民代表大会和各级人民政府应根据有关规定，定期进行检查，指导科技动员工作的开展。军队可以组织有军区、军分区、县以上人武部有关部门负责人参加的联合工作组，调查了解情况，督促各级国防科技动员办公室遵守各项制度、履行职责。

六、加强国防后备力量建设

强大的国防是由常备军、后备力量、国防科技、国防工业、军事理论、战略战术思想等多种因素构成的，其中，常备军和后备力量是构成国防的两大基本要素。常备军是骨干，后备力量是基础。没有常备军的国防或者没有后备力量的国防，都是不完整国防，都不算强大的国防。所以说，强大的国防后备力量是我国武装力量的重要组成部分，是现代国防的重要基础。

在新的历史时期，邓小平关于国防建设的重要思想之一，就是实行精干的常备军与强大的后备力量相结合。党的十三届五中全会以来，以江泽民为核心的党中央、中央军委十分重视国防后备力量建设，并多次加以强调。1992 年 10 月，江泽民在党的十四大报告中指出：要“做好民兵、预备役工作，不断加强国防后备力量建设”。1997 年 9 月，他在党的十五大报告中又强调：要“加强民兵预备役部队建设，完善国防动员体制”。2002 年 11 月，江泽民在党的十六大报告中再次重申，“坚持寓军于民”，“完善国防动员体制，加强民兵和预备役部队建设”。这就是说，我们在推进现代化国防建设中，不仅要建设一支政治觉悟很高、装备精良、编制科学、训练有素、指挥灵便、快速反应能力和实战能力很强的常备军，而且要建设一支数量充足、质量较高、动员快速、机制完善的强大后备力量。

（一）加强民兵建设

加强民兵建设，是加强我国国防后备力量建设的一个重要方面，紧紧依靠最广大的人民群众，是我军最深厚的力量源泉。依靠人民建设军队、建设国防是坚持人民战争思想的必然要求。江泽民多次强调指出“无论武器装备如何发展，战争形势如何变化，人民战争都是我们克敌制胜的法宝。”他还说：“人民战争是我们克敌制胜的法宝，是我们真正的优势。军委一直强调，在未来高技术战争中，仍然要坚持进行人民战争。”毛泽东人民战争思想的基本点就是坚定地相信和依靠人民群众，放手发动和武装人民群众。不断加强民兵建设。广泛组织民兵灵活开展以武装斗争为主的各种斗争则是人民战争的一个突出特点。民兵不仅是人民革命战争中的一支重要战略力量，而且是国防斗争的威慑力量。进入新时期以后，邓小平明确指出：“我们是三结合的武装力量体制，野战军、地方军和民兵相结合，就是人民战争。民兵就是要提到战略地位。”尤其是在当前国家集中力量进行社会主义现代化建设、现役部队大量裁减的情况下，更要重视国防后备力量建设，特别要重视民兵建设。江泽民说：“民兵在我们党的斗争历史上是有光荣传统的。从土地革命战争到抗日战争、解放战争，一直到新中国成立以后，民兵始终是人民解放军的有力助手和后备军。”他多次强调指出，在现代战争中，民兵的战略地位和作用没有改变，我们仍然要发挥三结合武装力量的整体威力，坚持打人民战争。

（二）加强预备役部队建设，完善快速动员体制

我国的预备役部队，是以现役军人为骨干，以预备役军官、士兵为基础，按照部队的编制，采取组织预编、干部预任、兵员预定的办法组建起来的一种动员组织形式。它是现役常备军直接的后援力量，是国防建设和武装力量建设的重要力量。同时，预备役部队建设也是国防后备力量建设的重点。组建预备役部队是党中央、国务院、中央军委对新时期国防形势和我国国情、军情进行科学分析后做出的重大决策。我国于 1983 年 5 月正式组建预备役部队，并将其列入人民解放军建制。这支年轻部队的创建，倾注着邓小平等老一辈无产阶级革命家的心血，又在以江泽民为核心的党的第三代中央领导集体的亲切关怀下成长壮大。1983 年夏天，邓小平在东北地区视察时，对这一新生事物给予充分肯定，指出："组建预备役部队是个好办法。"江泽民多次视察预备役部队，号召建设一支训练有素的预备役部队。1993 年 5 月 24 日，在预备役部队组建 10 周年之际，江泽民又挥笔为这支部队题词："加强预备役部队建设，完善快速动员体制。"在党中央、中央军委的直接领导下，我国预备役部队如今已经发展成为一支拥有步兵、炮兵、工程兵、通信兵、防化兵和舟桥部队在内的诸军兵种合成的崭新的国防新军，成为强大的国防后备力量的重要组成部分。

【思考与练习】

1. 信息化战争的基本作战样式有哪些？
2. 信息化战争的基本特征有哪些？
3. 简述未来信息化战争的发展趋势。
4. 信息化战争对国防建设有哪些要求？

第六章　中国人民解放军条令教育与训练

【学习目标】

1. 了解中国人民解放军《内务条令》《纪律条令》《队伍条令》的内容。
2. 了解单个军人队列动作相关内容。
3. 了解分队队列动作训练的相关内容。

第一节　条令条例教育

条令条例，是军队以简明条文规定，并通过命令颁布的关于战斗、训练、生活、勤务活动的行动准则。主要依据军队战斗、训练和管理的经验，武器装备和组织编制的状况，以及军事研究的成果等制定。我军的条令一般分为战斗条令和共同条令。战斗条令，分别规定战役战斗的准备、组织、部署、实施、保障等基本原则，以指导训练和作战。共同条令主要规定军人的基本职责、权利、相互关系、生活制度、活动方式、队列行动、执勤办法、奖惩和纪律等，适用于全军。

一、军队颁布共同条令的意义

中国人民解放军是执行革命政治任务的武装集团，主要任务是打仗。我军的使命要求部队必须有高度的集中统一和严格的组织纪律。而军队的成员来自五湖四海，出身、经历、生活习惯各不相同，文化水平、思想修养、觉悟程度也不一致。如果没有一个从生活到工作、从训练到作战的统一准则来规范部队的行动，也就不能完成军队所负担的以作战为中心的各项任务。

我军的条令是随着军队建设的发展而发展的。红军时期，我军曾颁布过《内务条例》和《纪律条令》，并参照列宁创建红军实施的《步兵战斗条令》第一部分进行队列训练。以后，随着军队建设的发展，根据毛泽东同志人民军队的建军原则和建军思想，制定了我军的内务、纪律和队列三大条令，并在实践中不断地充实完善，成为我军建设的重要依据。2010 年 6 月 3 日，中央军委主席胡锦涛签署命令，发布施行新修订的《中国人民解放军内务条令》《中国人民解放军纪律条令》和《中国人民解放军队列条令》。这次共同修订是深入贯彻党的十七大精神、推动军队建设科学发展的重大举措，对于在新的历史起点上推进我军革命化、现代化、正规化建设，巩固和提高部队战斗力，确保部队高度集中统一和安全稳定，具有十分重要的意义。

新修订的共同条令深入贯彻了毛泽东军事思想、邓小平新时期军队建设思想、江泽民国防和军队建设思想、胡锦涛关于新形势下国防和军队建设重要论述，着眼于更加牢固地确立科学发展观在国防和军队建设中的重要指导地位，紧贴新世纪新阶段我军的使命任务，坚持依法治军、从严治军，坚持以人为本，加强科学管理，继承和发扬我军的优良传统，反映了信息化条件下和社会主义时期经济环境中治军带兵的特点规律，吸纳了部队近年来总结的成功经验，创新发展了我军内务建设、纪律建设和队列生活的若干制度规定，增强了时代性、科学性和规范性，是深入学习实践科学发展观活动取得的重要成果，是新的历史条件下军队建设的基本法规和全体军人的共同准则。

在高等学校开展学生军训，进行中国人民解放军共同条令的教育，对于增强学生的组织纪律性，搞好学校教学行政管理，维护校园正常的学习、生活和工作秩序，促进校风、校纪建设，将起到积极的作用。

二、中国人民解放军共同条令简介

（一）《内务条令》

《内务条令》是规定军队内部关系、生活制度和军人职责的条令，是全军进行行政管理教育的依据。现行的《内务条令》是 2010 年 5 月 4 日由中央军委常务委员会议通过的，并于 2010 年 6 月 3 日发布施行。

该条令主要内容包括总则、军人宣誓、军人职责、内部关系、礼节、军人着装、军容风纪、与军外人员的交往、作息、日常制度、值班、警卫、零散人员管理、日常战备和紧急集合、后勤日常管理、装备日常管理、营区管理、野营管理、常见事故防范、军旗军徽的使用、附则等。该条令在总则中增写了把科学发展观作为国防和军队建设的重要指导方针、全面履行新世纪新阶段我军历史使命、发扬“听党指挥、服务人民、英勇善战”的优良传统、大力培养当代革命军人核心价值观、实施科学管理、坚持安全发展理念等重要内容。针对我军内务建设和管理教育工作面临的新情况新问题，对相关内容做了修改与完善，同时增加了心理疏导、士官留营住宿、军人居民身份证使用、移动电话和国际互联网使用管理、军事交通运输管理等新内容。它是我军在新的历史条件下，建立、维护良好的内外关系和正规内务制度，履行职责，进行管理教育，培养优良作风的依据，是军队生活的准则。

（二）《纪律条令》

《纪律条令》是规定军队纪律的条令，是全军维护和巩固纪律的依据。现行的《纪律条令》是 2010 年 5 月 4 日由中央军委常务委员会议通过的，并于 2010 年 6 月 3 日发布施行。该条令继承了我军维护和巩固纪律的优良传统，指出“中国人民解放军的纪律是建立在政治自觉基础上的严格的纪律，是军队战斗力的重要因素，是坚持人民军队的性质、宗旨，团结自己、战胜敌人和完成一切任务的保证。”“军人在任何情况下，都必须严格遵守和自觉维护纪律。”条令贯彻了严格治军、依法治军的思想，规定了中国人民解放军纪律的基本内容和要求，体现了党的十一届三中全会以来的路线、方针、政策和国家宪法、法律的有关精神，反映了我军新时期的特点和广大指战员的要求。

（三）《队列条令》

《队列条令》是规定部队和单个军人队列动作的条令，是全军队列训练和队列生活的依据。现行的《队列条令》是 2010 年 5 月 4 日由中央军委常务委员会议通过的，并于 2010 年 6 月 3 日发布施行。

该条令共包括总则，队列指挥，队列队形，单个军人的队列动作，班、排、连、营、团的队列动作，分队乘坐汽车、火车、舰（船）艇和飞机，敬礼，国旗的掌持、升降和军旗的掌持、授予与迎送，阅兵，晋升（授予）军衔、授枪和纪念仪式。

该条令从适应我军优良作风的培养和技术、战术训练的需要出发，对军队的队列训练和队列生活做了具体规范，指出“本条令是中国人民解放军队列生活的准则和队列训练的基本依据。全体军人必须严格执行本条令，加强队列训练，培养良好的军姿、严整的军容、过硬的作风、严格的纪律性和协调一致的动作，促进军队正规划建设，巩固和提高战斗力”。要求全体军人必须参加队列训练，并在日常生活中，自觉地严格执行条令的规定，做到教养一致。

第二节　单个军人队列动作

队列，是军人进行集体活动必需的组织形式。其一般要求是：坚决执行命令，做到令行禁止；姿态端正，军容严整，精神振作，严肃认真；按照规定的位置列队，集中精力听指挥，动作迅速、准确、协调一致；保持队列整齐，出、入列应报告，经允许方可出、入列。

一、立正、跨立、稍息

（一）立正

立正是军人的基本姿势，是队列动作的基础。军人在宣誓、接受命令、晋见首长和向首长报告、回答首长问话、升降国旗、迎送军旗、奏唱国歌和军歌等严肃庄重的时机和场合，均应当立正。

口令：立正。

要领：两脚跟靠拢并齐，两脚尖向外分开约 60 度；两腿挺直；小腹微收，自然挺胸；上体正直，微向前倾；两肩要平，稍向后张；两臂下垂自然伸直，手指并拢自然微曲，拇指尖贴于食指第二节，中指贴于裤缝；头要正，颈要直，口要闭，下颌微收，两眼向前平视（图 6-1）。

（二）跨立（即跨步站立）

跨立主要用于军体操、执勤和舰艇上分区列队等场合，可以与立正互换。

口令：跨立。

要领：左脚向左跨出约一脚之长，两腿挺直，上体保持立正姿势，身体重心落于两脚之间。两手后背，左手握右手腕，拇指根部与外腰带下沿（内腰带上沿）同高；右手手指并拢自然弯曲，手心向后。携枪时不背手（图 6-2）。

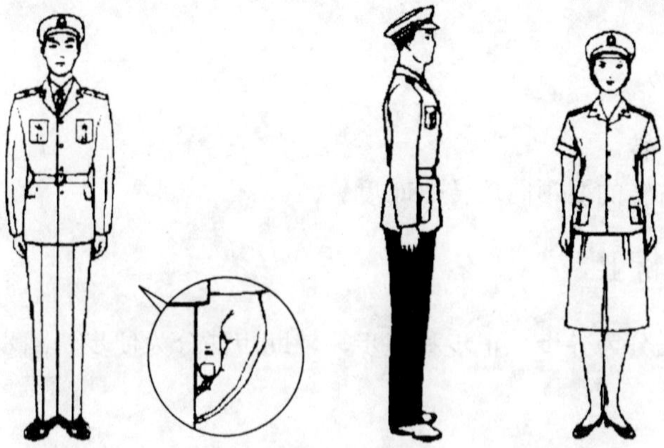

图 6-1　立正

图 6-2　跨立

（三）稍息

稍息是队列动作中一种休息和调整姿势的动作，可以与立正互换。

口令：稍息。

要领：左脚顺脚尖方向伸出约全脚的三分之二，两腿自然伸直，上体保持立正姿势，身体重心大部分落于右脚。携枪（筒）时，携带的方法不变，其余动作同徒手。稍息过久，可以自行换脚。

二、停止间转法

（一）向右（左）转

口令：向右（左）——转。半面向右（左）——转。

要领：以右（左）脚跟为轴，右（左）脚跟和左（右）脚掌前部同时用力，使身体协调一致向右（左）转 90 度，重心落在右（左）脚，左（右）脚取捷径迅速靠拢右（左）脚，成立正姿势。转动和靠脚时，两腿挺直，上体保持立正姿势。半面向右（左）转，按照向右

（左）转的要领转 45 度。

（二）向后转

口令：向后——转。

要领：按照向右转的要领向后转 180 度。

三、行进与停止

行进的基本步法分为齐步、正步和跑步，辅助步法分为便步、踏步、移步和礼步。

（一）齐步

齐步是军人行进的常用步法。

口令：齐步——走。

要领：左脚向正前方迈出约 75 厘米，按照先脚跟后脚掌的顺序着地，同时身体重心前移，右脚照此法动作；上体正直，微向前倾；手指轻轻握拢，拇指贴于食指第二节；两臂前后自然摆动，向前摆臂时，肘部弯曲，小臂自然向里合，手心向内稍向下，拇指根部对正衣扣线，并高于春秋常服最下方衣扣约 5 厘米（着夏常服、水兵服时，高于内腰带扣中央约 5 厘米；着作训服时，与外腰带扣中央同高），离身体约 30 厘米；向后摆臂时，手臂自然伸直，手腕前侧距裤缝线约 30 厘米。行进速度每分钟 116～122 步。

（二）正步

正步主要用于分列式和其他礼节性场合。

口令：正步——走。

要领：左脚向正前方踢出约 75 厘米（腿要绷直，脚尖下压，脚掌与地面平行，离地面约 25 厘米），适当用力使全脚掌着地，同时身体重心前移，右脚照此法动作；上体正直，微向前倾；手指轻轻握拢，拇指伸直贴于食指第二节；向前摆臂时，肘部弯曲，小臂略成水平，手心向内稍向下，手腕下沿摆到高于春秋常服最下方衣扣约 15 厘米处（着夏常服、水兵服时，高于内腰带扣中央约 10 厘米处；着作训服时，高于外腰带扣中央约 10 厘米处），离身体约 10 厘米；向后摆臂时（左手心向右，右手心向左），手腕前侧距裤缝线约 30 厘米。行进速度每分钟 110～116 步。

（三）跑步

跑步主要用于快速行进。

口令：跑步——走。

要领：听到预令，两手迅速握拳（四指蜷握，拇指贴于食指第一关节和中指第二关节），提到腰际，约与腰带同高，拳心向内，肘部稍向里合。听到动令，上体微向前倾，两腿微弯，同时左脚利用右脚掌的蹬力跃出约 85 厘米，前脚掌先着地，身体重心前移，右脚照此法动作；两臂前后自然摆动，向前摆臂时，大臂略垂直，肘部贴于腰际，小臂略平，稍向里合，两拳内侧各距衣扣线约 5 厘米；向后摆臂时，拳贴于腰际。行进速度每分钟 170～180 步（图 6-3、图 6-4）。

图 6-3　跑步预备姿势

图 6-4　跑步前进

（四）便步

便步用于行军、操练后恢复体力及其他场合。

口令：便步——走。

要领：用适当的步速、步幅行进，两臂自然摆动，上体保持良好姿态。

（五）踏步

踏步用于调整步伐和整齐。

停止间口令：踏步——走。

行进间口令：踏步。

要领：两脚在原地上下起落（抬起时，脚尖自然下垂，离地面约 15 厘米；落下时，前脚掌先着地），上体保持正直，两臂按照齐步或者跑步摆臂的要领摆动。

（六）移步（5 步以内）

移步用于调整队列位置。

1. 右（左）跨步

口令：右（左）跨×步——走。

要领：上体保持正直，每跨 1 步并脚一次，其步幅约与肩同宽，跨到指定步数停止。

2. 向前或者后退

口令：向前×步——走。

后退×步——走。

要领：向前移步时，应当按照单数步要领进行（双数步变为单数步）。向前 1 步时，用正步，不摆臂；向前 3 步、5 步时，按照齐步走的要领进行。向后退步时，从左脚开始，每退 1 步靠脚一次，不摆臂，退到指定步数停止。

（七）立定

口令：立——定。

要领：齐步、正步和礼步时，听到口令，左脚再向前大半步着地（脚尖向外约 30 度），两腿挺直，右脚取捷径迅速靠拢左脚，成立正姿势。跑步时，听到口令，再跑 2 步，然后左脚向前大半步（两拳收于腰际，停止摆动）着地，右脚取捷径靠拢左脚，同时将手放下，成立正姿势。踏步时，听到口令，左脚踏 1 步，右脚靠拢左脚，原地成立正姿势（跑步的踏步，听到口令，继续踏 2 步，再按照上述要领进行）。

持枪立定时，在右脚靠拢左脚后，迅速将托底板（95 式班用机枪托底）轻轻着地。其余要领同徒手。

（八）步法变换

步法变换，均从左脚开始。

齐步、正步互换，听到口令，右脚继续走 1 步，即换正步或者齐步行进。

齐步换跑步，听到预令，两手迅速握拳提到腰际，两臂前后自然摆动；听到动令，即换跑步行进。

齐步换踏步，听到口令，即换踏步。

跑步换齐步，听到口令，继续跑 2 步，然后换齐步行进。

跑步换踏步，听到口令，继续跑 2 步，然后换踏步。

踏步换齐步或者跑步，听到“前进”的口令，继续踏 2 步，再换齐步或者跑步行进。

四、行进间转法

（一）齐步、跑步向右（左）转

口令：向右（左）转——走。

要领：左（右）脚向前半步（跑步时，继续跑 2 步，再向前半步），脚尖向右（左）约 45 度，身体向右（左）转 90 度时，左（右）脚不转动，同时出右（左）脚按照原步法向新方向行进。半面向右（左）转走，按照向右（左）转走的要领转 45 度。

（二）齐步、跑步向后转

口令：向后转——走。

要领：左脚向右脚前迈出约半步（跑步时，继续跑 2 步，再向前半步），脚尖向右约 45 度，以两脚的前脚掌为轴，向后转 180 度，出左脚按照原步法向新方向行进。

（三）转动要领

转动时，保持行进时的节奏，两臂自然摆动，不得外张；两腿自然挺直，上体保持正直。

五、坐下、蹲下、起立

（一）坐下

口令：坐下。

要领：左小腿在右小腿后交叉，迅速坐下（坐凳子时，听到口令，左脚向左分开约一脚之长；女军人着裙服坐凳子时，两腿自然并拢），手指自然并拢放在两膝上，上体保持正直。

（二）蹲下

口令：蹲下。

要领：右脚后退半步，前脚掌着地，臀部坐在右脚跟上（膝盖不着地），两腿分开约60度（女军人两腿自然并拢），手指自然并拢放在两膝上，上体保持正直。蹲下过久，可以自行换脚（图6-5）。

图6-5　蹲下

（三）起立

口令：起立。

要领：全身协力迅速起立，成立正姿势或者成持枪、肩枪（筒）立正姿势。

六、脱帽、戴帽

（一）脱帽

口令；脱帽。

要领：立姿脱帽时，双手捏帽檐或者帽前端两侧，将帽取下，取捷径置于左小臂，帽徽朝前，掌心向上，四指扶帽檐或者帽墙前端中央处，小臂略成水平，右手放下。

坐姿脱帽时，双手捏帽檐或者帽前端两侧，将帽取下，置于桌（台）面前沿左侧或者膝上（帽顶向上，帽徽朝前），也可以置于桌斗内。

戴贝雷帽脱帽不便放置时，将帽左右向内折叠，左手将左肩袢提起，右手将帽插入左肩袢下，帽顶向上，帽徽朝前。

（二）戴帽

口令：戴帽。

要领：双手捏帽檐或者帽前端两侧，取捷径将帽迅速戴正。

携枪（筒）时，用左手脱帽、戴帽。

需夹帽时，双手捏帽檐或者帽前端两侧，取捷径将帽取下，左手握帽墙（女军人戴卷檐帽时，将四指并拢，置于下方帽檐与帽墙之间），小臂夹帽自然伸直，帽顶向左，帽徽朝前。

七、整理着装

整理着装，通常在立正的基础上进行。

口令：整理着装。

要领：两手（持自动步枪时，将枪夹于两腿间）从帽子开始，自上而下，将着装整理好。必要时，也可以相互整理。整理完毕，自行稍息。听到“停”的口令，恢复立正姿势。

八、敬礼、礼毕

（一）敬礼

敬礼分为举手礼、注目礼和举枪礼。

1．举手礼

口令：敬礼。

要领：上体正直，右手取捷径迅速抬起，五指并拢自然伸直，中指微接帽檐右角前约 2 厘米处（戴卷檐帽、无檐帽或者不戴军帽时微接太阳穴，约与眉同高），手心向下，微向外张（约 20 度），手腕不得弯曲，右大臂略平，与两肩略成一线，同时注视受礼者（图 6-6）。

图 6-6　举手礼

2．注目礼

要领：面向受礼者成立正姿势，同时注视受礼者，并目迎目送（右、左转头角度不超过 45 度）。

3．举枪礼（用于阅兵式或者执行仪仗任务）

口令：向右看——敬礼。

要领：右手将枪提到胸前，枪身垂直并对正方扣线，枪面向后，离身体约 10 厘米，枪口与眼同高，大臂轻贴右肋；同时左手接握表尺上方，小臂略平，大臂轻贴左肋；同时转头向右注视受礼者，并目迎目送（右、左转头角度不超过 45 度）（图 6-7）。

图 6-7　举枪礼姿势

（二）礼毕

口令：礼毕。

要领：行举手礼者，将手放下；行注目礼者，将头转正；行举枪礼者，将头转正，右手将枪放下，使托前踵轻轻着地，同时左手放下，成持枪立正姿势。

（三）单个军人敬礼

要领：单个军人在距受礼者 5～7 步处，行举手礼或者注目礼。徒手或者背枪时，停止间，应当面向受礼者立正，行举手礼，待受礼者还礼后礼毕；行进间（跑步时换齐步），转头向受礼者行举手礼（手不随头转动），并继续行进，左臂仍自然摆动，待受礼者还礼后礼毕（图 6-8）。

携带武器（除背枪）等不便行举手礼时，不论停止间或者行进间，均行注目礼，待受礼者还礼后礼毕。

图 6-8　徒手行进间敬礼姿势

第三节　分队队列动作训练

一、班的队列动作

（一）班的队形

班的队形分为班横队和班纵队。需要时，班可成二列横队或二路纵队。队列人员之间的间隔（两肘之间）约 10 厘米，距离前一名脚跟至后一名脚尖约为 75 厘米。

要领：班横队，以基准兵为准向左依次按规定距离排列；班纵队，以基准兵为准向后依次按规定距离排列。需要时，可成班二列横队和班二路纵队。

动作要求：班长指挥位置，班横队和班二列横队位于队列中央前 5～7 步处；班纵队和班二路纵队位于队列中央前 3～5 步处。横队排面要整齐，纵队前后要对正。

（二）集合、离散

集合时，为了引起全班注意，班长应先发出预告或信号，如“全班注意”。然后站在预定队形中央前面向预定队形成立正姿势，下达“成班××队——集合”口令。所属人员听到预告或信号，原地面向班长成立正姿势。听到口令，跑步面向班长集合（凡是在班长后侧人员，均应从班长右侧绕过），自行对正看齐成正立姿势。离散分为离开和解散两种，班通常只有解散。

班集合分为成班横队（二列横队）、班纵队（二路纵队）集合两种形式。

口令：“成班横队（二列横队）、班纵队（二路纵队）——集合”，“解散”。

要领：听到“成班横队（二列横队）——集合”口令，基准兵迅速到班长左前方适当位置，成立正姿势，其他士兵以基准兵为准，依次向左排列，自行看齐。

成班二列横队时，单数士兵在前，双数士兵在后。

听到“成班纵队（二路纵队）——集合”口令后，基准兵迅速到班长前方适当位置，成立正姿势；其他士兵以基准兵为准，依次向后排列，自行对正。成班二路纵队时，单数士兵在左，双数士兵在右。

听到“解散”的口令，队列人员迅速离开原列队位置。

动作要求：集合、解散时要用跑步，并做到迅速、肃静。

（三）整齐、报数

整齐，是使列队人员按规定的间隔、距离，保持行、列齐整的一种队列动作。整齐分为向右（左）看齐和向中看齐。

报数，是使队列人员依次报出在队列中序数的一种队列动作。

口令：“向右（左）看——齐”，“以××为准，向中看——齐”，“向前——看”，“报数”。

要领：听到“向右（左）看——齐”的口令，基准兵不动，其他士兵向右（左）转头，眼睛看右（左）邻士兵腮部，前四名能通视基准兵，自第五名起，以能通视到本人以右（左）

第三人为度。后列人员，先向前对正，后向右（左）看齐。

一路纵队看齐时，可下达“向前对正”的口令。

听到“以××同志为准（或以第×名为准）”时，基准兵答“到”。同时，左手握拳高举（大臂前伸与肩略平，小臂垂直举起，拳心向右，听到“向中看——齐”的口令后，其他士兵按照向右（左）看齐的要领实施。

听到“向前——看”的口令，其他人员迅速将头转正，基准兵将手放下，恢复成立正姿势。

听到“报数”口令，横队从右至左（纵队由前向后）依次以短促洪亮的声音向左转头报数，最后一名不转头。班二列横队时，后列最后一名报“满伍”或“缺×名”。

动作要求：整齐时，转头要迅速，整齐一致，保持良好军姿。报数声音短促有力，口齿清晰。

（四）行进与停止

齐步、正步、跑步的行进与停止。

口令：“齐步——走”，“正步——走”，“跑步——走”，“立——定”。

要令：听到“齐步（正步、跑步）——走”的口令，基准兵向正前方前进，其他士兵向基准翼标齐，保持规定的间隔、距离行进。横队和并列纵队行进时以右翼为基准。纵队行进时，以先头为准，行进中可用“一二一”（调整步伐的口令）、“一二三四”（呼号）或唱队列歌曲，以保持步伐的整齐。

听到“立定”口令，按单个军人立定的动作要领实施。

动作要求：行进时，全班动作要整齐一致、精神振奋，停止后听到“稍息”口令，先自行看齐，再稍息。

（五）队形变换

1. 横队和纵队的互换

停止间口令：“向右（左）——转”，“成班二列（路）横（纵）队——走”，“成班横（纵）队——走”。

行进间口令：“向右（左）转——走”。

听到“向右（左）——转”的口令，按照单个军人向右（左）转的动作要领实施。听到“向右（左）转——走”的口令，按照单个军人行进间转法的动作要领实施。

2. 班横队和班二列横队的互换

班横队变换班二列横队前，先报数。听到“成班二列横队——走”的口令，双数士兵左脚后退一步，右脚不靠拢左脚，向右跨一步，左脚向右脚靠拢，站到单数士兵之后，自行对正、看齐。

听到“间隔 1 步，向左离开”口令，取好间隔，听到“成班横队——走”的口令，双数士兵左脚左跨一步，右脚不靠拢左脚，向前一步，左脚向右脚靠拢，进到单数士兵左侧，自行对正看齐。

3. 班纵队和班二路纵队的互换

班纵队变换班二路纵队前，先报数，听到“成班二路纵队——走”的口令，双数士兵右脚右跨一步，左脚不靠拢右脚，向前一步，右脚向左脚靠拢，进到单数士兵右侧，自行对正看齐。

听到“距离2步，向后离开”口令，取好距离。听到“成班纵队——走”的口令，双数士兵右脚后退一步，左脚不靠拢右脚，左跨一步，右脚向左脚靠拢，站到单数人员之后，自行对正。

（六）方向变换

1．班横队时的方向变换

口令：“左（右）转弯，齐（跑）步——走”（停止间），“左（右）转弯——走”（行进间）。

要领：听到“左（右）转弯，齐（跑）步——走”或“左（右）转弯——走”口令后，轴翼士兵踏步，并逐渐向左（右）转动，同相邻士兵动作协调，外翼第一名士兵以大步行进并逐步变换方向，其他士兵用眼睛的余光向外翼取齐。愈接近轴翼者，其步幅愈小，并保持规定的间隔和排面整齐，转到90度时踏步并取齐，听口令前进或停止。

2．班纵队的方向变换

口令：“左（右）转弯，齐（跑）步——走”（停止间），“左（右）后转弯，齐（跑）步——走”（停止间）；“左（右）转弯——走”（行进间）“左（右）后转弯——走”（行进间）。

要领：听到口令，基准兵向左（右）转弯时，按单个军人行进间转法要领实施；向左（右）后转弯时，用小步边行进边变换方向，转到9度或180度后，照直前进，其他士兵逐次进到基准兵的转弯处，转向新方向跟进。

动作要求：停止间方向变换时，班长应先变换指挥位置，站到预定队形中央前，成立正姿势，而后再下达方向变换的口令；行进间方向变换时，班长应先变换指挥位置，站到预定队形的内侧便于指挥的位置（班长一般不跟随前进）；队列人员在方向变换时，应注意动作协调一致，保持规定间隔、距离，不得拥挤或松散。

二、排、连的队列动作

（一）基本队形

1．排的队形分为排横队和排纵队两种

排横队用于集合、点名和上课等。列队的方法是从前向后按1、2、3班的顺序重叠。各班均成班横队，排长位于一班长的右侧。

排纵队，用于队列行进和行军等。列队的方法是从左至右按1、2、3班的顺序并列，各班均成班纵队，排长位于三个班先头中央前。

2．连的基本队形分为连横队、连纵队和连并列纵队三种

连横队：用于集合、点名和上课等。组成：连干在右侧，而后依次向左按一排、二排、三排、连部的顺序各站成排横队。

连纵队：用于队列行进、行军、疏散等。组成：连干在先头，而后按一排、二排、三排

和连部的顺序，依次向后排列，组成连纵队，各排均成排纵队，排长位于本排的先头中央。

连并列纵队：用于集合、点名和上课等。组成：连干在右侧，而后各排站成排纵队，依次向左按一排、二排、三排和连部的顺序并列。各班的位置同排纵队，排长在本排右翼班长右侧。

（二）集合

1．排集合

通常分为排横队集合和排纵队集合两种。

口令：成排横队——集合。

要领：基准班在指挥员前方适当的位置，成班横队迅速站好；其他班成班横队，以基准班为准，依次向后排列，自行对正、看齐。

口令：成排纵队——集合。

要领：基准班在指挥员右前方适当位置，成班纵队迅速站好；其他班成班纵队，以基准班为准，依次向右排列，自行对正、看齐。

2．连集合

通常分为连横队集合、连纵队集合和连并列纵队集合。

口令：成连横队——集合。

要领：队列内的连指挥员或基准排，在指挥员前方适当位置，成横队迅速站好；各排和连部成横队，以连的干部或基准排为准，依次向左排列，自行对正、看齐。

口令：成连纵队——集合。

要领：队列内的连指挥员或基准排，在指挥员前方适当位置成纵队迅速站好；各排和连部成纵队，以连指挥员或基准排为准，依次向后排列，自行对正、看齐。

口令：成连并列纵队——集合。

要领：队列内的连指挥员或基准排，在指挥员左前方适当位置成纵队迅速站好；各排和连部成纵队，以连指挥员或基准排为准，依次向左排列，自行对正、看齐。

（三）解散

口令：解散，各连（排）带开（带回）。

要领：听到“解散”的口令，迅速离开原位。听到“各连（排）带开（带回)”的口令后，队列中的各连（排）指挥员带领本队迅速离开原列队位置。

（四）整齐、报数

整齐分向右、向左、向中看齐三种。报数是为了清点人数。

口令和动作要领同班整齐。不同点是第二列和第三列的人员要对正后再看齐。看齐时，注意转头要迅速一致，防止前后不一致和身体不正。

报数时不同点是第二列和第三列不报数，由最后一列的最后一名报“满伍”或“缺××名”。

（五）行进与停止

排（连）的行进与停止，按单个动作齐步、正步、跑步与停止的要领实施。排（连）横队行进时以右翼为准，纵队行进时以左翼为准。行进时，指挥员应下达“齐步（正步、跑步）——走”的口令。全体人员听到口令，基准兵向正前方前进，其他人员向基准翼标齐，并保持规定的间隔、距离。

排（连）行进一般成三路纵队，有时根据情况也可成一、二路纵队。行进中，可呼号“一二一”、“一二三四”或唱队列歌曲，以保持步伐整齐。

听到立定的口令，队列人员按单个军人立定要领实施。动作要整齐一致。停止后，听到“稍息”的口令，先自行对正、看齐，再稍息。

排（连）横队行进时，基准兵向正前方前进时，并保持好前进的方向，其他人员向基准翼标齐；纵队行进时，注意小列标齐。

（六）队形变换

排（连）横队和排纵队的互换，停止间按照向右（左）转的要领实施。

排（连）横队变为排纵队时，指挥员先跑步到排横队右侧前适当位置，面向队列，下达“向右——转”（或“向右转——走”）的口令，即变为排（连）纵队。

排（连）纵队变为横队时，指挥员先跑步到纵队的左侧前适当位置，面向队列下达“向左——转”（或“向左转——走”）口令，即变为排（连）横队。队形变换后，指挥员再下达“稍息”的口令，队列人员听到口令后，自行对正、看齐，而后稍息。

（七）方向变换

1．排（连）横队的方向变换

停止间的口令：左（右）转弯，齐（跑）步——走。

行进间的口令：左（右）转弯——走。

要领：第一列轴翼士兵停止间用踏步，行进间用小步，外翼士兵用大步行进，保持排面整齐，边行进边变换方向，转到90度后，听口令前进或停止；后续各列按上述要领，保持间隔、距离，取捷径进到前一列转弯处，转向新方向跟进。

停止间变换方向时，指挥员先跑步到横队的右（左）前方适当位置，下达“左（右）转弯，齐（跑）步——走”的口令。

行进间变换方向时，指挥员应先跑步到行进队形的左（右）前方便于指挥的位置，下达“左（右）转弯——走”的口令。

2．排（连）纵队方向变换

停止间的口令：右（左）转弯，齐（跑）步——走，右（左）后转弯，齐（跑）步——走。

行进间的口令：右（左）转弯——走，右（左）后转弯——走。

要领：按照数列横队和并列纵队方向变换的要领实施。

停止间方向变换时，指挥员应先跑步到预定队形行进方向的前方适当位置。下达“右（左）转弯，齐（跑）步——走”，“右（左）后转弯，齐（跑）步——走”的口令。

行进间纵队方向变换时，指挥员应先跑步到行进队形的内侧便于指挥的位置，下达“右（左）转弯——走”或“右（左）后转弯——走”的口令。

【思考与练习】

1. 军队颁布共同条令的意义是什么？
2. 排、连的队列动作基本队形有哪些？
3. 班的队列动作行进间转法有哪些？
4. 单个军人队列动作行进间转法有哪些？
5. 单个军人队列动作中敬礼有哪几种？

第七章　轻武器射击

【学习目标】

1. 了解轻武器的战斗性能和基本射击理论。
2. 掌握轻武器射击的动作要领，以便能更好地了解和掌握其他轻武器。

第一节　轻武器常识

一、性能、构造与自动原理

（一）81 式自动步枪

81 式自动步枪是一种近距离消灭敌人的自动武器（图 7-1），既可对 400 米距离内的单个人员目标实施有效射击，也可集中火力射击 500 米距离内的集团目标，弹头飞行至 1500 米处仍有杀伤力；可实施点射，也可进行单发射击，还可发射枪榴弹；在 100 米距离上，使用 56 式普通子弹，可穿透 6 毫米的钢板、15 厘米厚的砖墙、30 厘米厚的土层或 40 厘米厚的木板。

图 7-1　81 式自动步枪

81 式自动步枪主要由十大部件组成（图 7-2），即刺刀（匕首）、枪管、瞄准具、导气装置、机匣、枪机、复进机、击发机、弹匣和枪托，另有一套附品。

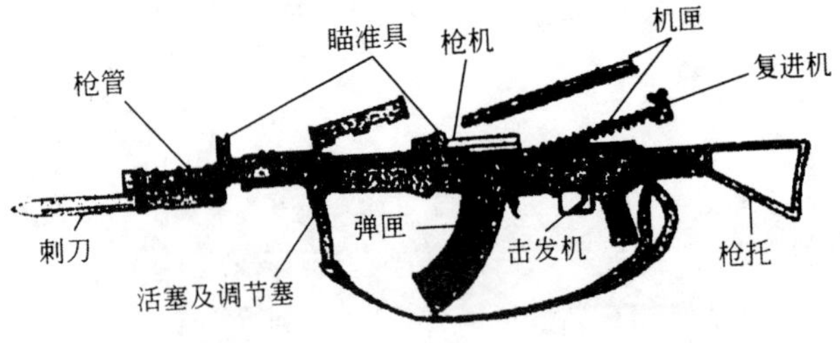

图 7-2　81 式自动步枪十大部件

各部件的用途是：刺刀用以刺杀敌人；枪管用于赋予弹头及枪榴弹的飞行方向；瞄准具由表尺和准星组成，用以瞄准；导气装置用于调节和承受火药气体的压力，推压枪机向后；机匣用于容纳枪机、复进机，固定击发机和弹匣；枪机用于送弹、闭锁、击发和退壳，并能使击锤向后成待发状态；复进机由导管、导杆、导管座、复进簧和支撑环组成，使枪机回到前方位置；击发机用于与枪机相互作用形成待发和击发；弹匣用于容纳和托送子弹，可装30 发子弹；枪托用于操枪、据枪；附品包括擦拭杆、鬃刷、冲子、附品盒、通条、油壶、背带和弹匣袋，用于分解结合、擦拭上油和排除故障。

（二）56 式半自动步枪

56 式半自动步枪是我军步兵分队装备较早的半自动轻武器（图 7-3），在 400 米内对单个目标射击效果最好，集中火力可射击 500～800 米的集团目标；每扣动扳机一次，发射一发子弹，不能打连发，战斗状态下每分钟发射 35～40 发；使用 56 式普通弹侵彻力和 81 式自动步枪相同。该枪也由十大部件组成，其各部件的名称及用途与 56 式自动步枪基本相同。

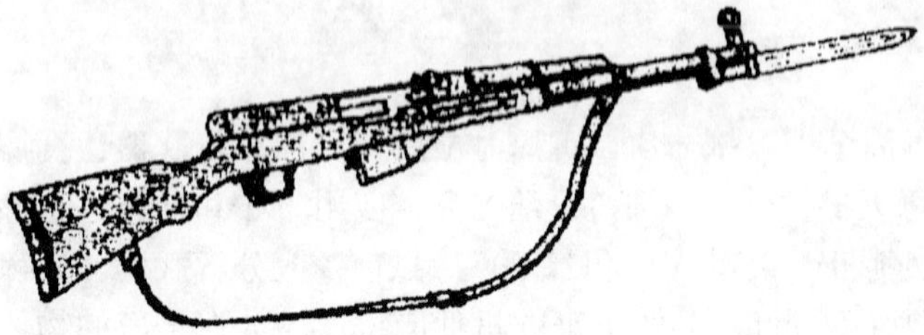

图 7-3　56 式半自动步枪

（三）56 式冲锋枪

56 式冲锋枪是我军装备较早的一种近战消灭敌人的自动武器（图 7-4）。对单个目标在 300 米距离内实施点射，在 400 米距离内实施单发射效果最好，弹头飞行到 1500 米处仍有杀伤力；可实施单发射，也可实施点射；使用 56 式普通弹其侵彻力和 81 式自动步枪相同。该枪也由十大部件组成，其各部件的名称及用途与 81 式自动步枪基本相同。

图 7-4　56 式冲锋枪

（四）自动原理

扣扳机后，击锤打击击针，撞击子弹底火，点燃发射药，产生火药气体，推动弹头沿膛线向前运动。弹头一经过导气孔，部分火药气体通过导气孔，涌入导气箍，冲击活塞，推动推杆，使枪机向后压缩复进簧，完成开锁、抛壳，并使击锤成待发状态；枪机退到后方时，由于复进簧的伸张，使枪机向前运动，推送下一发子弹入膛、闭锁。半自动步枪此时由于击锤已被击发阻铁卡住，不能向前打击击针，若再次发射，必须松开扳机，再扣扳机。冲锋枪（自动步枪）如保险机定在连发位置，扳机未松开，击发阻铁不能卡住击锤，击锤再次打击击针，形成连发；如保险机定在单发位置，击锤被单发阻铁卡住不能向前，若再次发射，必须松开扳机，再扣扳机。

二、分解结合与保养擦拭

轻武器要保持良好的战斗状态，就必须做到“两勤四不”，即勤检查、勤擦拭，不碰摔、不生锈、不损坏、不丢失。

（一）检查

检查武器外部是否有污垢、锈痕和碰伤，尤其是准星和表尺是否弯曲和松动；检查枪膛内是否有污垢、生锈和损伤；检查各机件运行是否灵活，有无锈痕和损坏，要特别检查击针；检查附品是否齐全完好，子弹有无锈蚀、凹陷、裂缝和松动。

（二）擦拭

正常情况下，每周至少擦拭一次。实弹射击后应用油布将武器认真擦拭干净并上油，在以后的三四天内应每天擦拭一次，训练、演习后，应用干布和油布进行擦拭。擦拭后，可将武器放在通风干燥处晾干，严禁火烤和暴晒。擦拭前，应分解武器。分解前必须验枪。按顺序和要领进行，不要强敲硬卸；分解下来的机件应按次序放在干净的物体上；除所规定的分解内容外，不准分解其他机件。

1．81 式自动步枪与 56 式冲锋枪分解结合（图 7-5）

（1）卸下弹匣。左手握护木，枪面稍向左，右手握弹匣，拇指按压弹匣笋（也可右手掌心向上握弹匣，以手掌的肉厚部分推压卡笋），前推取下。如图 7-5（1）所示。

（2）拔出通条和取出附品筒。左手握护木，右手向外向上拔出通条；然后用食指顶开附品筒巢盖，取出附品筒，并从附品筒内取出附品。如图 7-5（2）所示。

（3）卸下机匣盖。左手握枪颈，以拇指按压机匣盖卡笋，右手将机匣盖上提取下。如图 7-5（3）所示。

（4）抽出复进机。左手握枪颈，右手拇指、食指捏住导管座向前推，使其脱离凹槽，向后抽出复进机。如图 7-5（4）所示。

（5）取出枪机。左手握枪颈，右手打开保险，拉枪机向后到定位，向上取出。左手转压机体向后，使导笋脱离导笋槽，再向前取出机体。如图 7-5（5）所示。

（6）卸下扩盖。右手握表尺座下方护木，左手拉出左表尺轮转动，使“0”码和“1”码平面的交接棱边对准表尺座上的定位点，而后移握下护木，右手向上卸下护盖。（56 式冲锋枪卸下活塞筒左手握下护木，右手扳固定栓扳后向上，使固定栓平面垂直，移握上护木后端，向上卸下活塞筒）如图 7-5（6）所示。

（7）卸下调节塞和活塞。左手握下护木，右手向左（向右）转动调节塞至极限位置，将调节塞向后拉，压缩活塞簧使调节塞从导气箍中脱出，卸下调节塞和活塞，将活塞与活塞簧分开。如图 7-5（7）所示。

结合时，按分解的相反顺序进行。结合后，拉送枪机数次，检查机件结合是否正确。扣扳机，关保险。

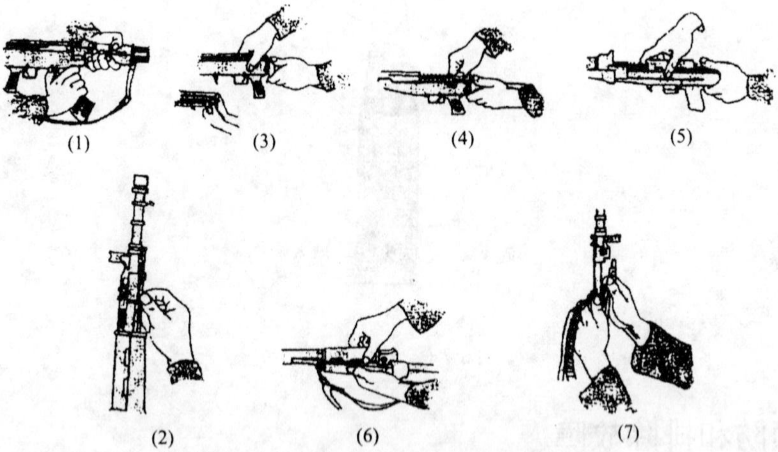

图 7-5　81 式自动步枪（56 式冲锋枪）

2．56 式半自动步枪分解结合

（1）拔出通条和取出附品筒。左手握护木，右手向下向外拉开枪刺约成 45°，拔出通条，折回枪刺。然后，用食指顶开附品筒巢盖，取出附品筒，并从附品筒内取出附品。

（2）卸下机匣盖。左手握枪颈，拇指抵住机匣盖后端，右手扳连接扳手向上成垂直状态，再向右拉到定位，响后卸下机匣盖。

（3）抽出复进机。右手向后抽出复进机。

（4）取下枪机。左手握下护木，使枪面稍向右，右手拉枪机向后取出。然后将机栓和机体分开。

（5）卸下活塞筒。左手握下护木，右手扳固定栓扳手向上，使固定栓平面垂直，向上卸下活塞筒（将固定栓扳手扳回或保持不动，以防推杆弹出）。然后，从筒内取出活塞。

结合时，按分解的相反顺序进行。结合后，打开弹仓盖，拉送枪机数次，检查机件结合是否正确。关上弹仓盖，打开保险，扣扳机，关保险。

三、子弹

枪与子弹是不可分离的有机整体，二者互为条件才能发挥作用。子弹主要由弹头、弹壳、底火和发射药四部分组成（图 7-6）。

弹头用以杀伤敌人的有生力量；弹壳用以容纳发射药，安装弹头和底火；底火用以点燃发射药；发射药用以燃烧后产生火药气体，推送弹头前进。

子弹的种类比较多，常用的有：普通弹，用以杀伤敌人的有生力量；曳光弹，主要用以试射和指示目标以及作信号用，曳光距离可达 800 米，命中干草能起火，弹头头部为绿色；燃烧弹，主要用以引燃易燃物体，弹头头部为红色；穿甲燃烧弹，主要用以射击飞机和轻装甲目标（在 200 米距离上穿甲厚度为 7 毫米），并能在穿透装甲后引燃汽油，弹头头部为黑色并有一道红圈。

除此之外，还有空包弹、教练弹、空炸弹等训练用的辅助弹。

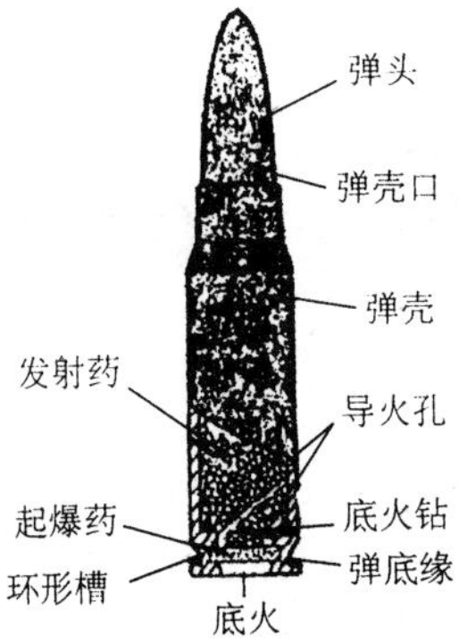

图 7-6　子弹构造

四、预防和排除故障

（一）预防故障的措施

严格按规则爱护、保管和使用枪支、子弹。有毛病的机件应及时送修或更换，有毛病的子弹不准使用；战斗中应抓紧间隙擦拭武器，来不及擦拭时应向活动机件注油；在寒冷的条件下使用武器时不能过多上油，以防冻结，影响机件活动，入冬后应换用冬季枪油，并彻底清除夏用枪油。在装弹前，应将枪机拉送数次或向活动部分注少量汽油（煤油或酒精）。

（二）排除故障的方法

射击中，若发生故障，通常拉枪机向后，重新装弹继续射击。如仍有故障，应迅速查明原因予以排除。故障严重，自己排除不了的，要及时向上级报告或请专业人员排除故障。

第二节　简易射击学理

一、发射

火药气体压力将弹头从膛内推送出去的现象叫发射。发射的过程是：扣动枪的扳机，击针撞击子弹底火，使起爆药发火，火焰通过导火孔引燃发射药，产生大量的火药气体，在膛内形成很大压力，迫使弹头脱离弹壳，沿膛线旋转加速前进，直至推出枪口。

二、后坐

发射时，武器向后运动的现象就是后坐。

后坐形成的原因是：发射药燃烧时，气体同时作用于各个方向，向前作用于弹头后部的压力推送弹头前进；向后作用于弹壳底部的压力通过枪机传给整个武器，使武器向后运动，形成后坐。

后坐对单发（连发首发）射击的命中影响极小，对连发射击的命中却有一定的影响，因为连发射击时，第一发子弹射出后，由于枪身的明显后坐变动了原来的瞄准线，使第二发以后的射弹产生偏差。但只要射手据枪要领正确，适应连发武器射击时的后坐规律，就能减小后坐对连发命中的影响，提高连发射击精度。

三、弹道

弹头在飞行运动中所经过的路线称为弹道。

弹道形成的原因是：弹头脱离枪口后，一方面，受到地心吸引力的作用，逐渐下降；另一方面，受空气阻力的作用，越飞越慢。因此形成一条不均等的弧线，升弧较长较直，降弧较短较弯曲。

四、直射和直射距离

由于弹道是弧线，而瞄准线是直线，所以它们不在一条水平线上。瞄准线上的弹道高在实际表尺距离上不超过目标高的射击，叫直射。这段表尺距离就是直射距离。

用同一武器射击时，目标高度不同，直射距离也不同。目标越高，直射距离越大；目标越低，直射距离越小、用不同类型的武器对同一类型目标射击时，弹道越低伸，直射距离越大，反之，则越小。如人胸目标距离 250 米，81 式自动步枪射手误测为 300 米，装定表尺“3”，瞄准目标中央射击，250 米处的弹道高为 0.21 米，没有超过目标高，目标仍能被杀伤。

五、选定标尺分划和瞄准点

弹道是弧线，而不是直线，如果用枪管直接瞄向目标射击，射弹就会打低打近。

为了命中目标，必须将枪口抬高，使火身轴线和瞄准线之间形成一定的角度，即瞄准角（图 7-7）。

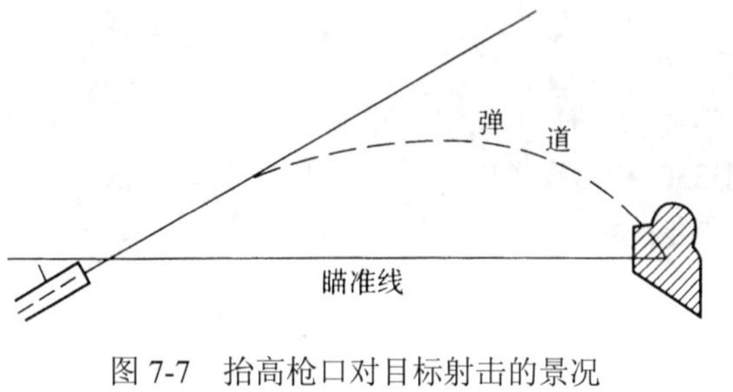

图 7-7　抬高枪口对目标射击的景况

瞄准角的大小是根据射弹在不同距离上的降落量确定的。距离越远，降落量越大，所需要的瞄准角越大；距离越近，降落量越小，其瞄准角也就越小。瞄准具是根据上述原理设计的。各个距离上枪口抬高多少，在表尺上刻有相应的分划，只要按照目标的距离装（选）定表尺分划瞄准射击，就能命中目标。

那么，如何选定表尺分划和瞄准点呢？

（一）定实距离表尺分划，瞄目标中央

这是最基本的选定方法。当目标距离为百米整数时，可根据目标的距离装定相应的表尺

分划，瞄准点选在目标中央。如自动步枪对 100 米距离人胸目标射击时，定表尺“1”，瞄准目标中央射击，即可命中目标中央（图 7-8）。

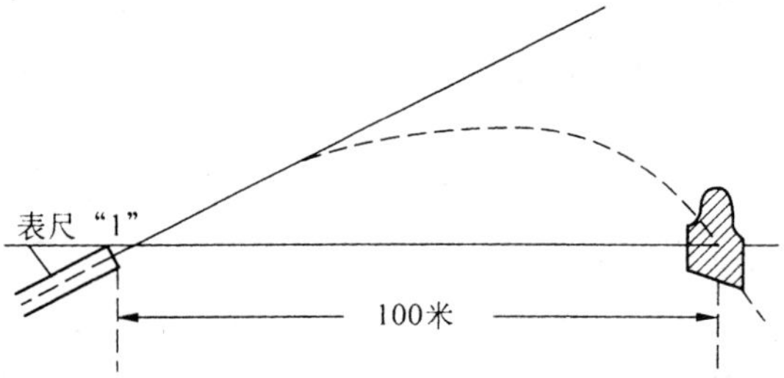

图 7-8　定实距标尺分划射击景况

（二）定大于或小于实距离表尺分划，适当降低或提高瞄准点

在实际射击和训练中，特别是在实战中很难遇到百米整数的目标。当目标距离不是百米整数时，通常选定大于实距离表尺分划，根据武器在该距离上的弹道高，相应降低瞄准点射击。如自动步枪在 250 米距离上对人胸目标射击时，定表尺“3”，在 250 米处的弹道高为 21 厘米，这时，瞄准目标下沿中央射击，即可命中目标（图 7-9）。

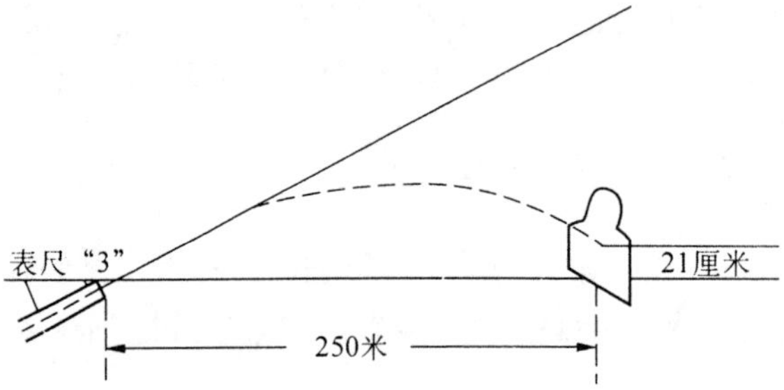

图 7-9　定大于实距离表尺分划射击景况

有时也可选定小于实距离的表尺分划，根据武器在该距离上的负弹道高，相应提高瞄准点射击。如自动步枪对 250 米距离上的人头目标射击时，定表尺“2”，在 250 米处的弹道高为负 18 厘米。此时，瞄准目标头顶中央射击，即可命中（图 7-10）。

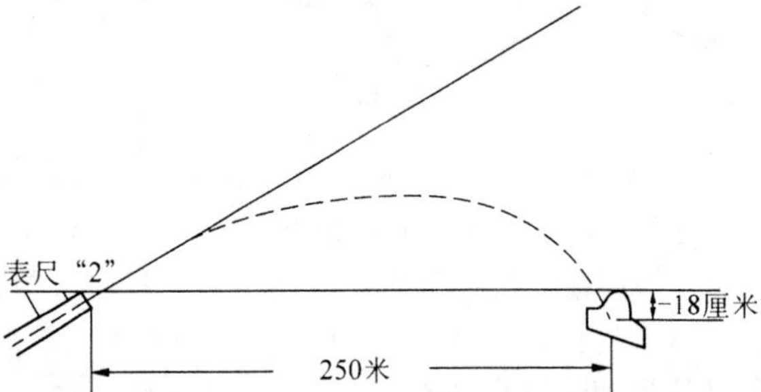

图 7-10　定小于实距离表尺分划射击景况

（三）定常用表尺分划，小目标瞄下沿中央，大目标瞄下部中央

战斗中，由于时间紧迫，而目标的距离也在不断地变化，有时来不及选定表尺。因此，对300米距离以内的目标射击时，通常走常用表尺（表尺“3”）分划，小目标瞄下沿中央，大目标瞄下部中央射击，即可命中。如自动步枪定常用表尺对300米以内人胸目标（高50厘米）射击时，瞄目标下沿中央，则整个瞄准线上最大弹道高为35厘米，没有超过目标高，目标在300米距离内，都会被杀伤（图7-11）。

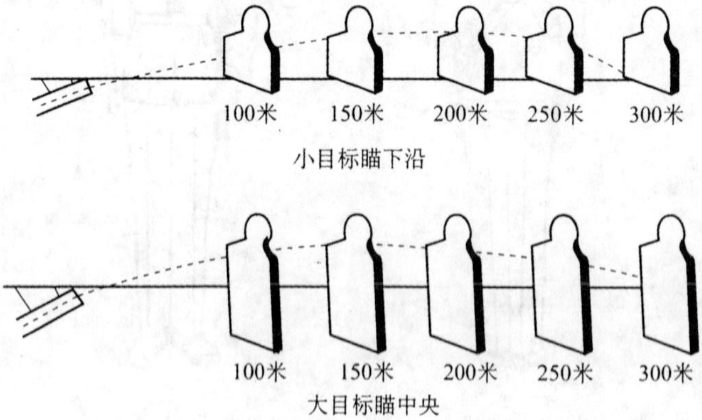

图7-11　定常用表尺分划对300米以内目标射击景况

第三节　轻武器射击动作和方法

一、验枪

1．验枪的基本知识

验枪是一项保证安全的重要措施。在使用武器前后及必要时均应进行验枪，认真检查弹膛、弹匣和教练弹中有无实弹。验枪时严禁枪口对人。步枪和冲锋枪的验枪、射击准备通常都是在操枪基础上实施的。操枪就是指武器携带者携带枪支的动作和方法。对步枪和冲锋枪来说，通常分为肩枪、持枪、背枪、提枪（图7-12、图7-13）。

在此简单介绍一下肩枪与背枪之间的动作转换。听到“背枪”的口令，左手在右臂前握背带，右手掌心向后移握准星座，两手协力将枪上提，左手掌心向后握准星座，左手在左肩，两手放下，成背枪立正姿势。听到“肩枪”的口令时，右手掌心向后握准星座，左手在左肩前握背带，两手协力将背带从头套过，落在右肩，右手移握背带，左手放下，成肩枪立正姿势。

2．步枪、冲锋枪验枪方法

（1）81式自动步枪的验枪基本方法。听到“验枪”的口令后，以右脚掌为轴，身体半面向右转，左脚顺势向前迈出一步（两脚约与肩同宽），同时右手移握护木，将枪向前送出（背带从肩上脱下），左手接握下护木，左大臂紧靠左肋，枪托贴于右胯，准星约与肩同高，

右手掌心向下，虎口向前，开保险，卸下弹匣交给左手握于护木右侧，移握机柄。检查时，拉枪机向后，验过后，自行送回枪机，装上弹匣，扣扳机，关保险，移握枪颈。

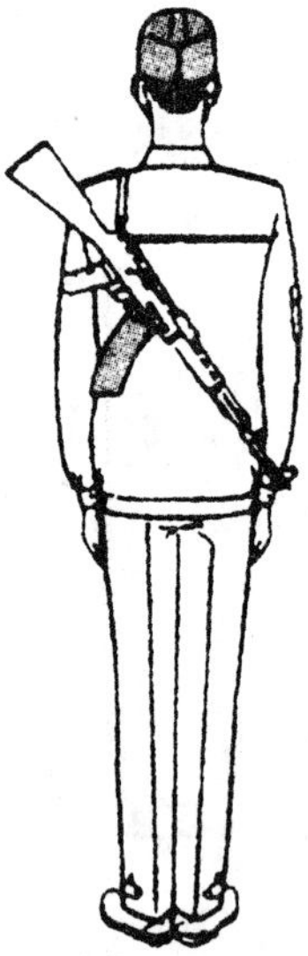

图 7-12　背枪

图 7-13　提枪

听到“验枪完毕”的口令后，左手反握护木，将枪倒置于胸前，上背带环约与肩同高，右手拇指挑起背带，身体半面向左转，在右脚靠拢左脚的同时，两手协力将枪送上右肩，恢复肩枪姿势。

（2）56 式冲锋枪的验枪方法。听到“验枪”口令后，以右脚掌为轴，身体半面向右转，左脚顺势向前迈出一步（两脚约与肩同宽），同时右手移握上护木，将枪向前送出（背带从肩上脱下，左手接握下护木，左大臂紧靠左肋，枪托贴于右胯，准星约与肩同高，开保险，卸下弹匣后交给左手握于护木右侧，右手移握机柄。检查时，拉枪机向后，验过后，自行送回枪机，装上弹匣，扣扳机，关保险，移握枪颈。

听到“验枪完毕”口令后，左手反握上护木，将枪倒置于胸前，右手挑起背带，身体半面向左转，在左脚靠拢右脚的同时，两手协力将枪送上右肩，恢复肩枪姿势。

二、射击准备

射击之前应该先正确地向弹匣内装填子弹，如果子弹装得不好，在射击中会出现卡壳或不上膛的情况，进而影响射击效果。向弹匣内装子弹，通常用跪姿。在听到“装填子弹”的口令后，右手移握护木，使枪口向前（背带从肩上脱下），同时左脚向前迈出一步，右膝向右跪下，臀部坐在右脚跟上，右手将枪置于左腿内侧，枪面向里卡于左肩。右手从弹袋内取出空弹匣或从枪上卸下空弹匣，使弹匣门向上，挂耳向左前交给左手。右手取子弹使弹底向左前放在弹匣口上，两手协力将子弹压入弹匣内。装好后，将弹匣装入弹匣袋内并扣好，左手扶左膝，右手握上护木，目视前方。听到“起立”口令后，迅速起立，恢复肩枪姿势。

1．跪姿装退子弹

在听到“跪姿装子弹”口令后，右手将枪提起，左脚向右脚前方迈出一步，右手将枪向目标方向送出，左手接握表尺下方，同时右膝跪下，臀部坐在右脚跟上，左小腿略垂直，两腿约成 90 度角，左小臂放在左大腿上。准星约与肩同高，然后，按要领装子弹，关保险，定表尺，右手移握枪颈，目视前方，准备射击。

在听到“退子弹起立”口令后，按要领退出子弹，开保险，扣扳机，关保险，复回表尺，右手移握上护木，左脚尖向外打开，同时起立，在右脚靠拢左脚的同时，恢复持枪姿势。

2．立姿装退子弹

在听到“立姿装子弹”口令后，右手移握上护木，以右脚掌为轴，身体大半面向右转，左脚顺势向前迈出一步，使两脚与肩同宽，重心落在两脚上。右手将枪向目标方向送出（背带从肩上脱下），左手接握下护木，左大臂紧靠左肋，枪托贴于胯骨，准星略与肩同高。然后，按要领打开枪刺，换上实弹匣，开保险，送子弹上膛，关保险，定表尺，右手移握握把，目视前方，准备射击。

听到“退子弹起立”口令后，按要领卸下实弹匣，开保险，退出子弹，换上空弹匣，押扳机，关保险，复回表尺，右手折回枪刺。右手移握上护木，身体大半向左转，左手反握上护木，）将枪倒置于胸前，右手挑起背带，在右脚靠拢左脚的同时，两手协力将枪送上右肩、恢复肩枪立正姿势。

3．卧姿装退子弹

在听到“卧姿装子弹”口令后，右手移握护木，使枪口向前（背带从肩上脱下），左脚向右脚前迈出一大步（也可右脚顺脚尖方向迈出一大步），左手在左脚尖前支地，顺势卧倒，以身体左侧、左肘支持全身。右手将枪向目标方向送出，左手接握下护木打开枪刺，右手卸下空弹匣，使弹匣门朝后交给左手握于护木右侧，解开弹袋扣，换上实弹匣，将空弹匣装入弹袋内并扣好，开保险，拉枪机送子弹上膛，关保险，右手拇指和食指转动表尺转轮，使所需分划对正表尺座一侧定位。然后，右手移握握把，全身伏地，两脚分开约与肩同宽，身体右侧与枪略成一线，目视前方，准备射击（图 7-14）。

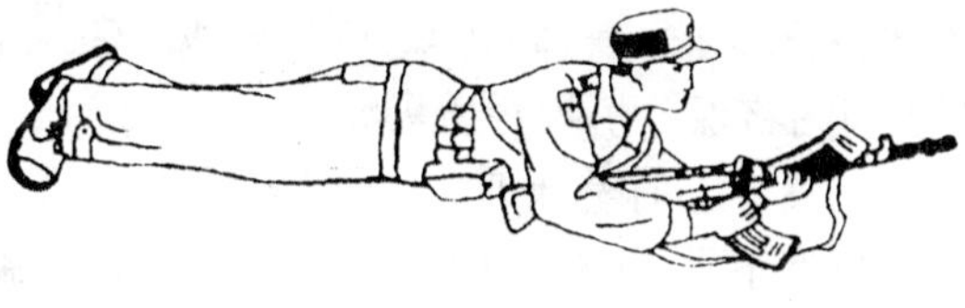

图 7-14　卧姿装退子弹

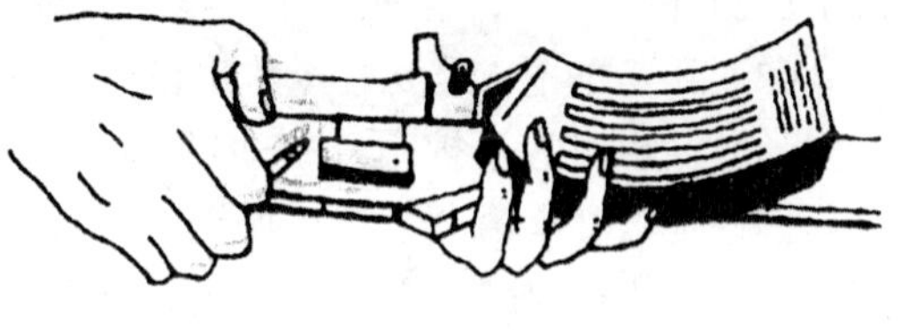

图 7-15　接住退出的子弹

听到“退子弹起立”口令后，稍向左侧身，右手卸下实弹匣交给左手，打开保险，拇指慢拉枪机向后，同时接住从膛内退出的子弹（图 7-15），送回枪机，将子弹压入弹匣内，解开弹袋扣，取出并换上空弹匣，把实弹匣装入弹袋内并扣好，扣扳机，关保险，复回表尺。右手移握上护木，将枪收回，同时左小臂向里合；屈左腿于右腿下，以左手和两脚撑起身体，右脚向前一大步，左脚再向前一步，左手反握护木，将枪倒置于胸前，右手拇指挑起背带，在右脚靠拢左脚的同时，两手协力将枪送上右肩，恢复肩枪姿势。

三、据枪、瞄准、击发

为了获得更好的射击效果，我们应该充分利用地物构筑掩体实施射击。掩体的高低应以射手的身体而定，通常为 25～30 厘米。

1．据枪

（1）跪姿据枪。跪姿有掩体据枪时，通常跪左膝，身体的左侧紧靠掩体前边，右小腿垂直或右脚向右后方蹬，两肘抵在臂座上。

跪姿无掩体据枪时，左手托握下护木或弹匣，左肘平面略过左膝盖前或膝盖后，使枪、左小臂、左小腿略在同一垂直面上。右手握握把，大臂自然下垂，上体稍前倾，两手正直向后用力，使枪托确实抵于肩窝（图 7-16）。

图 7-16　跪姿无掩体据枪

（2）立姿据枪。立姿有掩体据枪时，左腿微屈，上体左侧紧靠掩体前边，右脚向后蹬，两肘抵在臂座上。

立姿无掩体据枪时，左手握弹匣，大臂紧靠左肋，小臂尽量里合于枪身下方，也可左手托握下护木，大臂不靠左肋。右手握握把，大臂自然抬起，两手正直向后用力，使枪托确实抵于肩窝外侧。

（3）卧姿据枪。卧姿有掩体据枪时，下护木放在掩体上，身体右侧与枪身略成一线。左手握弹匣（也可握下护木），左肘着地外撑。右手拇指将保险机扳到所需要的位置，虎口向前紧握握把，食指第一节靠在扳机上，右大臂略成垂直，右肘着地外撑，两肘保持稳固。胸部挺起，身体稍前跟，同时要求右肘不离地，上体自然下塌，两手用力保持不变，使枪托确实抵于肩窝。头稍前倾，并且贴腮（图 7-17）。

图 7-17　卧姿有掩体据枪

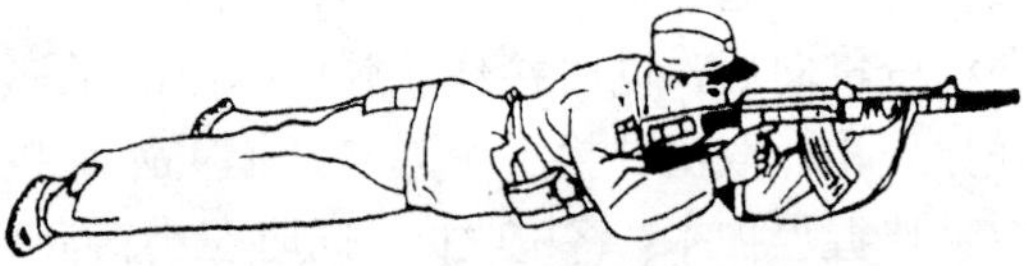

图 7-18　卧姿无掩体据枪

卧姿无掩体据枪时，左手托握弹匣或下护木，小臂尽量里合于枪身下方，小臂与大臂约成 90 度角，将枪自然托住。右手握握把，大臂略成垂直，两肘保持稳固。两手正直向后用力，使枪托确实抵于肩窝，自然贴腮（图 7-18）。

2．瞄准

正确一致地瞄准是准确射击的核心。右眼通视缺口和准星，使准星尖位于缺口中央并与上沿平齐，指向瞄准点，就是正确瞄准（图 7-19）。

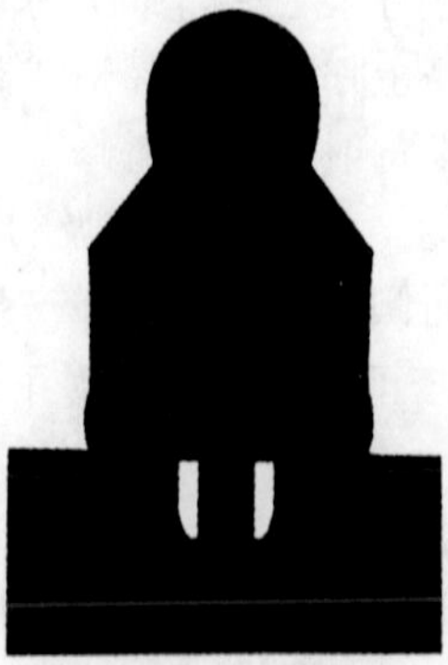

图 7-19　正确的瞄准

据枪后，应首先使瞄准线自然指向目标。若未指向目标，不可迁就而强扭枪身，必须调整姿势。需要修正方向时，可左右移动身体或两肘。需要修正高低时，可调整掩体，前后移动整个身体或两肘里合、外张（连发射击时，右肘不宜外张），也可适当移动左手的托枪位置。瞄准时，应集中主要精力于准星与缺口的平正关系上。如果集中主要精力于准星与目标的关系上，就会忽略准星与缺口的平正关系，使射弹产生偏差。

我们应该注意以下几点。（1）若准星与缺口的关系不正确，对命中影响很大。准星偏右，弹道偏左。射弹偏差量的大小与射击距离的远近和瞄准基线的长短有直接关系。（2）若准星与缺口的关系正确，而瞄准线指向产生偏差时，射弹也会产生偏差，射弹的偏差与瞄准线指向的偏差相一致。

3．击发

击发是射击的最后一个关节，击发动作的正确与否直接关系到射击的效果。做击发的动作时，用右手食指第一节均匀正直地向后扣压扳机（食指内侧与枪应有不大的空隙），余指力量不变。当瞄准线接近瞄准点时，开始预压扳机，并减缓呼吸。当瞄准线指向瞄准点时，应停止呼吸，继续增加对扳机的压力，直至击发。击发瞬间应保持正确一致的瞄准。当瞄准线偏离瞄准点或不能继续停止呼吸时，应既不增加也不放松对扳机的压力，待修正或换气后，再继续扣压扳机。

连发武器操纵点射时，应稳扣快松，扣到底松开为 2～3 发。在击发时，应始终保持姿势稳固，据枪力量不变，瞄准不变，以提高连发射击命中精度。我们不能猛扣扳机，因为猛扣扳机会使枪身扭动，射弹就会产生偏差。当点射的时候，我们要保持正常的心态，不要因为猛扣或猛松扳机而造成据枪变形。

4．常见问题及修正

（1）抵肩位置不正确。射击时，射手若不能正确地抵肩，会使射弹产生偏差。通常情况下，抵肩过低容易打低，抵肩过高容易打高。修正方法：射手要反复体会正确的抵肩位置，并通过他人摸、推的方法检查抵肩位置是否正确。

（2）两手用力不当。射击时，射手为了命中目标，往往强力控制枪的晃动，造成肌肉紧张，用力方向不正。姿势不稳，使枪产生角度摆动，增大射弹散布。修正方法：强调射手的据枪要正直向后适当用力，两手的用力方向应和武器的后坐方向一致，练习时，射手据枪后由协助者向后推枪、拉枪机，也可射手自己两手向后引枪，检查用力方向是否正确。

（3）停止呼吸过早。射击时，停止呼吸过早易造成憋气，使肌肉颤动，据枪不稳或猛扣扳机，破坏正确一致的瞄准，进而影响射击效果。修正方法：应使射手反复体会在瞄准线指向瞄准点或在瞄准点附近轻微晃动时，自然停止呼吸的要领。

（4）枪面倾斜。射击时，如枪面倾斜，会使射弹产生偏差。通常情况，枪面偏左，弹道偏左下；枪面偏右，弹道偏右下。修正方法：强调射手据枪时应保持枪面平正。

（5）耸肩、眨眼和猛扣扳机。射击时，射手过多地考虑枪响时机等，会造成心情紧张，容易产生耸肩、眨眼和猛扣扳机等错误动作，影响射弹命中。修正方法：应强调按要领操作，有针对性地做好思想工作，提醒射手不要过多地考虑射击成绩和枪响，应强调按照要领据枪，把主要精力、视力集中在准星与缺口的正确关系上，实现自然击发。做到有知有觉地扣，不知不觉地响。

（6）击发时机掌握不好。无掩体射击时，有的射手常因捕捉瞄准点，造成勉强击发或猛扣扳机，使射弹产生偏差或脱靶。修正方法：应指出瞄准线的指向在瞄准点附近轻微晃动是正常现象，当瞄准线在瞄准点附近轻微晃动时，应做到适时击发。练习时，可让射手反复体会在保持准星与缺口平正关系的基础上，自然指向瞄准点的情况。也可用加强臂力锻炼或采取逐步缩小瞄准区的辅助练习方法，摸索枪的晃动规律，掌握击发时机。

【思考与练习】

1. 列举一些你知道的轻武器。
2. 如何对轻武器进行保养？
3. 如何选定表尺分划和瞄准点？
4. 在轻武器射击中，如何进行射击准备？
5. 简述 81 式自动步枪的验枪基本方法。

第八章　军事地形学

【学习目标】

1. 了解地形对作战行动的影响。
2. 掌握地形图的基本知识。
3. 学会现地使用地图的方法。

军事地形学是从军事应用的角度研究和利用地形的一门学科。它主要研究地形对战斗行动影响的规律，军用地图和航空、航天相片的识别与应用原理，战场简易测量方法以及调制略图的要领等。

第一节　地形对军队作战行动的影响

一、地形的分类和作用

（一）地形的分类

地形是地物和地貌的总称。地物是指地球表面自然形成和人工建造的固定物体，如江河、湖泊、道路、村庄等。地貌是指地球表面高低起伏的状态，如山地、平地等。

由于不同的地貌和地物的错综结合，区分为各种不同的地形。依地貌的状态，可分为平原、丘陵地、山地和高原；依地物的分布和土壤性质，可分为居民地、水网稻田地、江河与湖泊、山林地、石林地、黄土地形、沙漠与戈壁、草原、沼泽等；依对军队战斗行动的影响，又可分为开阔地、荫蔽地和断绝地等。不同的地形对军队战斗行动又有着不同的影响。

（二）地形的作用

1. 地形是军队行动的客观基础

军队同一般人群一样，一切活动都是在一定的地形条件下进行的。即便是以空中为主要活动场所的空军，也必须以陆地地形为基地。任何军兵种的布防、生活、训练都必须首先考虑到地形条件，取其利、避其弊来保证防务需要，给生活提供方便，为训练创造条件。军队的布防、训练需要某种特定的地形，而这种地形往往并不方便生活；或者，方便后者的地形往往并不有利于前者。可见，军队的活动无法超脱地形这一客观基础。

2．地形具有隐蔽军队的天然条件

隐蔽是军队行动的基本原则，是提高生存的重要措施。尽管现代侦察器材使大地变得袒露，海水变得透明，夜幕变得可见，但是地球表面千奇百怪的植被、物体所构成的大千世界，过去是、将来也仍然是军队隐蔽运动难得的天然场所。

3．地形制约武器装备的应用和军队的行动

坦克和装甲车辆，在山高坡陡的地形上便无法使用。直射火器无论射程多远，无法实施隔山射击；通信器材在复杂地形上使用，便陡然降低通信效能，缩短通信距离；使用各种观察器材去平视高低不平的地形，无法发现物体背后及各个地形死角的情况；军队在各种地形上机动，体力消耗增大和机动速度不一；遇到江河湖泊，只能借助于桥梁和乘船通过……这充分说明，地形是军队行动的天然障碍，对军队行动产生着重大的影响。

4．地形影响战术手段的运用

地形幅员的大小，决定战斗规模；地形的不同分类，是决定战斗的重要依据；地形复杂程度的不同，影响军队协同战斗的方式；在缺乏道路、交通不便的地形上，不仅增大了军队补给的难度，还直接影响到军队战斗的持续时间。

孙子指出："夫地形者，兵之助也"，"知天知地，胜乃可全"，此乃至理名言。现代条件下，尽管情况不同以往，但是，利用地形仍然是战争指导的一门重要艺术。

在现代战争中，地形仍然是不容忽视的因素。为了适应未来反侵略战争的需要，各级指战员必须十分重视研究利用地形，做到权衡利弊、趋利避害，以我之长、击敌之短，夺取未来反侵略战争的胜利。

二、地形研究的重点

地形对作战行动的影响是多方面的。例如，军队机动、阵地选择、兵力部署、火力配系、工事构筑、隐蔽伪装、技术兵器的使用、战场观察和作战指挥等，都受到地形的影响。一般来说，地形研究的重点有以下几方面。

（一）地形对军队机动的影响

军队在开进时，一是沿道路机动，二是越野机动。沿道路机动主要受道路的数量、质量及通行能力的影响。越野机动主要取决于地形特征和气象条件，即地面的高度、坡度和断绝程度，土壤的性质一与植物的分布以及天然障碍物（河流、湖泊、沼泽等）的分布和特征。研究的目的是要了解机动能力及影响通行的地区和路线，以及需要采取的措施，如选择迂回道路、修筑临时军路、就地取材等。

（二）地形对观察、射击的影响

战场视界开阔，便于观察和判定方位，有利于发挥火力，是选择指挥所、观察所、射击阵地时必须考虑的条件。不同的地形，如平原、山地、丘陵地和遮蔽地等，对视界和射界的影响是不同的。军事上常将视界开阔、射界良好、对周围地形具有瞰制作用的高地称为制高点。研究地形对观察、射击的影响，在于根据敌情和各种火器的战斗性能，从地形方面来确定其配置地域。

（三）地形对隐蔽、伪装的影响

为防止敌人从地面和空中侦察我军的目标、企图和行动，需要利用天然的隐蔽、伪装物体，如森林、植被、雨裂、冲沟、起伏地形等，以便保障部队的隐蔽配置与机动。

地形对隐蔽和伪装的影响与对观察和射击的影响，是对立统一的。一般来说，就是充分利用地形的隐蔽和伪装条件来保存自己，利用有利于观察和射击的地形条件来消灭敌人。

（四）地形对工程构筑的影响

军事工程构筑的范围、性质、效率要受地形起伏的状态、土壤和岩石的性质与厚度、就地取材的能力等因素的影响。

（五）地形对防原子和防化学袭击的影响

在未来的反侵略战争中，由于科学技术的发展和原子弹、导弹、化学武器等的应用，我们必须认真研究地形对原子和化学武器袭击的作用。研究地形对原子和化学武器的防护性能，如地面坡度的陡缓、植被的分布、土壤的性质和水源情况等。要根据地形分析可能遭受原子武器袭击的目标，如对军队战斗行动影响大的目标（隘口、交通枢纽、机场等）、军队集结地域、指挥机构等，采取有效措施，避开这些原子武器袭击的目标，以减少或避免原子袭击的损失。

上述五点，既是独立的，又是互相关联的，如工程构筑时要考虑观察、射击、隐蔽、防原子、防化学等问题，部队通行时需考虑隐蔽和伪装问题。因此，在研究地形对战斗行动影响的某一个方面时，必须全面分析、利弊对比，正确认识“地因兵而固，兵因地而强”的辩证关系。

第二节　地形图基本知识

一、地图

地图是地球表面的缩写。它是按一定的投影方法和比例关系，用特定的图式符号、颜色和文字注记，把地球表面的自然地理和社会经济要素，经过一定的制图，综合测绘于平面图上。随着地图在军事、国民经济和文化科学等方面的广泛应用，对显示地图内容的要求也出现了多样性，这就出现了可供各方面使用的内容不同的地图。

二、地图的种类

根据地图显示内容的不同，可将地图概括为普通地图与专门地图两大类。普通地图是综合反映地表自然现象和社会经济现象的地图，内容包括：自然地理要素，如地貌、水系、土壤、植被等；社会经济要素，如居民地、行政区域、工矿、交通网等。普通地图又分为地形图和地理图。

地图是按一定的比例关系将实地地形缩小绘制而成的。通常，大于 1∶100 万比例尺的普通地图叫地形图。它是国家经济建设、国防建设和军队作战、训练不可缺少的重要地形资料。我国地形图比例尺系列为 1∶1 万、1∶2.5 万、1∶5 万、1∶10 万、1∶20 万、1∶50 万、1∶100 万等七种。在地形图上能较详细地反映长度、高度、坡度、坐标、水平角度和面积等。

1．1∶1 万比例尺地形图

它是陆海要塞、基地、重要城市、国防施工地带和重点设防地区的基本战术、技术用图，也是军事工程的计划、设计、施工用图。

2．1∶2.5 万比例尺地形图

它是重要地区的战术用图。主要供边海防地带团以下部队在组织战斗、研究地形、指挥作战时使用，也可作为拟制战役计划时研究一些重要地区，如选择突破口、破坏敌人核心工事、深入敌后侦察敌情和穿插迂回时使用。

3．1∶5 万比例尺地形图

它是我军最基本的战术用图，多为师以下部队协同作战的共同用图。

4．1∶10 万比例尺地形图

它是供集团军、师级指挥机关研究地形、组织实施作战时使用，也是装甲兵、摩托化或机械化部队的常用地图。

5．1∶20 万比例尺地形图

它是供集团军以上司令部拟制战役计划、研究作战部署、制定协同方案和后方勤务保障方案以及实施作战指挥时使用，也是情报部门和防空部队标绘空情时作底图的地形图。

6．1∶50 万比例尺地形图

它是供陆海空三军领导机关使用的战役用图。

7．1∶100 万比例尺地形图

它是供统帅部研究战略、战役方向，进行战略、战役指挥，规划战场建设和作战部署的用图，也是航空兵飞行的基本用图。

各种比例尺地形图的使用界限，只是一个大致的划分，不是绝对的。在现代高技术战争条件下，作战行动投入兵力的多少、作战区域的大小很难确定，因此，各种比例尺地形图的使用，允许有一个机动范围。

专门地图（图 8-1）又称“专题地图”或“主题地图”，是在普通地图的基础上，突出表示一个专题内容的地图，如交通图、地貌图、水文图、地质图、气象图等。

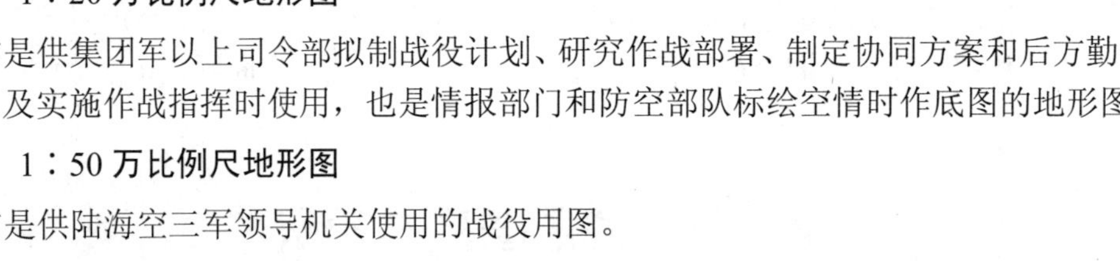

图 8-1　专门地图（局部）

军用地图除地形图外，还有海图、航空图等专用地图。海图主要供舰船在海上航行、作战和训练时使用，突出地表示海洋水深、沿海地形以及各种助航设备等。航空图和普通地图的内容较接近，是在普通地图的基础上着重显示供飞机导航的各种专门内容，如为了飞行的安全和判定方位，特别重视表示地面起伏高程和超高建筑等内容。

三、地物符号及种类（图 8-2）

地面上的地物在地图上是用统一规定的符号结合文字注记表示的，这些规定的图形符号叫地物符号。按符号与实地地物的比例关系，地物符号可分四大类。

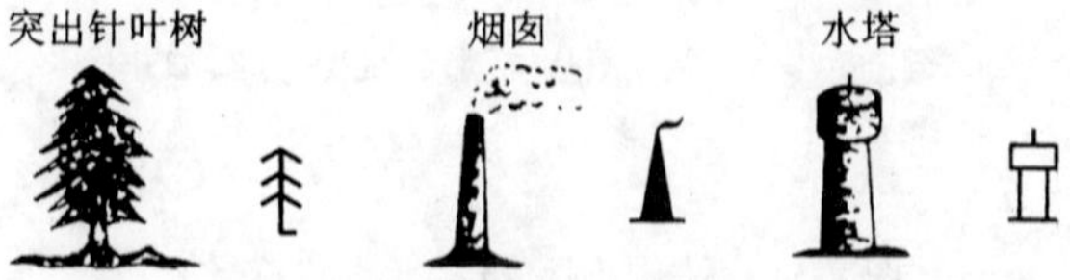

图 8-2　地物与地物符号

1．依比例尺符号（又叫轮廓符号）（图 8-3）

图 8-3　依比例尺符号（轮廓符号）

这类符号是依实地面积的大小、形状绘制的，如大居民地、森林、江河、湖泊等，其外部轮廓是按比例尺缩绘的，内部文字注记是按配置需要填绘的。

2．半依比例尺符号（又叫线状符号）（图 8-4）

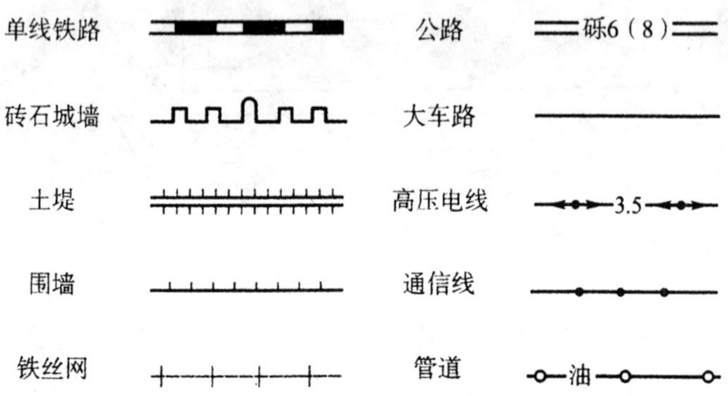

图 8-4　半依比例尺符号（线状符号）

实地的窄长线状地物，如道路、土堤、通信线等，其转折点、交叉点位置是按实地精确测定，其长度是按比例尺缩绘的，其宽度不是按比例尺缩绘的。

3．不依比例尺符号（又叫点状符号）（图 8-5）

图 8-5　不依比例尺符号（点状符号）

实地上一些对部队战斗行动有影响或有方位意义的地物，如独立树、亭、塔、油库等，因为其在实地的面积小，不能按比例尺缩绘，只能用规定的符号表示。

4．说明和配置符号

主要是用来说明、补充上述三种符号不能表示的内容，如用箭头表示江河的流向，文字注记流速。配置符号是用来表示某地区的植被及土质特征的，如草地、果园、疏林、石块等，只表示地物的分布情况，并不表示地物的真实位置和数量。

四、等高线（图 8-6）

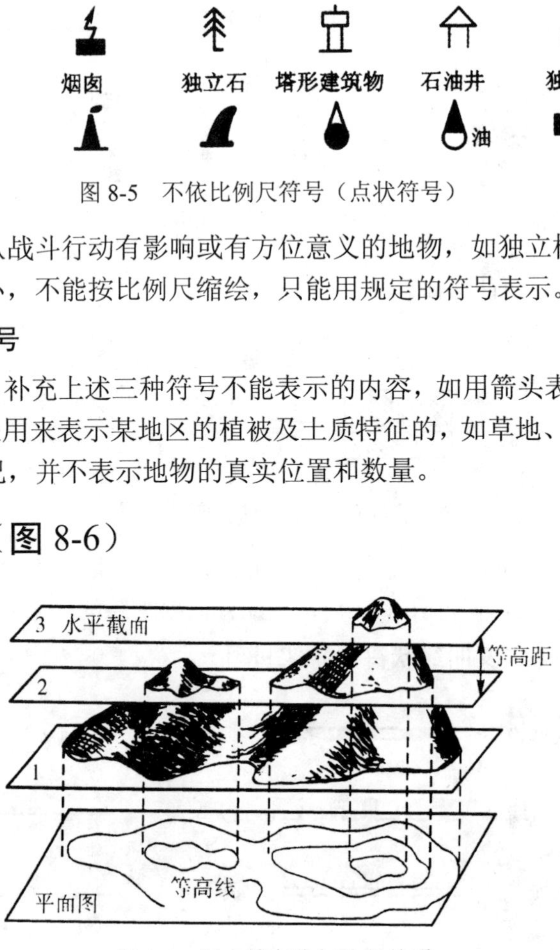

图 8-6　图上等高线与地形关系

等高线是由地面上高程相等的各点连接而成的曲线。用等高线表示地貌，能精确地反映地面的高低、斜坡形状和山脉走向。我们的基本比例尺地形图，主要是用这种方法表示地貌的。

在同一幅地形图上，等高线多的山就高，等高线少的山就低；在同一幅地形图上，等高线间隔小的，实地坡度陡，等高线间隔大的坡度缓；图上等高线弯曲的形状与相应的地形形状相似。

随着科学的发展，人们对地形图的要求提高了，希望一目了然地看出广大区域的地势总貌，迅速得到高程分布和高差对比的印象。于是，在等高线的基础上又出现了分层设色和晕渲表示地貌的方法，给用图者在视觉上以形象生动、自然的感觉。

等高线按其作用不同，可分为四种（图 8-7）。

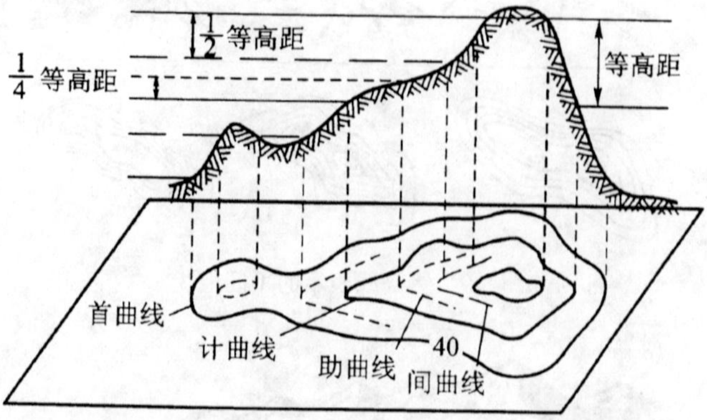

图 8-7 各种等高线

（1）首曲线，又叫基本等高线，是按照规定的等高距，由平均海水面起算而测绘的细实线。

（2）计曲线，又叫加粗等高线，规定从高程起算面起，每隔四条首曲线加粗描绘一条粗实线。

（3）间曲线，又叫半距等高线，是按二分之一等高距描绘的细长虚线。

（4）助曲线，又叫辅助等高线，是按四分之一等高距描绘的细短虚线。

间曲线和助曲线只用于局部地区，所以它们不像首曲线那样一定要各自闭合。

五、地貌的识别（图 8-8～图 8-10）

每座山都有自己的特点，但只要我们认真分析，仍然可以找出它们的共同特征。概括地说，它们都是由山顶、凹地、山背、山谷、鞍部、山脊等六种基本形态构成。只要抓住这些基本形态，识别地形就比较容易了。

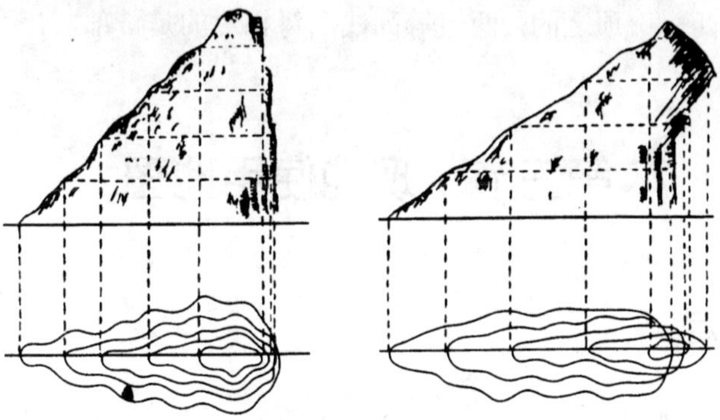

图 8-8 等高线表示的不同地貌

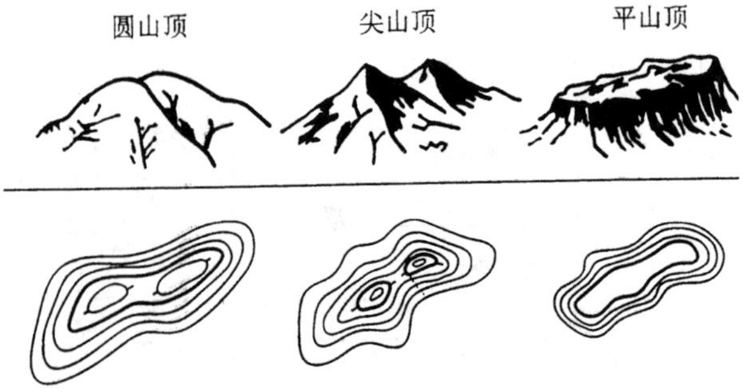

图 8-9　等高线表示的不同地貌

图 8-10　地貌图

依据等高线表示地貌的原理和特点，能立刻认出地图上凡是最小的闭合小圆圈就是山顶。根据这些圆圈的大小和形状，还能分辨出哪些是尖顶山，哪些是圆顶山或平顶山。绘图时往往在小圆圈内或外加上个垂直小短线，表示山的坡度方向，叫作示坡线。如果示坡线在圆圈的外面，就是山顶。凹地底部也是小圆圈，它与山顶的区别就是垂直小短线在圆圈内。

在判别山顶、山背、山谷等情况时，以山顶为准，等高线向外凸出的是山背；等高线向里凹人的，是山谷。两个山顶之间，两组等高线凸弯相对的是鞍部，若干个山顶与鞍部连接的凸起部分就是山脊。

第三节　现地使用地图

一、方位判定

方位判定，就是在现地辨明站立点的东、西、南、北方向，便于明确周围地形和敌我关系位置，实施正确的指挥和行动。

(一) 利用指北针判定

判定方位时，先将指北针放平，待磁针静止后，磁针涂有夜光剂的一端（或黑色尖端）所指的方向，就是北方。如果面向北，则背后是南，右边是东，左边是西。

使用指北针前，应检查磁针是否灵敏。使用时应避免靠近高压线和钢铁物体，在磁铁矿区和磁力异常地区不能使用。

（二）利用太阳和时表判定

一般说来，在当地时间 6 时左右，太阳在东方，12 时在正南方，18 时左右在西方。根据这一规律，便可概略地判定方位。如带有手表，可利用太阳和手表判定方位。判定的要领是：时数折半对太阳，“12”指的是北方。如在北京上午 9 时判定方位时，先将手表放平，以时针所指时数（每日以 24 小时计算）折半的位置，即以 4 时 30 分对向太阳，“12”所指的方向就是北方。为便于判定，可在时数折半的位置上竖一细针或草棍，使针影通过表盘中心（图 8-11）。

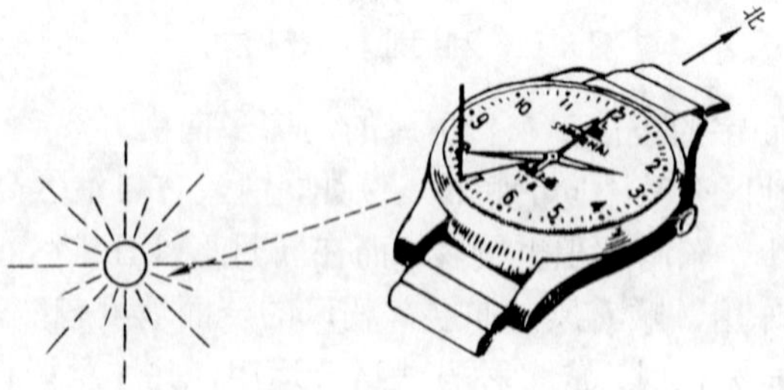

图 8-11　利用太阳和时表判定方位

北京时间是东经 120 度经线的地方时，在远离东经 120 度的地区判定方位时，应将北京时间换算为当地时间，即以东经 120 度为准，每向东 15 度（经度），将北京时间加上 1 小时，每向西 15 度（经度），减去 1 小时。如在新疆塔城地区（东经 83 度）上午 12 时判定方位时，应减去 2 小时 30 分钟，即当地时间为 9 时 30 分，以 4 时 45 分对向太阳，“12”所指的方向就是北方。

在北回归线以南地区，夏季中午时间太阳偏于天顶以北，不宜采用上述方法。

（三）利用北极星判定

北极星是正北方天空的一颗恒星，夜间找到北极星，就找到了北方。北极星的位置可根据大熊星座或仙后星座寻找。北极星位于小熊星座的尾端，它和大熊星座（俗称北斗七星）、仙后星座（又叫 W 星座）的关系位置如图 8-12 所示。大熊星座主要由 7 颗明亮的星组成，形状像一把勺子。将勺端甲、乙两星（叫指极星）的连线向勺口方向延长，约在两星间隔的 5 倍处，有一颗较亮的星就是北极星。仙后星座主要由五颗明亮的星组成，在缺口方向约为缺口宽度的两倍处，就可找到北极星。

北极星的高度大约与当地的纬度相等。在北纬 40 度以北地区，全年可以看到大熊星座和仙后星座，以南地区，有时只能看到其中的一个星座，另一个则移到地平线以下。

有些地物由于受阳光、气候等自然条件的影响，形成了某种特征，可用来概略地判定方位。

（1）独立大树，通常南面的枝叶较茂密，树皮较光滑，北面的枝叶较稀疏，树皮较粗糙。

（2）独立大树的树桩年轮，通常北面的间隔小，南面的间隔大。

（3）突出地面的物体，如土堆、土堤、田埂和建筑物等，通常南面干燥，青草茂密，冬季雪融化较快；北面潮湿，易生青苔，冬季雪融化较慢。凹陷物体如土坑、沟渠，以及林中空地的特征则相反。

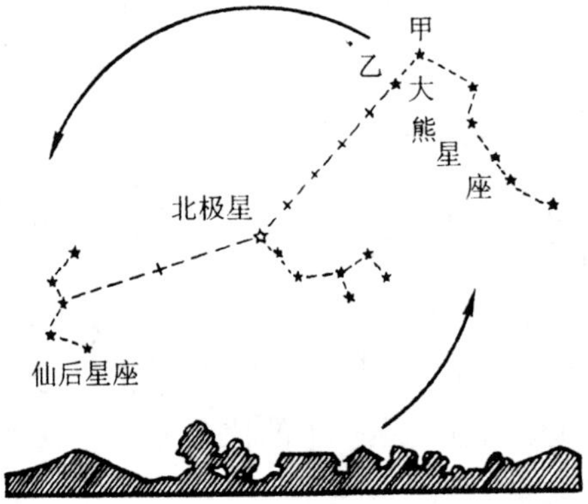

图 8-12　利用北极星判定方位

（4）我国北方较大庙宇的正门，农村房屋的门窗多向南开。

我国幅员辽阔，各地区有其不同的特征。例如，内蒙古自治区高原冬季因受西北风的作用，山的西北坡积雪较少，东南坡积雪较多；而在新月形沙丘地区，地面比较平坦，风向比较稳定，沙丘受风力的作用，顺着风向伸展，朝风的一面坡度较缓，背风的一面坡度较陡。因此，利用地物特征判定方位时，应多种方法结合运用，并注意调查当地的特殊规律，以避免错误。

二、地图与现地对照

现地使用地图时，应注意经常与现地地形进行对照，以便了解周围的地形情况，保持正确的方向和位置。

（一）标定地图

标定地图，就是使地图的方位和现地的方位一致。标定的方法有以下几种。

1．利用指北针标定

用指北针标定地图，一般按磁子午线标定。地形图的南、北内图廓线，分别绘有一小圆圈，分别注记磁北和磁南（1968 年以前出版的地图注记 P′和 P），用虚线连接，这两点的连线就是磁子午线。标定时，先使指北针的指标归零，“北”字朝向北图廓，直尺边切于磁子午线，转动地图，使磁针北端对准“北”字，地图即已标定。

2．利用直长地物标定

当站在直长地物（如道路、土堤、河渠等）时，可先在图上找到这段地物符号，将图平放，转动地图，并对照两侧地形，使图上和现地直长地物的方位一致，地图即已标定。

3．利用明显地形点标定

先确定站立点在图上的位置，再选定图上和现地都有的远方明显地形点（如山顶、独立地物等），平放地图，并将直尺边切于图上站立点和该地形点上，转动地图，使远方地物符号在前，通过直尺边瞄准现地明显地形点，地图即已标定。

4. 利用北极星标定

夜间可利用北极星标定地图。面向北极星，使地图的上方概略朝北，然后转动地图，使东（西）图廓线（即真子午线）对准北极星，地图即已标定。

（二）确定站立点

确定站立点就是确定站立点在地形图上的位置，以达到正确使用地图，实施战斗行动。主要方法如下。

1. 利用明显地形点确定

当站立点在明显的地形点（如山顶、鞍部、桥梁、岔路口等）上时，从图上找出该地形点的符号，即是站立点在图上的位置。

当站立点在明显地形点的近旁时，可先标定地图，对照周围明显的地形细部，找出其与站立点的关系位置，即可判定站立点的图上位置（图 8-13）。

图 8-13 依明显地形点判定站立点

2. 截线法、垂直线法、叠标线法

沿直长地物（如直长的路段、土堤、河渠等）行进时，可采用以下方法确定站立点。

（1）截线法。先标定地图，在直长地物的一侧选定图上和现地都有的明显地形点，将直尺边紧靠地形符号定位点（最好在定位点插一细针），转动直尺向现地明显地形点瞄准，并绘方向线。该方向线与直长地物符号的交点，即为站立点在图上的位置（图 8-14）。

图 8-14 用截线法确定站立点

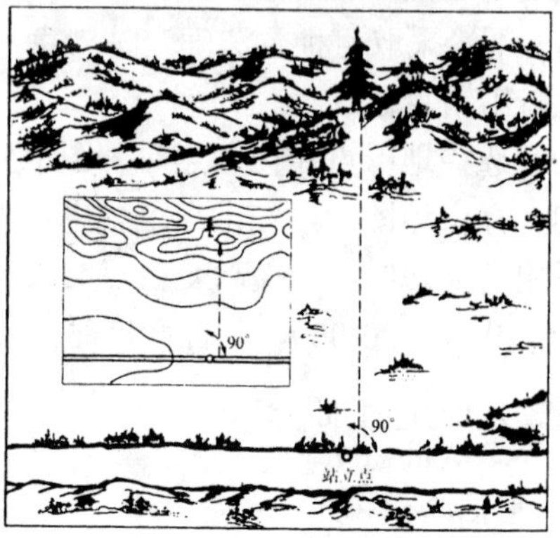

图 8-15 利用垂直线法确定站立点

（2）垂直线法：当明显地形点与站立点的连线正好垂直于直长地物时，不用标定地图，在地图上，通过相应地形符号的定位点向直长地物符号画垂线，其交点即为站立点在图上的位置（图 8-15）。

（3）叠标线法：如现地有两个明显地形点和站立点正好在一直线上时，不用标定地图，在地图上，通过两个相应的地形符号绘一方向线与线状地物相交，其交点即为站立点在图上的位置（图 8-16）。

3．后方交会法

当站立点附近无明显地形点，而在远方能看到现地与图上都有的两个明显地形点时，可采用后方交会法确定站立点的图上位置（图 8-17）。其作业步骤如下。

（1）标定地图。

（2）选择离站立点较远的图上和现地都有的两个以上明显地形点，如图 8-17 的山顶与小屋。

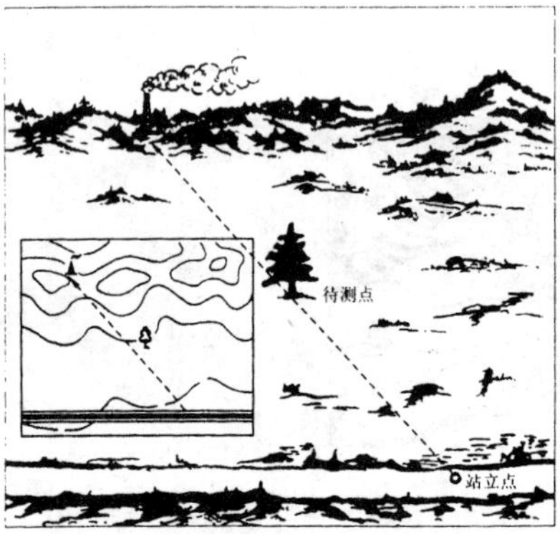

图 8-16　用叠标线法确定站立点

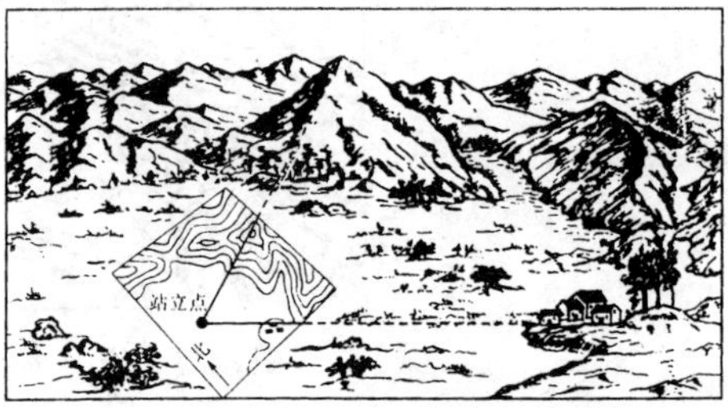

图 8-17　用后方交会法确定站立点

（3）现地交会。先将直尺边切于图上一个远方地形点符号（如山顶小圆圈）的定位点上（可插细针），转动直尺向现地相应的地形点瞄准，并在图上绘方向线；不动地图，再用同样方法向另一远方地形点（如小屋）描绘方向线，两条方向线的交点，就是站立点在图上的位置。

确定站立点时应注意以下几点。

（1）不论采取何种方法确定站立点，均应首先仔细分析研究站立点周围的地形，防止判错点位，用错目标。

（2）选择地形点作已知点时，图上位置要准确。

（3）标定地图后，在定点过程中，地图方位不能变动，并应注意检查。

采用交会法时，为提高交会点的准确性，两方向线的交角，一般不要小于 30 度（5-00）或大于 150 度（20-00），条件允许时，最好再用第三条方向线（或其他方法）进行检查。

（三）确定目标点

1．目估法

当目标点在明显地形点上时，从图上找出该明显地形点，即为目标点在图上的位置。

当目标点在明显地形点附近时，应先标定地图，在图上找出该明显地形点，再根据目标与明显地形点的方位、距离和高差等关系，目估判定目标点在图上的位置（图 8-18）。

2．光线法

当目标较多，其附近没有明显地形点时，多采用光线法确定目标点的图上位置(图 8-19)。其方法是如下。

（1）标定地图。

（2）确定站立点在图上的位置。

（3）向目标瞄画方向线。先将指北针直尺（三棱尺）边切于图上的站立点（可插细针），再向现地各目标瞄准，并向前画方向线。

（4）目测站立点至目标点距离，并根据距离按地图比例尺在各方向线上截取相应目标的图上位置。不易目测距离时，也可通过分析地形层次，或目标点与附近地形的关系位置，在方向线上目估判定目标点的图上位置。

图 8-18　目估法判定目标点

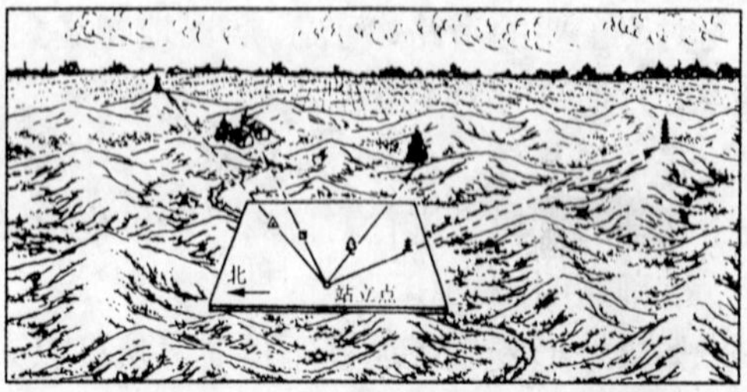

图 8-19　光线法判定目标点

3．前方交会法

当目标点较远而附近又无明显地形点时，可采用前方交会法确定目标点在图上的位置（图 8-20）。其方法是：

（1）选定现地与图上都有的 2～3 个明显地形点，如 1、2 点作为测站点。

（2）在第一点上先标定地图，确定该点图上位置并插一细针；再以指北针直尺（三棱尺）边紧靠细针向现地目标点瞄准，并向前画方向线。

（3）以同样方法在第二点上瞄画方向线，两方向线的交点就是目标点的图上位置。

图 8-20　前方交会法判定目标点

（四）现地对照地形

地图与现地对照就是通过作业使图上的各种地形符号找到其相应的实地位置。现地对照通常是在标定地图和在图上确定站立点的基础上进行的。

对照的顺序是：先主要方向，后次要方向；由右至左（或由左至右）；由近及远；先由图上到现地，再从现地到图上；先对照大而明显的地物、地貌，再以此为骨干，以大带小，由点到面，逐段分片地对照细部地形。

对照方法：主要是根据站立点与目标的方向、距离，目标的特征、高程，以及目标与其附近地形的关系位置，仔细分析比较，地图与现地反复验证。对照时，通常采用目估法，必要时可借助观测器材。

对照山地和丘陵地的地形时，可根据山脉走向，先对照大而明显的山顶、山脊、谷地；然后顺着山脊、谷地的走向具体对照山顶、鞍部、山脊、山谷等地形细部。对照平原地形时，可先对照主要的道路、河流、居民地和高大突出的建筑物，再根据地物分布规律和关系位置，逐点分片地进行对照。

在山岳丛林地，由于通视不良，对照地形时，应尽量选择在地势较高的地形点或攀登到便于通视的大树上进行对照。对照过程中还应勤走动，多查附近的地形特征，并根据关系位置，准确判明图上和现地的地形。

如果地形复杂或通视不良时，应变换对照位置或登高观察对照。某些目标不易判定时，可用指北针的直尺切于图上站立点和所要对照的目标，依方向和距离判定该目标的具体位置。

由于地形图的测制总是跟不上建设的发展，因而同现地地形有一定差距。一般规律是：地物变化大，地貌变化小；交通枢纽和工矿区地形变化大，偏僻地区地形变化小；城镇、大村扩大，深山小村减少；公路、桥梁、水库、水渠增多，庙宇、坟地减少。所以，现地对照地形，还应根据现地地形的变化规律，仔细分析，找出哪些是变化的地形，哪些是不变的地形，从而得出正确的结论。

三、利用地图行进

形用地图行进就是利用地形图选定的路线，在现地对照地形行进。它是保障部队行动自如，夺取有利战机的一个重要方法。

（一）行进前的准备

行进前必须进行认真仔细的图上作业，切实做到：一标、二量、三熟记。

（1）一标就是根据任务、敌情、地形及部队装备等情况，在地形图上研究选定行进路线，并将行进路线、沿途方位物，如岔路口、转弯点、居民地进出口等都标绘在地形图上。

（2）二量就是量算行进路线上各段里程，计算行进时间，并注记在图上。量算起伏较大地区的行进路线时，要考虑坡度对行进速度的影响，并应依据季节、天候、土质、植被等对行进可能造成的影响，考虑行进速度。

（3）三熟记就是熟记行进路线。一般按行进的顺序，把每段的里程，经过的居民地、两侧方位物和地形特征，特别是道路转弯处，岔路口和居民地进出口附近的方位物及地形特征等都要熟记在脑子里，做到心中有数。

如时间和条件允许时，还应调查通行情况，如前进路上的水库、水渠、道路、桥梁、渡口等有无变化，做好保障措施。

（二）行进要领

行进时要做到“三明”，即方向明、路线明、位置明。无论是沿道路行进或越野行进，都要先在出发点上标定地图，对照地形，明确行进的路线和方向，然后计时出发。行进中，要随时标定地图，对照地形，做到“人在地上走，心在图中移”，随时明确站立点的图上位置。当遇有怀疑时，则应精确标定地图，找出站立点在图上的位置，仔细对照周围地形，全面分析地形有无变化，待判明后再继续前进。

到达转弯点，要标定地图，对照现地。确实判明就是图上预定的转弯点后，再按出发点的动作，在现地判明下一段应走的方向、路线，研究沿途地形，选好方位物，继续前进。

乘车行进时，速度快，车辆颠簸，地图与现地对照较徒步行进困难。因此，精力要高度集中，要抓大的、明显突出的目标，如大的居民地、河流、桥梁、高地等，迅速对照。同时，还要预知前方即将出现的地形情况，对即将到达的岔路口和转弯处应特别注意，以免走错；在出发点和各转弯点，应根据道路里程表随时记下各段所走里程和时间，以作为判定车辆到达位置的参考。行进中如遇地形变化，继续行进无把握时，应停车标定地图，进行现地对照，把情况弄清楚后再继续前进。

夜间行进时，由于视度不良，地图和现地对照困难较多，容易迷失方向。因此，行进前，应认真分析和熟记沿途地形的特征。尽量选择道路近旁的高大地物、透空可见的山顶、鞍部等作为方位物。行进中，可用指北针或北极星标定地图，根据预先对沿途各段经过地形的记忆，多找点，勤对照。采用走近观察，由低处向高处观察，由暗处向明处观察等方法，及时确定站立点的位置，明确行进的方向。还可根据流水声、灯光等判断溪流和居民地的位置，及时确定站立点的位置，判明行进的方向。

如果发现走错了路线，应首先回忆走过路线的方向、距离和经过地形的特征，检查走错的原因；然后标定地图，对照现地，判明当时到达点的图上位置，及其与预定路线的关系；然后，可选择就近道路，插到预定路线上来；当没有就近道路，或已查明错误起点位置，也可按原路返回，再继续按预定路线行进。

四、按方位角行进

按方位角行进就是在地形图上预先选定行进路线，利用指北针等工具测定行进方向上各转折点的磁方位角和距离而实施的行进方法。通常在缺少方位物的沙漠、草原、山林地等地形上，或在浓雾、大风雪等不良天候和夜间视度不良的条件下行进时采用。

（一）行进资料的准备

（1）在地图上选择行进路线。根据任务、敌情和地形情况选定，一般应选择在地貌起伏不大，障碍较少，特征明显的地段。路线的各转弯点，应有便于观察和识别的明显方位物，如突出树、土堆、岔路口、桥梁等。为防止行进时方位偏差过大，要求各转弯点间的距离在 1 千米左右，平原地区可远一些，山区和夜间则应近些。

（2）量测方位角和距离。在图上绘出各转弯点之间的连线，按第二节“在图上量读磁方

位角”所述方法，测定各段的磁方位角，同时量出各段距离，并换算成复步数或行进时间。换算公式为

复步数=实地距离（米数）÷复步长（约 1.5 米）

行进时间=实地距离（米数）÷行进速度（白天 70 米/分钟，夜间 50 米/分钟）

（3）绘制行进路线图。路线图可直接在地图上标绘，即在各段方向线一侧注记行进路线的资料。也可以绘制成略图。略图可以按比例尺绘制，也可不按比例尺绘制。绘制略图时，先将出发点、转弯点、终点等附近的主要地形和方位物标绘出来，再把各转弯点按行进顺序依次编号，最后注记各段磁方位角和行进距离或行进时间（图 8-21）。然后根据略图或地图熟悉沿线地形，做到心中有图。

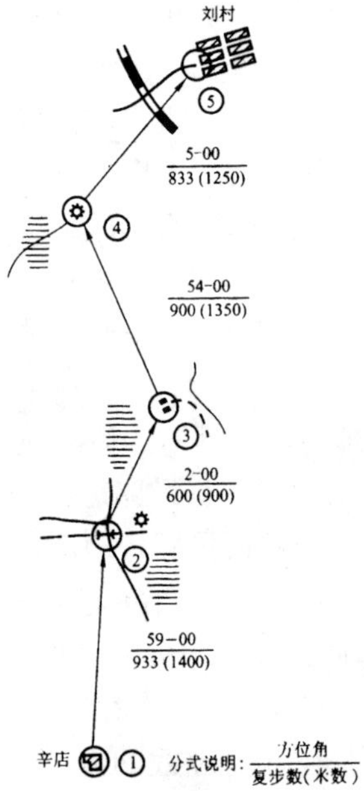

图 8-21　按方位角行进略图

（二）行进要领

1．在出发点上

首先依据行进资料在现地找到出发点的准确位置，查明到达下一点的磁方位角、距离和时间，并记住沿途经过的重要地形和下一点的地形及方位物特征；然后打开指北针，使磁针北端指向下一点的方位角密位数，这时，由照门至准星的方向就是行进方向；在该方向线上寻找预定的方位物（如看不见时，可在该方向线上选择辅助方位物），并按此方向行进。行进一般是越野照直行进，也可记准方向，选择便于通过的道路走到该点。

2．行进中

要随时根据地图或记忆对照地形，用指北针检查行进方向，记清走过的复步数或行进时间。如到达辅助方位物后，仍看不见第二点的方位物时，则按原磁方位角再选一辅助方位物继续前进，直至到达第二点为止。若在起伏较大的地段上行进时，要注意调整步幅。

3．在转弯点上

当快到达第二点时，应特别注意该转弯点方位物的特征和周围的地形情况，以找到转弯点的确实位置。当走完预定距离，仍未找到转弯点的方位物时，可在这段距离 1/10 为半径的范围内寻找。如仍找不到，应仔细分析原因，或者利用反方位角向第一点瞄准，进行检查，反复对照，直至找到该点。到达第二点方位物后，仍按出发时的要领，再向下一点前进，依此方法逐段前进，直到终点。

行进中遇到障碍时，一般可在行进方向上的前方选一辅助方位物，目测至该点的距离，绕过障碍物到达辅助方位物后，仍按原方向继续行进。

（三）夜间按方位角行进应注意的事项

1．行进的特点与准备工作

夜间行进的特点是：视度不良，观察不便，地形重叠，远近不分，高低难辨，地图与现地对照困难，行进容易迷失方向。因此，行进前除一般准备外，还应特别注意下列几点：

（1）行进路线各转弯点间的距离应适当短些。方位物应选明显高大、透空、发光的物体，如行进道路上的岔路口、桥梁或者临近路旁的高大突出目标，透空可见的山顶、鞍部等数量要多一些，需要时还应测出各转折点间的磁方位角，并标注于图上。

（2）对沿路地形特征，方位物的特点和有关名称等，更要熟记，同时，照明（如看地图）联络器材（如手电、白毛巾等）和联络信号，都要事前做好准备与规定。

2．行进要领与注意的问题

夜间一般多采用按地图与方位角相结合的方法行进。

（1）在出发点上，要仔细标定地图，对照地形，确定出发点的图上位置，明确行进方向，记录出发时间，并注意利用指北针上的夜光标志保持行进方向。

（2）行进中，要做到多找点，勤观察，勤对照，及时确定站立点位置，明确行进方向。

（3）要严格按照预定的路线行进，切不可贪走捷径，以防迷路；凡是经过的地方，要留心记下主要特征，以便万一迷失方向走错了路，也好按原路返回到发生错误的地方，查明原因，找准正确路线后，再继续前进。

（4）要注意掌握行进速度和时间，必要时，可根据行进速度、时间判断到达的地点。

（5）夜间行进应尽量避开穿行居民地，若必须穿过居民地时，在进出口处要仔细判读，认真分析，切勿弄错方向、走错路。

【思考与练习】

1．地形对军队作战的作用是什么？
2．地图的种类有哪些？
3．如何对地点进行识别？
4．如何对方位进行判定？
5．确定目标点的方法有哪些？

第九章 综合训练

【学习目标】

1. 了解行军、宿营的基本程序、方法。
2. 学会处理行军中遇到的各种情况。
3. 掌握野外生存的有关知识，培养野外生存能力。

第一节 行 军

行军，是军队徒步或乘车沿指定路线向预定目的地进行的有组织的移动。目的是为了争取主动、转移兵力，造成有利态势。通常分为常行军和强行军。

一、行军准备

1．做好思想准备

行军是对军人的意志和体能的一个考验。无论是刮风、下雨，无论是山地、沼泽，无论是酷暑、严寒，均要实施行军。行军前，指挥员应明确行军的目的和意义，根据本单位所担负的任务，进行深入的思想动员。要教育人员模范遵守行军纪律，服从命令听指挥，以保障顺利完成行军任务。

2．做好物资器材准备

物资器材准备主要包括武器、弹药、装具、给养、饮水和药品等。应根据行程、道路和天气情况而定，以既能保证战斗、生活，又不过多增加负荷量为原则。通常携行粮食 3 日份（其中，熟食 1 日份）和必要的饮水，并准备好必备的药品，根据季节变换做好防寒、防雨雪、防蚊虫的准备。乘车行军时，应根据敌情、任务和行程确定给养物资的携行量和保障方法，并明确随车携行规定的油料基数和加油方法。

3．组织好行军保障

行军保障主要包括行军警戒、警备调整、运动保障，对空防御和对核、化学、生物武器的防护，以及组织先遣队、设营队、收容队等。指挥员为保障部（分）队安全、顺畅、按时到达预定地域，应根据敌情、地形，周密地组织行军的各种保障。具体内容是：调查行军路线，尤其在夜间或其他能见度不良的条件下行军，要注重研究、熟悉地形特征，做好利用地图按方位角行进的准备（指定 1～2 名士兵为观察员，负责对地面）空中进行观察；指定值班分队及火器，负责对空防御；明确遭敌核、化学武器，以及敌航空兵、炮兵火力袭击时的行军方法，规定伪装方法及伪装纪律；组织简易通信、徒步通信、无线电通信相结合的多种通信手段，确保通信联络畅通。

4．确定行军部署

行军部署是行军时对兵力所做的区分和配属，应根据敌情、任务、地形和行军方式确定。要便于指挥、便于迅速隐蔽行进和展开、便于对抗敌人地面和空中的袭击、便于实施技术和物资保障。确定行军部署，通常应明确尖兵、前卫、本队和后卫。

尖兵是指担负行军警戒任务的连以下分队。派出的方向和兵力依情况而定，通常有前方尖兵、侧方尖兵、后方尖兵，兵力由一个班至一个连担任。

前卫是行军时担负前方警戒任务的部（分）队。担任前方警戒任务的部（分）队，应根据情况向前方、侧方派出。

本队是行军纵队的主力。由一至数个梯队组成，在敌情顾虑较大的情况下，本队往往是敌袭击的重点。因此，行军本队要特别注意隐蔽防护。

后卫是行军时担负后方警戒任务的部（分）队，后卫部（分）队应视情况向后方、侧方派出尖兵，加强警戒。

行军队形的编成，应保障能迅速展开成战斗队形，通常成一路或两路纵队。单独行军时，应根据敌军的方向派出尖兵班。向敌军行军时，指挥员应率领必要的反坦克火器、机枪手位于本队先头。背向敌军时，行军序列与向敌行军时相反。

5．下达行军命令

行军命令通常是在行军前向所属和配属分队指挥员或全体人员下达。下达行军命令时，要简明扼要，重点传达与本单位有关的内容。其内容是：敌人的位置和行动企图；本分队的任务，出发（通过出发点）时间、行军路线、行程、大休息的地点、到达时间和地点；友邻的行军路线；行军编组和序列；行军警戒，通信联络信（记）号或口令，着装规定；集合地点，完成行军准备的时限；指挥员在行军中的位置。乘车行军时，还应明确车辆情况、车辆分配、各车的车长及观察（联络）员、登车时间和地点等。

二、行军的管理与指挥

1．掌握好行军速度和行军方向

行军的速度，应根据任务、道路状况、天候季节而定。常行军，是按正常的日行程和时速实施的行军，通常徒步每小时 4～5 千米，每日行程为 30～40 千米。乘车行军时，夜间每小时 15～20 千米，昼间每小时 20～25 千米，每日行程为 150～250 千米。

行军前，指挥员应在图上认真研究行军路线、出发点、大休息地区及到达地区，分析沿途的地形特点和熟记明显地形、标志，还可利用地图和按方位角行进，也就是通过使用行军路线图，识别路标、信号等方法掌握行军路线。

在行军途中，指挥员应根据情况适当掌握行军速度，通过渡口、桥梁、岔路口时指挥员应亲自指挥，应判明站立点，控制速度并保持规定的距离，防止拥挤、堵塞而耽误时间。当发现迷失方向或走错路时，应待判明后再前进。通过后，先头分队应适当减速，以便保持队形间距。掉队时，应大步跟进，不宜跑步。乘车行军，应保持规定的车速、车距，不得随意超车和停车，主动给指挥车和特种车让路。如果车辆发生故障，应靠道路右侧，必要时离开道路停车抢修，修好后根据上级指示归队。徒步行军的部（分）队应主动给车辆、执行特别任务的部（分）队和人员让路。夜间行军，要严格灯火管制。

2．适时组织休息

为保持部队的体力和持续行军能力并及时检查车辆，在行军途中，应适时组织部队大、小休息。小休息，通常开始行军 30 分钟后进行，其时间为 15 分钟，而后每行进 50 分钟休息一次，每次约 10 分钟。休息时，应靠路边，面向路外侧，保持原来队形，督促战士整理鞋袜和装具。休息地点一般选择在地形隐蔽、向阳的地方，尽量避开居民地、桥梁、隘路、道路交叉点等。大休息，通常在完成当日行程一半以上时进行，应离开道路进入指定地区，休息时间为 2 小时左右。休息时，应明确出发时间，派出警戒。必要时，可占领附近有利地形，加强对空观察，并做好战斗准备。组织野炊，安排好伤病员，督促驾驶员检查车辆，组织部（分）队在规定地区休息。夜间休息时，人员不准随意离队，武器、装具要随身携带。出发前，应清点人数、检查装备、补充饮（用）水。

3．对各种情况的处置预案

遭敌核、化学武器袭击时，应指挥车辆就近利用地形防护，人员迅速穿戴防护衣罩，一下车就近隐蔽防护。

遇敌炮兵火力封锁时，应迅速查明封锁的范围，报告上级，并设法迂回绕过，或利用敌火力间隙迅速通过。通过后，应查明损失情况，整顿组织，继续前进。

遇敌空袭时，指挥员应指挥部（分）队迅速向道路的一侧或两侧疏散隐蔽（乘车时要下车），并指定火器射击低飞敌机。如果空袭情况不严重或行军任务紧迫时，部（分）队则应疏散队形、增大距离，加快速度前进。

通过受染地段时，指挥部（分）队尽量绕过受染区。当时间紧迫又无法迂回时，应增大距离，以最快的速度通过。通过时人员除穿戴好防护衣罩外，还应对武器和携带物品进行防护。通过后，车辆应及时洗消检查，人员口服抗辐射药物，喝足开水，排除大小便。

与敌相遇时，指挥员应根据情况，果断下定决心，按遭遇战斗原则灵活处置。并迅速查明情况，报告上级，而后根据上级指示行动。

第二节　宿营与警戒

宿营是部队离开常驻营房执行各种任务中的临时住宿。其目的是为了使部队得到适当的休息和整理，为继续行军或战斗做好充分准备。宿营要提高警惕，加强侦察警戒和通信联络，注意隐蔽伪装，要制定防空以及防核、化学、生物、燃烧武器袭击的措施，做好抗袭击准备，保障部队安全休息和迅速投入战斗。

一、宿营

（一）宿营的种类及宿营地的选择

宿营可采取舍营、露营或两者结合的方式进行。分队通常在上级编成内宿营，有时也单独组织宿营。宿营时，必须提高警惕，加强侦察警戒和通信联络，注意隐蔽伪装，确保分队安全休息和迅速投入战斗。

分队宿营地，通常由上级指定，单独宿营时由本级确定。宿营地应根据敌情、地形情况，由设营组预先选择或指挥员临时选定。其一般应具备如下条件：有良好的地形、充足的水源，有良好的进出道路，便于疏散、隐蔽，便于机动和迅速投入战斗，避开大的集镇、交通枢纽等明显目标，避开洪水道、油库、高压电源，避开易崩塌的危险地点和严重的污染地、传染病区等。

（二）宿营的组织与管理

分队宿营时，指挥员应根据分工，迅速组织指挥分队完成各项工作，使分队尽快得到休息。

1．宿营配置与要求

分队应根据敌情、宿营时间、宿营方式和地形等条件确定宿营配置。无敌情顾虑或敌情顾虑小，宿营时间短时，可将分队沿行军路线疏散配置，或集中配置；敌情顾虑较少或宿营时间较长的，应尽可能离开行军路线疏散配置，要便于隐蔽、便于警戒和便于战斗行动。露营时，应利用地形，以排、班为单位配置；舍营时，应根据房屋条件，便于集中，并尽量按建制分配住房；当以舍营和露营相结合的方式宿营时，应根据情况灵活地配置。步兵分队通常配置在受敌威胁较大方向的外侧，火器分队通常配置在宿营地的内侧，营（连）部通常位于营地内便于指挥的地点。

乘车行军宿营时，视情况可配置适量人员在车上住宿，车辆通常的疏散、隐蔽地位于宿营地内便于机动的位置。

分队到达宿营地后，指挥员应迅速明确各分队住房或露营地（住宿的车辆和停车点）；明确次日主要任务及为执行任务应做的准备，宿营的通信联络信（记）号及口令，指挥员的位置；规定紧急集合场地；制订隐蔽伪装、灯火管制措施；根据情况划分防空疏散区，组织构筑必要的防空工事；消除车轮印等痕迹；明确遭敌核、化学武器袭击及敌人突袭时的行动。指挥员应抓紧时间就当日行军情况进行简短的讲评，并提出宿营要求。

2．宿营报告

进入宿营地域后，应迅速搜集情况，及时向上级报告。报告的方式分为文字和口述两种。连通常应呈送宿营报告（附宿营图），排通常用口述报告。

3．组织好休息

宿营部署完毕后，分队应迅速投入各自宿营地，卸装、卸载、打扫卫生、设铺搭棚、架帐篷、挖厕所；明确饮水、用水；做饭、吃饭；检查车辆，加油加水；擦拭武器，整理装具；补充弹药、器材；安排好伤病员，穿刺脚泡；修理鞋袜；干部深入排、班，检查监督分队尽快休息，加强查铺查哨。

4．做好群众工作

分队首长应与当地政府和人民群众取得联系，了解社情，向分队简要介绍宿营地区的敌情、社情和疫情及风俗习惯。分队应认真执行党的政策和三大纪律八项注意，开展拥政爱民活动，并根据情况，动员群众、民兵，封锁消息，防奸保密，宣传（武装）群众，帮助民兵训练，组织助民劳动，解决群众困难。离开宿营地时，应做好群众工作，送还借用东西，打水扫地，填平厕所，征求意见，检查纪律。

5．各种情况处理

遭敌空袭时，应立即发出警报，人员迅速进入指定疏散区隐蔽，组织火器对空射击。空袭后根据情况继续宿营或按上级指示转移宿营地。

遭敌坦克、摩托化步兵突袭时，应迅速指挥分队抢占有利地形，顽强抗击敌人，并及时报告上级。如敌少，应将其歼灭；如敌占优势，应配合主力部队歼灭敌人，或交替掩护撤退。发现敌人向我宿营地空投时，应立即报告上级，并指挥分队迅速奔赴空投地区，抢占要点，在友邻部队和民兵协同下歼灭敌人。

当受到敌核、化学武器袭击时，应迅速进入疏散区，利用地形和工事进行隐蔽，用制式或就便器材进行防护。袭击过后，应立即抢救伤员、灭火、消除沾染（消毒），并将情况报告上级，组织分队立即撤出沾染地区。

二、在复杂地形、气候条件下的宿营

1．在山林地宿营

宿营时应避开悬崖、陡坡、峡谷和可能发生山洪、雪崩的危险区。要做好防虫害工作。宿营警戒要注意控制制高点、道路交叉点及隘路，严防敌人突袭。

2．在草原、沙漠、高原地宿营

宿营时应力求选择有水、居民的地区，避开风口。要搞好伪装，加强防空，注意防火以及防风暴、风沙、泥石流。

3．在严寒条件下宿营

宿营时应尽可能舍营，力求集中住宿，预防冻伤。已冻伤者切忌火烤或热水烫脚。要尽量吃热饭，饮热水。睡觉时注意保暖。

4．在炎热条件下宿营

宿营时应注意防暑、防病、防毒虫、防火等。露营时，帐篷、草棚或地铺周围应铲除杂草，撒些草木灰，挖好排水沟。要增供凉开水。

三、宿营警戒

宿营警戒是保障部队宿营安全的警戒。宿营警戒的组织应根据敌情、地形和宿营部署确定。在宿营时，要严格执行各种值班制度，指派警戒、勤务。值班人员要按《内务条令》所规定的值班人员的一般职责，恪尽职守，认真负责。对重点目标、要害部门、重要场所和地点应指派警戒勤务。部队通过公（铁）路交叉口、繁华市区（城镇）、渡口、易迷失方向的雪山、丛林、沼泽地、沙漠、戈壁滩等地区时，应调整勤务值班警戒。

1．步哨

步哨通常由 1～2 人组成，一人叫单哨，两人叫复哨。派出的距离大约在 200～400 米之间，夜间在 100 米以内。一般 2 小时换班 1 次。其任务是：及时发现敌人，并防止敌侦察人员的渗透活动。步哨的位置由派出的指挥员指定。应选择在敌人可能接近的地形和道路附近，便于观察、射击和隐蔽的地点。步哨进入哨位以后，复哨应区分个人的观察地境，对主要方向应重叠观察，并由1人经常与上级保持联络。与此同时，步哨在值勤中，还要提高警惕，不能睡觉，武器不能离身，随时准备战斗；注意隐蔽，不能吸烟和高声谈话；发现敌人时，应一面监视，一面用信号报告上级并准备战斗。当敌人突然对我袭击时，应立即鸣枪报告，并以火力阻止敌人。当接到上级撤回的指示或信号时，应按预定的路线撤回。

2. 游动哨

游动哨通常由2～3人组成，并指定一人为哨长。由宿营警戒分队或防御分队派出。其任务是：防止敌人渗入和破坏分子进行活动，检查警戒人员的警惕性和配置地域的伪装情况，灯火管制情况，并同友邻警戒进行联络。它通常是在警戒线内（外）或在宿营地域内，按照上级规定的路线或游动范围进行巡查。游动哨在执行任务中必须做到行动隐蔽，保持肃静并禁止吸烟；要有高度的警惕，随时做好战斗准备防止敌人突然袭击；运动路线及活动时间要灵活多变，不要形成规律，以防敌人袭击。游动哨发现单个敌人时，应尽量设法捕捉；发现多数敌人或遭敌袭击时，应立即占领有利地形进行抵抗，并迅速向上级报告，然后根据命令行动。

第三节 野外生存

无论是驰骋战火硝烟的疆场，还是纵横祖国山川原野；无论是雾谷被困、密林迷踪，还是穿行于大漠、隔绝于荒岛；无论是军人还是平民，都会面临生存问题。作为个人来说，身体越强健、知识越丰富，生存的机会就越多。因此，对于每一个人，不管是军人还是平民，熟知各种危急情况下的求生技能，学会如何寻求解决突发事件的思维方式，都是非常重要的。

一、野外生存的物质准备和精神准备

野外生存主要发生在以下几种情况：一是和平时期较长时间远离基本生活区的野外作业和训练；二是战争时期的野外行军作战；三是意外情况受困荒野。不管遇到哪一种情况，要适应野外生存的环境，就必须有充分的物质准备和精神准备。准备得越充分，生存的概率就越高。尤其是第二种和第三种情况，环境复杂，不可预测的因素多，难度高，更应有必要的物质准备和充分的精神准备。

（一）物质准备

1. 有计划行动的行装准备

对有计划的野外行动，出发前，应根据客观环境的需要选择适合装备，准备好行装。这些装备主要有以下四大类。

（1）基本用品。鞋子（挑选合适的鞋子，并在出发前两周就进行试穿，使新鞋与脚有一个磨合过程，以避免或减少脚起泡）、衣服（根据预定的野外生活时间的长短，仔细挑选合适的衣服，必须有一套换洗的衣服和一套休息时能添加保暖性的衣服；在严寒天气应多带几

件御寒衣服）、雨衣（雨季外出必须带上雨衣）、被装（根据季节选择合适的被装，最好选择柔软、轻便、保暖性能好的被装）、帐篷（在野外生活的时间较长时，应备有帐篷，以作为日常活动的场所。最好选择轻质材料做成的帐篷，以便于携带）、背包和行囊（要有一个背着舒适且结实的背包或行囊）、食品（应带易熟的食品，盐要放在适宜的容器里。遇到严寒天气，要多带一些高脂食品和糖类）、通信设备（个人或小团体行动，只要带上移动电话即可，但所有电子设备应充足电能，并带有备用电源）。

（2）医疗卫生盒。内装常用药和卫生用品，主要有镇痛类药、肠道镇静剂、抗生素、抗感冒药、防中暑和抗过敏药类、防毒蛇咬（蚊虫叮）伤药、跌打损伤及创伤药、急救包、绷带等。各类医药卫生用品可根据个人的习惯和执行任务区域的流行病特点灵活搭配。

（3）百宝盒。在紧急情况下，有些平时并不起眼的小器具却能帮你增加幸存的机会。把这些小器具集中放在小盒里，以便随身携带，这就是“百宝盒”。盒中通常应装有生火用的火柴、蜡烛、打火石、放大镜以及针、线、鱼钩和鱼线等。

（4）工具包。里面主要装有指南针、绳索、手电筒、饭盒、救生袋、刀具等。为了便于使用和保管，可以把上述几项必备工具集中装在饭盒内，也可分开装在背包或行囊的边袋内。

2．携装

携装也叫着装或装载。行装的装载程序应根据先用后装，后用先装，常用的物品装在最上面（或边袋）的顺序进行。为了方便，最好把所有东西分门别类地放在各种聚乙烯透明袋里。每件物品应有相对固定的存放位置，每次使用完后都必须放回原来的位置。

3．意外情况下搜集和制造装备

受困于荒野之中，要设法寻找或制作最基本的工具和武器装备自己，以战胜恶劣的环境，求得生存。主要做法是搜集出事地点的可用之物；自己动手制作工具和武器，如制作石器或竹、木器具；利用大的海螺和蛤类贝壳制作刀具、容器；利用动物的骨头、犄角制作武器等。总之，要善于寻找和利用各种自然资源，加工制作成各种器具，为野外求生创造有利条件。

（二）精神准备

生存是维持生命的艺术。这个艺术是在一定的物质基础上，由个人的生存知识和强烈的渴求生存意识创造的。要在极其恶劣的环境下生存下来，关键在于要有活下去的勇气。没有这个勇气，一切生存知识和技巧都变得毫无意义。因此，野外生存的第一要素就是强烈的求生欲望和战胜恶劣环境的意志和勇气。

1．生还的难关

身处野外求生的境遇中，无论生理上还是心理上都得承受很大的压力。面临的境遇不同，身处困境的时间长短差异，所受的压力也不一样。一般而论，每一个求生者都可能不得不面对一些难关，如恐惧与焦虑心理、伤病与疼痛折磨、恶劣的气候环境、饥渴与劳累、剥夺睡眠、厌倦与烦躁、隔绝与孤独。一旦信心和意志战胜不了这些难关，就可能丧失生还的机会。

2．成功的关键

对于上述难关，首先，要有正视灾难的勇气，敢于求生。正确的做法是，既来之，则安之，先冷静下来，分析所面临的困境，筹划求生的计划。一是判定自己所在的位置，主要威胁来自何方；二是要设法与周围的生存者取得联系，商量对策；三是设法与外界取得联系，以寻求帮助和救援；四是盘点一下自己生存必需品的存量，计算在获得救助之前能维持多长时间；五是精细地筹划求生的计划，并勇敢地付诸实施。

其次，要有生还的坚定信心，积极求生。当身处困境之时，应时刻提醒自己保持坚定的求生信念，积极想办法自救和求救。当然，积极求生绝不是盲目行动，一切求生的动作都会带来体力和体能的消耗，无效的行动会浪费宝贵的体力和体能，这是野外求生之大忌。因此，既要有积极的态度，又要有精确的行动计划，每一个行动都要有明确的目的，切忌盲目乱闯。

最后，要有生存的坚韧毅力，顽强求生。胜利常常存在于再坚持一下的努力之中，在最困难的时刻，也往往是获救机会即将出现的时候。那些遇险境而生还者，往往是那些具有坚强意志、坚韧毅力、百折不挠、永不言败的斗士。因此，求生者必须有战胜一切艰难险阻的勇气和毅力，不管遇到什么样的困难、危机和病痛，都要想办法战胜它们，要有排除万难的决心和一息尚存就要抗争到底的毅力，顽强地生存下去。

二、生存的基本需要及其获取

生存的基本需要是水、火、食品和庇护所，它们各自的重要程度取决于你所处的环境。沙漠地区水是最首要的问题，在极地圈中避寒场所是最首要的。在求生的一切努力中，第一个行动就是要确定自己当前的首要需求是什么，然后，按照需求的轻重缓急，逐一想办法解决。

（一）水

水是人体的最基本需求，离开他人就无法生存。

1．寻找水源的方法

（1）重点盯住低洼地。水往低处流，这是自然规律，因此，寻找水源首选之地是山谷底部地区。

（2）注意分析绿色植物的分布情况。尤其是在绿色植物分布均匀的地区，突然出现一小块长得特别茂密的植被，从那个地方往下挖，最容易找到水源。

（3）利用动物作为寻找水源的向导。绝大多数哺乳动物早晚都需要饮水，留意跟踪动物的足迹经常会找到水源；青蛙是两栖类动物，听到它的鸣叫声，就等于找到了水。

（4）留心特殊的含水地质结构。在干涸的河床或沟渠下面很可能会发现泉眼，尤其是在沙石地带；在岩石的断层间可能会发现湿地或泉眼，悬崖底部一般都会渗出水流；在悬崖入海处应注意生长茂密的植物，在那里很可能找到水。

2．取水的方法

（1）露水的采集。在日夜温差较大的地区或季节，清晨会有很多露水。采集的办法是，用吸水性强的衣服或布料做成布团，在草地上来回拖动，以吸收叶片上的露水，待布团吸足露水之后，再将其拧在容器里或者直接吮吸。也可采集挂在树枝上的水滴和汲取岩石上的积水。

（2）雨水的收集。下雨时，尽可能选取大面积的集水区，利用各种可能的容器收集，可选择在比较低洼的地面上挖个坑，铺上防渗的塑料片、帆布材料或雨衣，以有效地收集雨水

（3）冰雪化水。化雪时，应先熔化小块的雪，待罐子里的雪化成水后，再逐渐加雪，这样有利于热传导和保护化雪容器。

（4）植物中取水。某些树的汁液是可以饮用的，如椰子树、枫树、仙人掌等。早晨时节，可以从这类富含水分的树上汲取汁液。竹子的竹节间常存有水，摇动它们，如果能听到咕嘟声响，肯定有水。从植物中取水，首先必须判明该植物的液汁是否有毒，以及性味如何。有毒的不能直接饮用，性味特异的要注意掌握适度。例如，椰子汁富含水分，但成熟椰子中的果汁饮用过多时会引起腹泻，要注意掌握好恰当的度。

3．净化饮用水

野外生存最重要的是保持良好的身体状态，所以，净化饮用水以保证安全卫生是非常重要的。野外条件下，净化饮用水的方法主要有以下几种。

（1）过滤。制作过滤器的基本材料，可以用裤子、沙子和木炭。过滤器最简单的制作方法是用裤子制作。先将裤子翻过来，再将一只裤腿塞进另一只裤腿里，捆扎起底部即可。把裤子浸湿，吊在三脚架上，里面装上沙子和木炭后，就可以注水过滤了。第一遍过滤出来的水，如果还不够干净，可以多过滤几遍（图 8-22）。

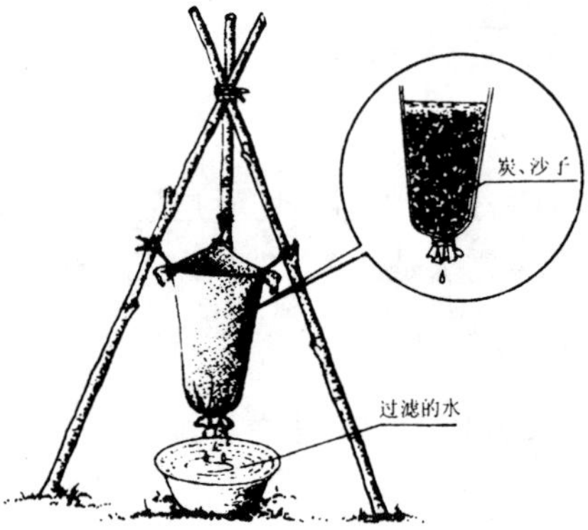

图 8-22　过滤

（2）沉淀、消毒。过滤出来的水要经过一定时间的沉淀，然后倒出上层的清水，就可以烧开饮用了。如果带有漂白粉或净水药片，就再好不过了，只要按照使用说明的要求，取出一定量的漂白粉或净水药片，加到过滤出来的水中，搅拌、沉淀后，上层的清水就是洁净水了。

（3）烧开或蒸馏。经过过滤、沉淀、消毒出来的水，只要用火烧开，就可以放心直接饮用；如果找到的是严重受污染的水源或者是海水、咸水等，则必须通过蒸馏，才能饮用。

（二）食物

食物是为人体提供热能和营养，以维持生命的基本物质。因此，受困荒野，要战胜危机，生存下去，重要的是要想办法获取食物。

1．植物类食物

世界各地，无论环境多么恶劣，极少有寸草不生的地区，总会有诸如灌木、藤本、蔓生类、草本或苔藓类的植物。这些植物都能食用，并提供营养。野外生存，关键是要学会寻找到可以充饥的植物，并掌握辨别有无毒性的技巧。

（1）辨别植物类食物的方法。当找到某种具有潜在食用价值的植物时，如果是自己所不认识，未曾尝试过的植物，在食用之前必须先尝试其性味，鉴别是否有毒，可否食用。尝试时，一人一次只能尝试一种。在尝试过程中，如果出现疑惑，就不要试下去，应尽快设法把它呕吐出来。木炭灰是可用的催吐剂。少量木炭灰吞下肚就会诱使呕吐，此外它还能吸附毒素。

注意：植物的每个部分都要经过试吃才行，因为有些植物可能某部分可以食用，另外部分则不能食用。

（2）采集可食用植物。植物被挤破弄烂后会很快变质，不再适于食用。因此，采集时应注意排放有序，避免挤压和混合，以保持所采植物的鲜度。

①叶与茎。主要采摘柔嫩的幼枝。

②球根与块茎。可食用植物的球根和块茎富含淀粉，最好煮熟再食用。

③野果。野果除了生吃之外，还可以做成热浆汁或是甜味饮料。采摘时，最好挑选已经熟透或接近成熟的先摘，成熟的野果比较没有苦涩味。

④坚果。坚果蛋白质含量高，甚至还可熬出食用油。落在树下的坚果表明已经熟透，成熟的坚果会自动掉下来，也可用长棍把它们敲打下来。

⑤种子和谷类。采摘植物种子时，要特别注意尝试，要严格鉴别是否含有致命的毒素，取食那些经过检验可以食用的种子和谷类。

⑥菌类。菌类指的是各种蘑菇类植物。蘑菇虽然味美，但有少数种类的毒蘑菇，一旦误食，即可能致人死命。因此，采摘前，必须先学会鉴别的方法。不要采食长有白色菌褶，茎干基部有菌托（杯状附着圈，图 8-23）以及带菌环茎干的菌类；不要采食腐败的菌类。

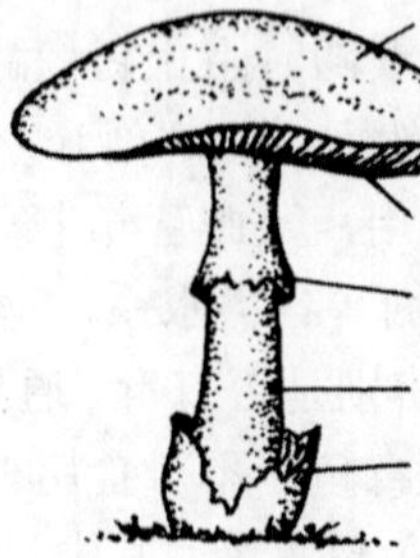

图 8-23　菌类的各部分名称

⑦树皮。很多树的树皮是可以食用的，尤其是北方地区的桦树、柳树、白杨和三角叶杨树的树皮。树皮的纤维比较粗，应煮烂一点再食用。

⑧花朵。可食植物的花朵也是可以吃的，但由于花朵容易受到昆虫的污染，所以最好采摘尚未开放的，并且必须煮熟了才能食用。

（3）我国常见的可食野生植物。山葡萄（生长在北方的山地，9 月成熟，果实可生食，嫩条可解渴）、茅莓（也叫刺莓，生长在山坡灌木丛中或路旁，7～8 月成熟，果实和嫩叶均可生食）、沙棘（生长在河岸旁的沙地或沙滩上，9～10 月成熟，味微酸而甜，营养价值高）、苦菜（生长于山野和路边，易于采集，3～8 月可采嫩茎叶生食）、蒲公英（生长于田野、路旁，易于采集，3～5 月可采嫩叶生食）、荠菜（生长于田野、路边、水沟旁，易于采集，嫩苗可食，3～4 月采全草，炒食、做汤均可）、野苋菜（主要产于南方，生长于田野、路边草地中，春季食其嫩叶）。

此外，还有车前草、仙人掌和竹子之类的陆地植物，以及沿海地区的海藻和紫菜等海洋植物。

2．动物类食物

捕捉一切能够食用的小动物，是野外求生时解决食物来源的有效方法。比较容易捕捉的小动物主要有蛇、蛙、龟、蜥蜴、鱼、虾等。

（1）蛇类。捕蛇首先必须保证自身安全。捕蛇的工具最好选取带有叉子的长木棍。打蛇要打七寸（即蛇的心脏所在位置），下手要快、要准。可先用叉子叉住蛇的颈部，用另一木棍或重物猛击其头部。对付树上栖息的蛇可先用棍棒将它们击落到地上，以防万一。总之，捕蛇既要胆大，又要心细，要谨防被毒蛇咬伤。蛇的宰杀，可以剥皮，也可以不剥皮。烹饪方法，可以红烧、清炖，也可以烧烤。

（2）蜥蜴。蜥蜴各地均有，所有的蜥蜴肉都可以食用。大多数蜥蜴生性胆怯，但有些大蜥蜴和巨蜥受到攻击时会咬人。捕捉时要谨防被咬伤或被其利爪抓伤。捕捉到这类动物后，先砍头剁脚，然后剥皮、剖腹去除内脏，即可下锅烹饪或烧烤食用。

（3）两栖动物。所有青蛙类的肉都可食用，但有些种类（如蟾酥）皮下有毒腺，烹煮之前必须剥皮。青蛙肉可煮成清汤，或红烧、爆炒，无论采用哪种烹饪方法，都必须煮熟煮透，以杀死寄生虫。

（4）鳖鱼类。龟、鳖类爬行动物肉味鲜美，营养丰富，是求生者难得的美食。捕捉的方法，在水中的，可用渔网或钓钩捕捉。对爬上岸的，个头不大的按住背部即可捕获，个头大的也只需把它掀翻，使之背部朝下，但要随时阻止它们翻身，也要防止被它们的利齿咬伤。宰杀时，可先重击其头部，将其杀死，然后沿腹部剖开，去除内脏，切除头部，即可根据需要切块下锅烹煮。鳖肉必须煮熟方可食用，鳖血营养丰富，不要浪费了。

（5）鱼类。在江、河、湖、海、池塘等各类水系，垂钓或捕捉鱼、虾，也是获取食物的重要手段。对捕捉到的鱼，食用前必须辨别是否有毒。通常在热带浅海中，没有鱼鳞而有刺、尖棘或硬毛，形状比较怪异的，可能是毒鱼，不可食用。在我国，含有毒素的鱼类约有 20 种，如河豚、刺鱼、鳞豚、六斑刺豚、角箱豚等，其中，最常见的有河豚。如果不慎误食毒鱼，应马上用高锰酸钾液洗胃，或服用催吐药、泻药将已食进的鱼毒排出。

（6）昆虫类。昆虫也是野外求生者能获取的动物性食物资源。最有利用价值的是白蚁、蚱蜢、蝗虫、蟋蟀、蜜蜂等。特别是蜜蜂，不但蛹、幼虫和成年蜂都可以吃，而且在蜂房里还可以找到蜂蜜。蜂蜜富有营养且易为人体所吸收，是求生者理想的食物。昆虫最好经过烹、烧之后食用，这样既美味又安全。食用前，对诸如蝗虫、蚱蜢、蟋蟀之类的大型昆虫，要先去掉小腿及翅膀。因为腿毛会刺激消化道，某些种类幼虫的纤毛会引起皮疹。

（三）火

对于野外求生者来说，火有着特殊的重要意义。它不仅能使你保持体温，减少体内热量散失，还可以烤干衣服、煮饭烧水、熏烤食品、吓跑野兽、驱走害虫、锻造金属器具等。总之，火可能给你带来生机和活力。但是，用火不慎，引发火灾，也可能危及生命，破坏自然生态，造成不可挽回的损失。所以，野外求生者，不仅要懂得如何生火和用火，而且要懂得控制火焰燃烧，安全用火。

1．选择生火点和构筑火炉

（1）选择生火点。根据所处环境的地形特点，确定生火的地点。最好选择在靠近宿营处，既能保证用火安全，又便于火焰燃烧和散烟的地点。

①身处林区时，生火、用火必须优先考虑的首要问题是严防引发森林火灾。所以，生火点最好选在林中空地、林缘边、通过林区河流的岸上、小溪旁最高水位线上背风的地方。尽量避开易燃的针叶树林。

②身处草原时，生火点最好选在靠近水源的地方，如河流、水塘的旁边，也可选在背风的坡地上，但四周一定要开出 2 米以上的防火隔离带。用火过程必须全程有人值守，做到人走火灭。

③身处山地、丘陵地时，可寻找山洞，背风石崖旁，向阳背风的山坡上，或河床边、溪流旁的最高水位线以上的地方，但雨季要谨防山洪暴发。在山地生火时要依据植被情况，做好安全防火工作。

（2）构筑火炉。为了保证用火安全，提高热效能，求生者应当在选定的生火点上，根据用途、地形特点和可能获取的材料，采用垒、挖、架等办法，构造合适的火炉。有条件时，也可以利用就便器材改造成火炉。

2．搜集燃料

（1）主燃料。最好选择燃烧持续时间长、热效能好、不发烟或发烟少的燃烧物。野外生存，可选择的燃烧物主要有：枯木、干燥的动物粪便等。

（2）引火物。引火物最好是易燃物质。枯草、枯死的细小树枝、针叶松的落叶等是最好的引火材料。

3．点火方法

（1）火柴点火。

（2）凸镜生火。在阳光直射的情况下，可利用随身携带的放大镜、望远镜和照相机的凸镜将太阳光聚焦于引火物之上，将其点燃。

（3）火刀击打火石。操作方法，左手食指和拇指捏住火石，食指和中指之间夹住引火物（通常是带有余灰的引火纸卷），并使火石靠近引火物，右手握住打火刀（没有火刀用其他刀具的背部也行），按照划火柴的动作，用力击打火石，使之迸出火花，点燃引火物。

（4）钻木取火。操作方法，用一根干燥坚硬的纺锤状木棒在一块干燥的软木底座上摩擦钻孔，靠钻孔摩擦发热而点燃引火物。

（5）电池生火。电池放电产生的电火花可用来点火。一小块沾了点汽油的布就是最好的引火物，只要在这块布上方爆出火花，就能燃起火苗。

4．用火

（1）合理安排工作，注意节省燃料。火焰燃烧起来后，求生者应当根据自己的需要，要分清轻重缓急，统筹安排工作顺序，合理利用燃料燃烧产生的热能。

（2）掌握燃烧技巧，保证持续用火。野外生火非常不容易，所以，必须注意保存火种。为了使火焰持续燃烧，必须备有较多的燃料，并学会控制燃烧的技巧。

当需要用火时，可添加诸如干燥的松木等树脂含量高、容易燃烧的软质木柴；当暂时不用火，但又必须保持火种时，则添加不易燃烧的湿柴火、硬质木柴，并把炉子的进、排气孔封住或只留一个小孔，以减少空气流通，达到控制燃烧的目的；当必须烧火过夜，以供夜间取暖时，可以采取软、硬木柴搭配，干、湿木柴混用的方法，以延缓燃烧速度，达到持续供热，保证安全过夜的目的。添加湿柴火时，最好先放在火堆旁边或炉灶门口烘烤，待烤干后再推到中间燃烧。

（3）注意用火安全，防止引发火灾。野外生火，最重要的是安全用火，必须注意，在选择生火地点时，要尽量避开易燃的植被；生火前，生火点四周要有足够的防火隔离带，如果没有自然形成的隔离带，应人工开辟 2 米以上的防火隔离带；要有灭火应急措施，在生火点的旁边，必须备有沙土堆或水，或备有灭火工具，一旦火势失控，马上扑灭；从点火到撤离的整个用火过程，火堆、火炉边都必须有人值守，发现燃烧有可能失控时，立即进行处理；撤离生火地点时，必须把火彻底扑灭，并用沙土覆盖，以防死灰复燃，引发火灾。

（四）露营地与庇护所

野外求生，在短时间内难以得到救助，不得不在荒野之中生活较长时间的情况下，庇护所是满足生存需要的一个非常重要的场所。

1. 选择露营地

露营地的选择应当注意：尽量选在可以防风、防雨，山洪冲不到，不会受到落石或雪崩威胁，比较平坦的地方，因为宽阔的空间有助于发送求救信号，易于被救援者发现；尽量选在离水源较近，附近有充足可利用的林木的地方；尽可能选择有自然地形地物可以利用的地方，这样可以为构筑庇护所打下良好的基础。

尽量避开独立的高大乔木；尽量避开下一次暴风雨中可能倒下的死树；尽量避开野兽出没的地方。

2. 寻找和构筑庇护所

野外求生者所遇到的绝大多数是利用就便器材露营，或利用自然地形地物加就便器材露营。

（1）利用洞穴。洞穴，即使又窄又浅，也可以成为很好的庇护所。位于山谷较高处的山洞比较干燥，洞内气候受外界影响不大，是比较理想的栖息之所。位于谷底和深不可测的山洞，相当潮湿，不适宜居住，应当慎用。对所要利用的山洞，进洞前要注意观察，看是否有野兽。若一时难以判定时，可在洞口生起篝火，并往洞里扇风，使烟火往洞里灌，用烟熏火燎的方法，吓跑野兽，驱赶蚊虫。对山洞的改造利用并不复杂，通常要做的工作是，整理进出通道，制作洞门屏障，以防野兽侵扰。洞门屏障，若洞口较小，可制作一片篱笆，夜间休息时，用绳索从里面拉住；若洞口较大时，可用圆木横拦在洞口作为屏障。

（2）架设帐篷。可搭建简易帐篷的材料有：雨衣、塑料薄膜、盖布等覆盖面料，以及竹竿、木棍等骨架材料。帐篷的样式：可搭建成屋顶形、半屋顶形、圆锥形、拱形等简易帐篷。其大小和形状可根据地形特征，以及器材数量和露营人数灵活确定。

（3）简易庇护所。通常是寻找就近可利用的地形地物，加以改造和补充搭盖，构成的临时栖息所。其主要形式有以下几种：

①利用天然凹坑。凹坑有部分挡风效果，在凹坑的顶部再加上遮盖，就是很好的简易栖息所。凹坑最好选在斜坡上，以利排水，如果是平地上的凹坑，四周要挖好排水沟。改造的方法是，先在凹坑的中部搭上一根结实的圆木，作为基本支撑，然后把木棍、树枝分两边整齐地搭在圆木上，上面再覆盖塑料薄膜、大型叶片或草皮等覆盖物即可。

②利用倒地的树干。利用时，最好选择与风向垂直的树干，这样可以取得较好的防风效果。改造的方法是，在树干的背风处挖一个凹坑，利用树干为支撑点，在凹坑的上方搭建棚顶即可。

③利用石块。上述两种栖身所空间太小，只能躺着，不太舒服。如果在坑的四周垒起石块以增加棚高，就可以增大栖身所的空间，这样，就不仅能够躺着，而且可以坐着，甚至站着活动，可以大大改善野外生活的质量。

3．露营地的管理

为了提高营地的生活质量，最大限度地争取获救机会，就必须对生活在营地的人进行科学合理的分工，进行有效的管理。

（1）制订管理规定，进行科学分工。首先，应成立组织，推举营地负责人，以统一管理、指挥和协调营地的生活秩序和救援工作；其次，要建立花名册，进行组织分工；最后，努力使营地始终保持高昂的士气。

（2）搞好营区卫生，预防疾病传播。

（3）制订营地生活纪律，内容通常包括值班规定、用火规定、用水规定、内务及卫生规定、离开营地的规定，以及营地负责人认为需要规定的事项。

【思考与练习】

1．行军前应做哪些准备？

2．简述山地行军的特点与要求。

3．在复杂地形、气候条件下如何宿营？

参 考 文 献

1．赵建世，闫成，李光金. 高校军事理论教程（第 10 版）. 上海：上海交通大学出版社，2014.

2．龚燕. 军事理论教程（第 6 版）. 成都：四川大学出版社，2014.

3．王海洲，韩鹏. 普通高等学校军事理论教程. 郑州：郑州大学出版社，2013.

4．上海市教委学生军训办公室. 高校军事理论教程. 上海：同济大学出版社，2014.

5．霍凤鸣. 大学生国防教育. 北京：高等教育出版社，2013.

6．魏纯镭，肖丽. 军事理论教程. 杭州：浙江大学出版社，2014.

7．王和中，吕冀蜀. 大学军事教程（第 2 版）. 北京：清华大学出版社，2014.

8．吴温暖. 军事理论与技能训练教程. 北京：高等教育出版社，2012.

9．刘后根，涂明华. 大学军事理论教程. 北京：科学出版社，2013.

10．姚有志，杨家祺. 新编大学军事教程（第 2 版）. 北京：中国人民大学出版社，2015.

11．《高校军事理论教程》编写组. 高校军事理论教程. 武汉：武汉大学出版社，2014.

12．郑冠波，王英杰. 军事理论与技能训练教程. 北京：机械工业出版社，2014.

13．苏永彬. 大学生军事理论. 北京：化学工业出版社，2014.

14．花亚纯，何东方. 军事理论教程. 北京：国防大学出版社，2014.

15．叶育旺，唐燕，窦万君. 新编大学生军事理论教程. 吉林：吉林大学出版社，2014.

16．李平. 大学生军事理论教程. 北京：科学出版社，2011.

17．赵金全. 大学生军事教程. 天津：南开大学出版社，2011.

18．王新国. 国防教育. 北京：机械工业出版社，2004.

19．李国强. 大学生军事理论课程教学艺术. 北京：蓝天出版社，2011.

20．杜力，王雪婷. 国防教育. 北京：机械工业出版社，2012.